厦门社科丛书

厦门特区建设
40年研究专辑

迈
向

现代化国际化城市

高素质高颜值

厦门城市发展战略研究

林汝辉 —— 著

厦门大学出版社

XIAMEN UNIVERSITY PRESS

国家 一级 出版 社
全国百佳图书出版单位

图书在版编目（CIP）数据

迈向高素质高颜值现代化国际化城市：厦门城市发
展战略研究 / 林汝辉著. -- 厦门：厦门大学出版社，
2022.12
（厦门社科丛书. 厦门特区建设 40 年研究专辑）
ISBN 978-7-5615-8842-0

Ⅰ.①迈… Ⅱ.①林… Ⅲ.①城市发展战略－研究－
厦门 Ⅳ.①F299.275.73

中国版本图书馆CIP数据核字(2022)第214425号

出 版 人	郑文礼
责任编辑	章木良

出版发行 厦门大学出版社

社 址	厦门市软件园二期望海路 39 号
邮政编码	361008
总 机	0592-2181111 0592-2181406(传真)
营销中心	0592-2184458 0592-2181365
网 址	http://www.xmupress.com
邮 箱	xmup@xmupress.com
印 刷	厦门集大印刷有限公司

开本	720 mm×1 000 mm 1/16
印张	20
插页	5
字数	292 千字
版次	2022 年 12 月第 1 版
印次	2022 年 12 月第 1 次印刷
定价	82.00 元

厦门大学出版社
微信二维码

厦门大学出版社
微博二维码

厦门市地图

厦门市地图

审图号：闽S（2022）137号
注：资料截至2022年6月.

福建省制图院 编制 福建省自然资源厅 监制

行政区域版

图　例

◎　设区市行政中心
◎　县级市、区
◎　镇、设区、街道
——·——　县　级　市　界
————　区　级　界
————　街　道　界
————　河　流　及　其　他
————　水　库
▲175　山　峰　及　高　程

比例尺 1：400 000

台湾海峡

泉　州　市

晋江市

金门县

漳　州　市

泉　州　市

长泰区

翔安区
同安区
集美区
湘里区
海沧区
思明区
厦门市

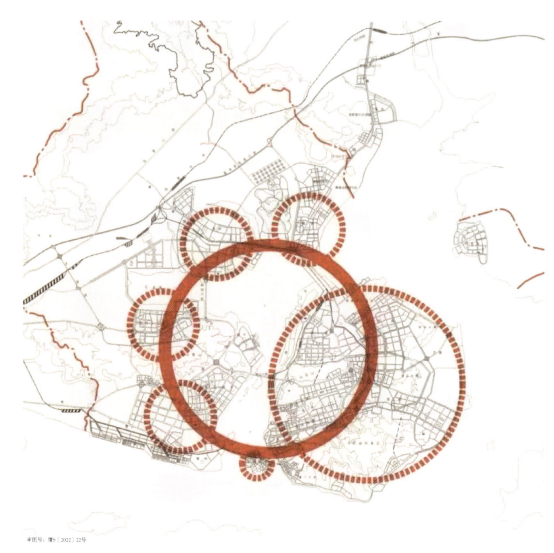

审图号：厦S〔2022〕22号

"一环数片、众星拱月"城市空间格局示意图

（资料来源：厦门市城市规划设计研究院。）

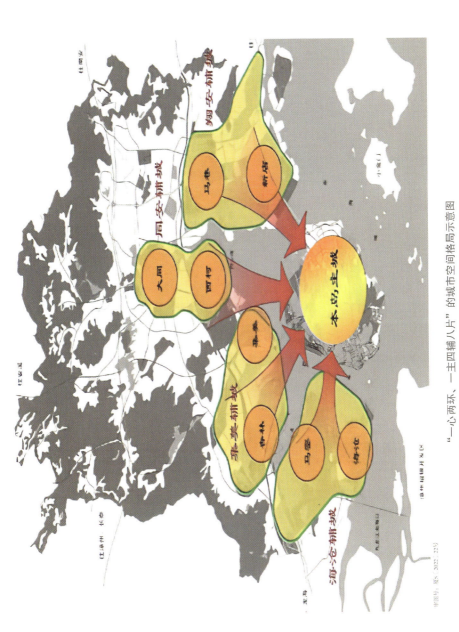

"一心两环、一主四辅八片"的城市空间格局示意图

（资料来源：厦门市城市规划设计研究院。）

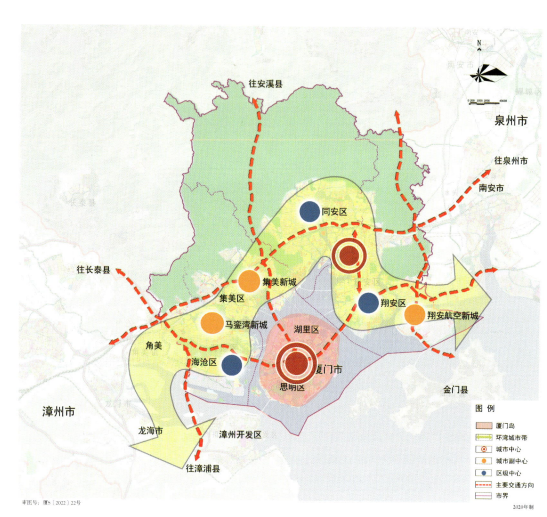

"一岛一带多中心"城市空间格局示意图

（资料来源：厦门市城市规划设计研究院。）

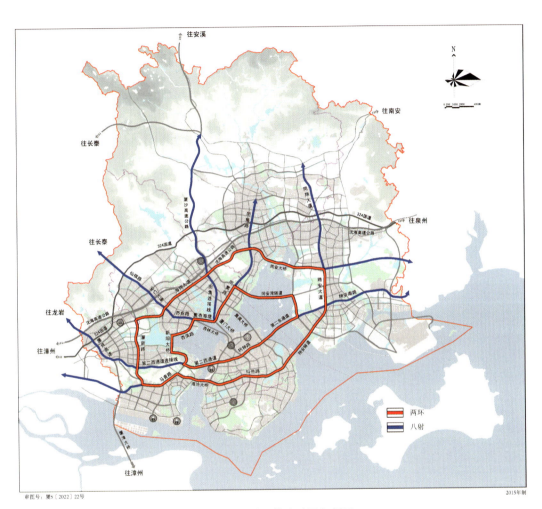

厦门"两环八射"快速路网规划图

（资料来源：厦门市城市规划设计研究院。）

序　言

　　城市发展战略是根据城市自身的客观条件和主观愿望,在一定时期内做出的城市经济发展中带有全局性、长远性和根本性的宏观谋划。改革开放以来,厦门根据形势变化,适时调整城市发展战略,明确发展方向,有力地推动经济社会健康发展。在发展战略实践中,有经验,也有教训。对于厦门改革开放40多年的总结分析更多的是从经济社会发展方面面展开,以厦门城市发展战略作为研究对象的并不多见。本书以厦门城市发展战略作为研究对象,进行全面梳理总结分析,具有一定创新性。

　　林汝辉同志长期从事厦门经济社会发展研究,具有扎实的理论基础和丰富的实践经验。本书是作者在30年研究成果的基础上,根据新的形势变化提出的新要求,不断地思考和探索,结合研究中的一些新体会综合撰写而成,是一本国内不可多得的城市发展战略方面的研究专著。本书具有以下几个特点:

　　一是前瞻指导。本书从理论高度、历史视野、发展趋势来进行分析总结提炼,具有较强的前瞻性、指导性。梳理战略、产业、空间、开放等方面的发展理论,把这些理论创造性地应用在问题分析上,做到理论联系实践。前事不忘,后事之师,注重历史经验总结和借鉴,分析过去成败得失,为未来发展提供重要参考。强化对未来发展趋势的判断，抓住发展机遇，应对面临的挑战，从全局性、长期性、根本性出发，科学谋划未来发展方略。

二是方法创新。本书应用跨学科、多领域、系统化的研究方法，对厦门经济、空间和社会发展进行全面深入分析。注重靠数据说话，既有纵向的历史数据比较，也有横向的城市数据比较，通过定量分析和对比分析，得出的结论更为可靠。作者总结了在长期的研究过程中形成的五大因素分析方法等特有的研究方法，相信对读者大有帮助。

三是内容新颖。本书配有大量的专栏，是作者在研究经济社会发展战略规划过程中，对一些热点难点问题的思考。作者融会贯通，善于把人生感悟、生活阅历和经济社会发展有机联系起来，文字清新，通俗易懂，读来轻松有趣，是本书的特色所在。

相信本书的出版将为我国城市发展战略的进一步深化研究提供有益的参考。

厦门大学教授、博导　何孝星

2022 年 10 月

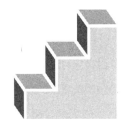

前 言

城市充满着吸引力。城市的经济充满动力，城市的产业发展引领未来；城市的建设充满活力，城市的空间发展引领人口；城市的人文充满魅力，城市的文化发展引领时尚。城市发展战略指引着未来的发展方向，如果发展方向错误，城市的发展将困难重重，因此，做好战略规划对城市发展具有重要的指导意义。

厦门有山有海，是个美丽的城市；厦门热情包容，是个温馨的城市。厦门作为经济特区、东南沿海区域重要中心城市和对台交流重要基地，在特区建设以来，城市经济快速增长，规划建设快速推进，社会发展快速进步，经济社会发展取得了令人瞩目的成就。但也存在着经济总量不大、产业结构不优、创新能力不强、发展空间不足、人口规模不够等问题，需要我们不断去探索，在发展中解决问题，不断地前进。

特区建设以来，厦门根据形势变化，不断调整发展战略，经历了从岛内优先发展、岛外开发发展、岛外优先发展、岛内外协调发展到岛内外高质量发展的战略变化。当前，厦门加快更高水平建设高素质高颜值现代化国际化城市，推动"高素质"更具实力、"高颜值"更富魅力、"现代化"更增活力、"国际化"更有张力，建设高质量发展引领示范区，把经济特区办得更好。

本书共分为七章，前四章主要从战略理论、历史回顾、发展基础、发展形势等方面出发，提出厦门未来发展的战略构想。后三章选取产业发展、空间发展和开放发展做进一步深入研究。第一章从理论的角度阐述发展战略的内涵、研究内容和重要关系，提出五大因素分析方法，梳理总结上海、深圳、新加坡、西雅图、汉堡等国内外城市的发展战略实践与经验。第二章简要回顾厦门特区建设以来发展战略的实践，对厦门发展基础进行了较为系统、全面的分析，判断厦门所处的发展阶段。第三章从国际、国内、区域、城市等方面分析外部环境带来的机遇和挑战。第四章重点分析发展战略定位、目标和任务，提出厦门未来发展的方向和重点。第五章从产业发展角度出发，提出厦门构建更具竞争力的现代产业体系的方向和重点，选择未来发展的主导产业，探讨建设区域创新中心、国际航运中心、区域性金融中心和区域性消费中心的策略、目标和路径。第六章从空间发展角度出发，总结特区建设以来厦门城市建设的成就、经验和启示，提出岛内外空间统筹发展的思路，探讨产城融合发展的做法，提出推动岛内大提升和岛外大发展的具体对策。第七章从开放发展角度出发，探讨构建国际国内双循环重要枢纽、自由贸易港区、"一带一路"国际合作重要支点城市和推动区域合作的具体对策，构建高水平对外开放格局。需要说明的是，书中的"专栏"为笔者在研究经济社会发展战略规划过程中，对一些热点难点问题的思考，希望对读者理解相关内容有所帮助，也希望能增加本书的趣味性、通俗性。

城市的发展问题纷繁复杂，并不是本书可以解决的，本书只是做了初步的探索，希望借此抛砖引玉，吸引更多的人来参与城市发展的研究。

目　录

专栏目录

第一章
城市发展战略理论与实践

　　我们是谁？我们在哪里？我们要做什么？该怎么做？这是发展战略必须回答的问题。战略要因时而变，审时度势，认清形势；要分析到位，知己知彼，百战不殆；要找准方向，才能尽量少走弯路。要有人力支撑，不仅要有高端人才、领军人才，也要有精通技术的蓝领工人和体力劳动者。只有选择正确的发展战略，才能推进城市持续稳定的发展。

第一节　城市发展战略内涵

一、发展战略含义

　　战略原是军事术语，是指对战役的全局、长期、根本考虑，是中长期的主攻方向、目标和重点。战术是局部、短期、细节的考虑，是针对性强的可操作措施。两者既有联系，也有差别。战略是从全局、整体上进行统筹考虑，战术是针对某个问题提出的针对性举措，战略是制定各种战术的根本遵循。战略是方向，战术是行动；战略是目标，战术是重点；战略需要各种战术去执行，才能落到实处。战略与战术互相依存，缺一不可，两者有效结合，才能取得突破。

发展战略是对一个国家或地区的发展做出的全局性、长期性和根本性的安排，即根据经济社会的发展基础，针对面临的外部形势，提出未来发展方向、发展目标和发展重点，指引国家或地区的中长期发展。我国从 20 世纪 70 年代开始了经济发展战略的研究。刘国光(1984)在其主编的《中国经济发展战略问题研究》中提到，经济发展战略是指在较长时间内，根据对经济发展的各种因素、条件的估量，从关系经济发展全局的各个方面出发，考虑和制定经济发展所要达到的目标、所要解决的重点、所要经过的阶段以及为实现上述要求所采取的力量部署和重大的政策措施。杨万钟等(1999)在《经济地理学导论》中提出："区域发展战略是在经济区划的基础上对未来区域经济发展蓝图的总体勾画，是进行区域规划和产业布局的重要前提。"方创琳(2002)在《区域发展战略论》中提出："区域发展战略就是根据区域发展条件、进一步发展要求和发展目标所做的高层次全局性的宏观谋划。经济发展战略不同于发展战略，发展战略包括经济社会发展，而经济发展战略只注重区域经济发展，只不过在制定经济发展战略时，需要考虑一些社会因素和环境影响。"聂华林等(2006)在《区域发展战略学》中提出："区域发展战略规划是对未来一定时空范围内经济和社会发展以及它们之间协调发展所做的总体安排和战略部署，反映了人们在推动区域经济社会发展及协调人口、资源、环境与经济社会发展关系等方面的智慧和能力。与国土规划和城镇体系规划不同，区域发展战略规划不是自上而下、由中央政府布置的规划，而是各地方政府为了发展本区域经济的主动的行动。就其内容和任务来看，区域发展战略规划不仅要对区域社会经济发展和总体建设作出总体部署，明确区域社会经济发展的战略方向和战略目标，而且要对区域经济发展的各项建设项目(包括生产性项目和非生产性项目)进行统筹安排，拟定具体的行动方案。"

二、城市发展战略含义

"城市发展战略"一词于 20 世纪 80 年代在我国开始使用,见于先后出版的中国自然辩证法研究会编的《城市发展战略研究》(1985)、我国城市研究学者饶会林主编的《现代城市发展战略研究》(1987)、刘增录与黄正身主编的《城市战略·体制·政策》(1988)、叶南客与李芸合著的《战略与目标:城市管理系统与操作新论》(2000)等相关著作。同时,各个城市都兴起了对自身发展战略的研究。饶会林(1999)在《城市经济学》中指出:"城市发展战略,是指在较长时期内,人们从城市的各种因素、条件和可能变化的趋势预测出发,作出关系城市经济社会建设发展全局的根本谋划和对策,具体地说,城市发展战略是城市经济、社会、建设三位一体的统一发展战略。"这是应用较广的观点。

我们认为,城市发展战略是指某一城市根据自身的客观条件和主观愿望,在一定时期内做出的城市经济发展中带有全局性、长远性和根本性的宏观谋划;它是在发展的基础上对未来城市经济发展蓝图的总体勾画,是进行城市规划和产业布局的重要前提;它根据不同城市生产要素条件情况和该城市在全国城市群中的地位和作用,对城市未来发展目标、方向和总体思路进行谋划,以指导城市经济、空间、社会发展,促进城市可持续发展。也就是综合应用经济、空间、社会等方面的理论,对城市的区位条件、资源禀赋、生产要素等进行全面客观分析,应用定性定量的方法对城市发展的经济、空间和社会等方面进行分析,科学判断城市发展优势和劣势、长板和短板,抓住国际、国内形势变化带来的发展机遇,积极应对外部环境变化带来的挑战,提出城市中长期发展的战略构想,确定战略定位、战略目标和战略任务。

城市发展战略具有战略的一般性质和特征,即全局性、长远性、根本性。首先,全局性。制定和研究城市发展战略,是为了谋求全局发展的主动性。因此要避免"一叶障目,不见泰山","只见树木,不见森林"。

城市发展战略的全局性要求把城市作为一个系统和整体来研究，要求全方位、宽视野地思考问题，要"朝大处想"，以城市整体效益为核心，不局限于某一个方面的得失。其次，长远性。战略是对事物发展的长期性谋划，考虑的重点是未来不是眼前，是长期而不是短期。战略的长远性要求长远观。城市发展战略作为对城市未来的根本谋划，要在时间上看得"远"，进行中长期谋划，但不是越远越好，在城市发展战略中考虑过于远期的事是不切实际的；还要看得"见"，要判断十年、二十年后的情况，如果没有预见能力，就很可能做出错误的决策和选择。最后，根本性。战略是一种根本性的谋划，而不是对细节的谋划；是对关系全局的重大问题、根本性问题的谋划，对于关系全局的长期发展的关键问题、核心问题的谋划。

城市发展规划是城市发展战略的实现手段，按照层次来划分，可以分为全市、下辖行政区和开发区发展规划；按照部门或产业类型来划分，可以分为农业、制造业、服务业、科技创新、生态环境、交通、教育、卫健等发展规划；按照空间来划分，可分为城市建设总体规划、国土空间规划和产业布局规划等。

三、发展战略的理论支撑

发展战略研究的是长期性、全局性和综合性的发展问题，需要诸多理论作为支撑，是多种发展理论的综合运用。城市发展战略的理论基础包括城市理论、发展理论和战略理论，这些理论构成研究和制定城市发展战略的指导思想。主要有以下方面：

一是发展经济学。经济增长理论、索洛增长模型、全要素生产率、刘易斯模型等对于城市发展具有指导作用。应用发展经济学理论，对城市发展的资本形成、土地要素、自然资源、人口增长和波动等方面的资源禀赋进行深入分析，根据城市发展阶段和发展趋势，提出城市未来发展的方向和重点。

二是宏观经济学。宏观经济学研究的对象是增长和波动,主要包括需求分析和供给分析。需求分析重点分析投资、消费、出口等的情况、存在问题和未来着力点。供给分析重点从产业发展的角度分析农业、工业和服务业等对经济增长的贡献、存在问题和未来着力点,产业发展是推动经济增长的核心力量。

【专栏】

关于宏观经济学

有人说:宏观经济学研究的内容,概括起来,就是增长和波动。经济为什么会增长?这叫趋势。经济为什么会波动?这叫周期。所有宏观经济学的理论、流派都是围绕这两个展开,分别对应增长理论和周期理论。这个总结很有道理,引发了笔者的思考:佛教说的因果和轮回,不是正好对应增长和周期吗?

因果就是增长。种下什么因就会有什么果,要想获得成功,必须要有所付出。要获得增长,必须要有投入,包括资本投入、劳动投入、技术投入。在发展过程中,如果不注意环境保护,也会造成环境污染,反过来对经济增长产生损害。

轮回就是周期。世事轮回,缘起缘灭,每个人都要经历出生、成长、立业,最终归于尘土。经济发展也是有周期的,发展、繁荣、衰退、复苏是一个完整的经济周期。有长周期,也有短周期,变化的是周期的形式,不变的是波动的规律。

三是产业经济学。产业发展是发展战略的基础。应用产业经济学的雁行理论和后发优势理论等,分析城市产业发展的基础和演进规律,根据国际产业转移、国内外产业情况和发展趋势,贯彻落实城市发展战略部署,确定城市主导产业、支柱产业、潜在优势产业和未来产业的发展方向和重点。

　　四是城市经济学。城市经济学是研究城市问题的经济学,重点研究企业和家庭区位选择,探讨城市问题和公共政策的空间因素。从城市经济增长、空间结构、人口变化、土地利用、城市交通、政府市场等方面分析城市经济和城市问题,解释城市规模、人口变化和内部空间结构的变化,为城市发展战略制定提供依据。

　　五是城市规划学。增长极理论和点—轴系统理论是城市空间发展的重要理论支撑。应用城市规划学的理论对城市空间格局进行分析,指出存在问题,提出城市功能提升、空间布局、园区建设、基础设施等方面的发展方向和重点,推动城市更新和新城建设,完善交通、市政、教育、医疗、商业等配套设施,促进"产城人"融合发展。

　　此外,还涉及国际经济学、社会学、生态学等理论。应用国际经济学对城市的开放发展进行分析,提出城市开放发展的方向和重点;应用社会学对城市的社会发展进行分析,提出教育、医疗、文化、体育、社会保障等公共服务的发展方向和重点;应用生态学对城市生态环境建设进行分析,提出生态环境保护和开发的方向和重点。

　　综上所述,中长期发展战略研究领域非常广泛,谁也无法穷尽所有的知识,需要多学科合作,当然最重要的还是经济学和数量统计等方面的支撑。

【专栏】

关于学派

　　孔子是需求学派,是凯恩斯。孔子强调中庸之道,不偏不倚,强调适度调节。凯恩斯提出对经济进行适度干预,通过货币政策来调节经济,经济衰退的时候,出台宽松的货币政策,刺激经济增长;经济繁荣的时候,出台紧缩的货币政策,防止经济过热。

　　老子是供给学派,是弗里德曼。老子强调无为而治,逍遥自在,强调放任自由。弗里德曼反对政府对经济进行干预,强调市场自由,充分发挥市场主体的积极性和能动性。

每个学派都有长处,也都有短处。需要针对不同情况采取不同的政策,才能取得好的效果。

第二节　城市发展战略研究内容

一、发展战略研究内容

一是发展基础。解决的是我们是谁的问题。首先,分析区位、交通、制度等发展条件以及人口、土地、资金、资源、数据等生产要素对城市发展的支撑作用。随着新一代信息技术的发展,数字经济加快发展,数据要素对经济社会推动作用越来越大,日益成为城市发展的重要影响因素。其次,分析总量、结构、主体、设施、布局等方面的经济社会发展情况。根据经济社会发展规律,判断城市所处发展阶段,确定阶段特征。需要全面客观分析城市的发展条件、发展基础和发展阶段,为战略制定提供基础支撑和事实依据。

二是发展环境。解决的是我们在哪里的问题。重点分析国际环境、国内环境、区域环境给城市发展带来的机遇和挑战。具体为:分析世界经济增长、国际贸易发展、国际产业转移等产生的影响;分析国内经济增长、宏观政策变化、产业发展趋势、需求结构变化等产生的影响;分析所在区域发展的形势环境变化,可能产生的竞争压力和合作机会。

三是战略构想。解决的是我们要做什么的问题。主要包括总体思路、发展定位、发展目标和实施步骤。明确中长期发展的指导思想和基本原则,根据城市发展基础、条件和意愿,确定发展定位,找准城市在国际、国内和区域的位置，明确发展的定性目标，制定经济、空间、社会发展的主要指标，确定发展步骤，提出重点任务。

四是战略任务。解决的是我们该怎么做的问题。主要从产业发展、空间发展、社会发展、生态发展、开放发展等方面提出城市发展的方向和重点，明确战略任务的主要抓手，推动战略落到实处。

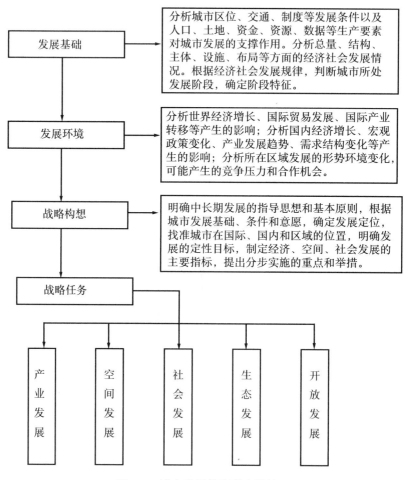

图 1-1　城市发展战略研究框架

二、发展战略分析方法

理论分析法。综合应用经济学、城市规划论、生态学、社会学等理论对城市的经济、建设和社会发展的方方面面进行深入分析,从理论的角度分析城市的发展基础、发展环境,提出未来发展战略思路。

定性和定量分析。定性分析是指对城市发展规模、结构、布局、主体、设施、体制等方面进行定性上的判断和分析。定量分析是指应用数量模型、计量方法对城市发展进行判断和分析,预测生产总值、人口、产业、投资、消费、进出口、生产率、居民收入等经济社会发展主要指标的总量规模和增长速度。

调查研究法。主要包括各种座谈访谈、实地考察和问卷调查等方法,通过调查研究,了解城市经济运行、社会发展、城乡建设的实际情况、存在问题和对策建议。

比较分析法。通过比较,可以找到差距和不足,为发展战略的制定提供依据。主要包括横向比较和纵向比较。横向比较就是和同类型城市在经济发展、规划建设、公共服务等方面进行比较,通过比较找出城市发展的差距。纵向比较就是和城市过去进行比较,有 3 年的短期比较、5 年的中期比较和 10 年以上的长期比较,通过比较找出城市发展的规律。

三、五大因素分析方法

从规模、结构、主体、布局、机制等五个方面出发,可以对经济社会发展进行全面分析。就像描绘一个人,体重就是规模因素,身材就是结构因素,身体的各个器官就是主体因素,器官分布就是布局因素,各个器官协同运作就是机制因素。通过五大因素对事物进行分析,能够较为全面地了解事物的外在和本质。

（一）规模因素

规模因素就是总量，是数量大小的问题。重点分析的是总量的多少、增长率变化的情况。比如分析"十三五"期间某城市的经济增长，就要分析当年的地区生产总值、年均增长情况，并和其他城市进行比较，得出规模相对是大还是小的结论，还可以看出增长速度的趋势变化。

（二）结构因素

结构因素就是质量，是比重大小的问题。重点是分析事物各个方面的占比。比如三次产业结构，了解农业、工业、服务业占比，可以看出某个城市的发展水平。进而分析工业内部的比例结构，可以看出城市的支柱产业、优势产业和主导产业，提出相应的产业扶持政策。

（三）主体因素

主体因素就是个体，是任务承担的问题。主体是企业、政府，也可以是医院、学校等。在城市的经济发展过程中，企业是最重要的主体。通过分析企业的平均规模，和外地企业进行比较，可以看出本地企业的实力情况。通过分析企业的变化，可以了解地区企业发展的趋势。通过分析企业的所有制结构，可以了解国有、民营和外资企业的分布情况等。根据分析的情况，可以出台针对性强可操作的政策。

（四）布局因素

布局因素就是分布，是空间配置的问题。通过分析产业空间布局，了解产业在城市各个区域的分布情况，引导各区域突出优势，推动特色发展。通过分析学校在城市各个区域的分布情况，引导教育资源合理布局。

（五）机制因素

机制因素就是环境,是发展制度的问题。通过分析体制问题,了解运行机制,找到需要完善的地方。例如,和其他城市进行比较,分析优势和不足,找到需要改进的地方;分析财政、金融、税收、土地、人才等相关政策,了解需要加强的方面,创造更好的企业发展环境。

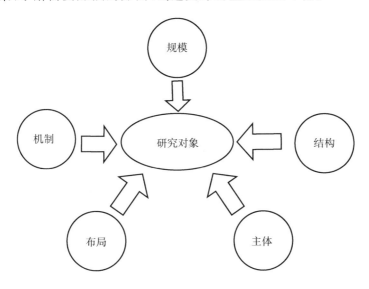

图 1-2　五大因素分析方法框架图

第三节　需要正确处理的重要关系

一、规模与结构

规模是发展的基础。厦门的发展长期受制于经济总量,中心城市地位难以有效提升。2021年厦门地区生产总值7033.89亿元，在15个副省级城市中处于第十四位，仅高于哈尔滨，总量仅为深圳的1/5；在省内也仅排在第三位，与泉州、福州差距较大，漳州也日益迫近。因此，进一步做大规模依然是厦门未来发展的重要任务。在壮大总量的同时，必须要加快产业转型升级的步伐，推动产业素质的提升，优化产业结构。推进制造业高质量发展，服务业创新发展，战略性新兴产业培育发展。重点要在集成电路、软件和信息服务、生物医药、新材料等产业上突破，壮大一批龙头企业，引进一批领军企业，扶持一批创新企业，在新一轮产业竞争中抢占高地。

二、拓展与提升

城市建设是建成区不断拓展的过程，也是城市功能不断提升的过程，两者相互影响。厦门地域面积小，在15个副省级城市中处于末位，建设用地有限。岛内过于密集，岛外还有潜力。未来发展必须要有湾区发展理念，一方面要进一步拓展发展空间，另一方面要提高土地使用效率，只有这样，才能在有限的空间里做出更大的规模。同时，要注重城市功能提升。因此新城建设必须注重产城融合，避免形成"死城""空城""睡城"。要加快产业社区、创新社区建设，打造宜居宜业环境。要推动城市更新，创新体制机制，加快旧城、旧厂房、旧村改造。加快建设机场、高速铁路、高速公路、轨道交通、快速路网、港口等基础设施，为中心城市建设提供支撑。

三、公平与效率

发展要兼顾公平与效率，保持适当的收入差距，能力强的人、付出多的人能够获得更多的回报，建立激励机制。但是差距也不能太大，避免引起社会矛盾。进一步扩大中等收入群体，千方百计提高农民收入，促进城乡居民收入水平整体提高,稳住中低收入群体的收入,加大对弱势群体的保护力度,促进社会稳定。发挥发达地区带动作用,提高落后地区收入水平,逐步缩小地区、城乡的差距,避免地区间收入差距过大,努力实现共同富裕。

四、开发与保护

要有大的发展,必然要加大开发力度,产业发展、城市建设、公共服务必然要占用发展空间,同时带来环境问题。这就要求正确处理好开发与保护的关系,推动可持续发展。开发有收获,必然就有代价,需要把握好度。要有所选择地发展,如大力发展知识密集型、环境友好型产业。要加大环境保护力度,大力推进生态环境建设,发挥生态控制线的作用,保护好绿色环境。

五、对外与对内

当前正处于世界大发展大变革大调整时期,也是实现中华民族伟大复兴的中国梦的重要阶段。作为典型的外向型经济驱动的城市,厦门对外依存度高;作为经济特区,必须要在对外开放上走在前头,未来要继续参与更高水平的国际竞争,深度融入"一带一路"建设,建设自由贸易港,参与全球治理新体系构建实践。而随着国内区域合作持续深化,长三角经济带、粤港澳大湾区建设带动作用日益增强,闽西南协同发展区重点推进,如何进一步发挥厦门的龙头带动作用,突破现有的行政限制,建设厦漳泉大都市区,成了需要破题的迫切问题,特别是如何形成产业合理分工,提高区域竞争力,是其中最为关键的。

六、政府与市场

加快政府职能转变,更好地发挥市场的作用,充分调动市场主体的积极性,促进经济社会高效运行,提高治理体系和治理能力现代化水平。科学制定发展规划、空间规划,构建合理规划体系,加强政府有序引导,推动城市转型升级发展。深化"放管服"改革,简化审批手续,实施"多规合一",提高审批效率。推进高标准市场体系建设,打造市场化、法治化、国际化营商环境,维护公平竞争的市场秩序,更大程度激发市场主体活力和社会创造力。建设人民满意的服务型政府,推进法治政府、高效政府、廉洁政府、服务政府、责任政府建设,努力提高政府办事效率。

第四节　国内外城市发展战略实践与经验

一、国内外城市发展战略实践

(一)上海

1.基本情况

上海地处中国东部、长江入海口,东临东海,北、西与江苏、浙江两省相接,是国家中心城市、超大城市、上海大都市圈核心城市,国务院批复确定的中国国际经济、金融、贸易、航运和科技创新中心。2020 年,上海市地区生产总值38700.58 亿元。截至 2019 年,全市下辖 16 个区,总面积 6340.5 平方千米,建成区面积 1237.85 平方千米。根据第七次全国人口普查数据,截至 2020 年 11 月 1 日 0 时,常住人口 2487.09 万人。

2.总体战略情况

上海将加快增创优势,抢占先机、赢得主动,在多重目标中寻求动态平衡,在高质量发展中寻求系统优化,在积极参与国际合作竞争中提升城市能级和核心竞争力,坚定迈向具有世界影响力的社会主义现代化国际大都市,努力创造出令世界刮目的新奇迹,展现出中国建设社会主义现代化国家的新气象。规划到 2025 年,国际经济、金融、贸易、航运和科技创新中心核心功能迈上新台阶,人民城市建设迈出新步伐,谱写出新时代"城市,让生活更美好"的新篇章。到 2035 年,在"十四五"规划发展的基础上再奋斗十年,国际经济、金融、贸易、航运、科技创新中心和文化大都市功能全面升级,基本建成令人向往的创新之城、人文之城、生态之城,以及具有世界影响力的社会主义现代化国际大都市和充分体现中国特色、时代特征、上海特点的人民城市,成为具有全球影响力的长三角世界级城市群的核心引领城市,成为社会主义现代化国家建设的重要窗口和城市标杆。展望 2035 年,"人人都有人生出彩机会、人人都能有序参与治理、人人都能享有品质生活、人人都能切实感受温度、人人都能拥有归属认同"的美好愿景将成为这座城市的生动图景。

3.产业发展方面

主动顺应新一轮科技革命和产业变革趋势,充分发挥经济中心城市功能,按照"高端、数字、融合、集群、品牌"的产业发展方针,聚焦高知识密集、高集成度、高复杂性的产业链高端与核心环节,以新一代信息技术赋能产业提质增效,促进制造和服务融合发展,全力打响上海品牌,在数字赋能、跨界融合、前沿突破、未来布局等方面占据发展主导权,着力构建实体经济、科技创新、现代金融、人力资源协同发展的现代产业体系,加快形成战略性新兴产业引领与传统产业数字化转型相互促进、先进制造业与现代服务业深度融合的高端产业集群,努力保持制造业占全市生产总值比重基本稳定、持续增强核心竞争力,不断提升高端和新兴产业集群增加值占全市生产总值比重。加快提升总部能级,培育和吸引具有全球竞争力的世界一流企业,鼓励支持企业"在上海、为全球"，加快提升国内国际资源配置能力，提升对产业链供应链的掌控力。构建更具国际竞争力的金融市场体系、产品体系、机构体系、基础设施体系，建设具有较强全球资源配置功能、与我国经济实力和人民币国际地位相适应的国际金融中心。积极应对国际市场和全球价值链变化的挑战，实施贸易高质量发展战略，建设集散功能强劲、有形无形贸易统筹发展、高效链接国内国际两个市场的全球贸易枢纽。加快建设门户枢纽地位稳固、集疏运体系协调高效、航运服务品牌效应凸显、航运治理体系融入全球的国际航运中心。

4.空间发展方面

围绕增强城市核心功能，强化空间载体保障，促进人口、土地等资源要素优化布局，科学配置交通和公共服务设施，加快形成"中心辐射、两翼齐飞、新城发力、南北转型"的空间新格局，促进市域发展格局重塑、整体优化。一是推动主城区综合功能升级。聚焦提升城市活力和品质，突出中央活动区核心功能，提升城市副中心和主城片区的综合服务与特色功能，不断增强集聚配置和服务辐射国内外高端资源要素的能力。二是新城发力建设独立综合性节点城市。大力实施新城发展战略，承接主城核心功能，按照产城融合、功能完备、职住平衡、生态宜居、交通便利的新一轮新城建设要求，把五大新城建设为长三角城市群中具有辐射带动作用的独立综合性节点城市，融入长三角区域城市网络。三是东西联动建设国家战略承载区。以临港新片区、张江科学城为核心加快东部开放创新功能板块建设，以虹桥商务区、长三角一体化示范区为核心加快西部绿色开放板块建设，依托轨道交通以及虹桥、浦东两大枢纽强化东西联系，延伸深化延安路—世纪大道发展轴，拓展"两翼齐飞"空间格局。四是南北转型提升沿江沿湾发展动能。牢牢把握国家沿海沿江铁路大通道建设机遇，加快南北功能布局调整升级，通过产业结构调整、土地更新利用为区域转型发展植入新功能、培育新产业、打造新的增长极。五是全面建设崇明世界级生态岛。围绕世界级生态岛总目标，强化三岛联动，大力实施"＋生态""生态＋"发展战略，成为全市"生态优先、绿色发展"排头兵和长江经济带"共抓大保护、不搞大开发"典范。以厚植生态优势"立区",严守生态安全底线,坚持陆海统筹、江河兼顾,构建联通稳固的生态网络,促进城乡水系脉络畅通,推进林地空间布局连廊成带。

(二)深圳

1.基本情况

深圳地处中国华南地区、广东南部、珠江口东岸,东临大亚湾和大鹏湾,西濒珠江口和伶仃洋,南隔深圳河与香港相连,是广东省副省级城市,国家计划单列市,超大城市,国务院批复确定的中国经济特区、全国性经济中心城市和国际化城市。它也是粤港澳大湾区四大中心城市之一、国家物流枢纽、国际性综合交通枢纽、国际科技产业创新中心、中国三大全国性金融中心之一,并全力建设中国特色社会主义先行示范区、综合性国家科学中心、全球海洋中心城市。2020年,深圳实现地区生产总值27670.24亿元。全市下辖9个行政区和1个新区,总面积1997.47平方千米,建成区面积927.96平方千米。根据第七次全国人口普查数据,截至2020年11月1日0时,常住人口1756.01万人。

2.总体战略情况

深圳将不断增强在粤港澳大湾区中的核心引擎功能,加快综合改革试点落地实施,建设好中国特色社会主义先行示范区,创建社会主义现代化强国的城市范例。规划到2025年,建成现代化国际化创新型城市,基本实现社会主义现代化。经济实力、发展质量跻身全球城市前列,研发投入强度、产业创新能力世界一流,文化软实力大幅提升,公共服务水平和生态环境质量达到国际先进水平。到2035年,建成具有全球影响力的创新创业创意之都,成为我国建设社会主义现代化强国的城市范例,率先实现社会主义现代化。成为高质量发展高地,城市综合经济竞争力世界领先,经济总量、人均地区生产总值在2020年基础上翻一番;成为法治城市示范,建成一流法治政府、模范法治社会,营商环境位居全球前列,城市治理体系系统完备、科学规范、运行高效;成为城市文明典范,开放多元、兼容并蓄的城市文化特征更加鲜明,城市品位、人文魅力充分彰显,时尚创意引领全球;成为民生幸福标杆,实现幼有善育、学有优教、劳有厚得、病有良医、老有颐养、住有宜居、弱有众扶,市民享有更加幸福安康的生活;成为可持续发展先锋,打造人与自然和谐共生的美丽中国典范。

3.产业发展方面

构建高端高质高新的现代产业体系。巩固壮大实体经济根基,增强产业链根植性和竞争力,前瞻布局战略性新兴产业,培育发展未来产业,提升服务业发展能级,推动先进制造业和现代服务业深度融合发展,提高经济质量效益和核心竞争力,重塑产业链竞争新优势。发展壮大新一代信息技术、生物医药、数字经济、高端装备制造、新材料、绿色低碳、海洋经济等战略性新兴产业,增强要素保障能力,构建一批战略性新兴产业增长新引擎。保持制造业比重基本稳定,加大高附加值核心工厂布局,适应科技制造小批量、定制化特征,大力发展都市型智造业。实施培育先进制造业集群行动,重点发展集成电路、生物医药、新能源汽车、超高清视频、智能制造装备等先进制造业集群。打造全球创新资本形成中心,建设全球金融科技中心,扩大金融业对外开放,建设全球金融创新中心;提升总部经济发展能级,推动生产性服务业向专业化和价值链高端延伸,推动生活性服务业高品质多样化发展,打造全球服务经济中心城市。

4.空间发展方面

实施"东进、西协、南联、北拓、中优"战略。提高"中优"程度,聚焦发展现代金融、科技创新、专业服务等核心功能,打造多功能融合的城市活力中心。加快"东进"步伐,以更大力度推动发展要素和城市服务功能东进,提升东部发展能级和引领带动作用。强化"西协"力度,优化西部向湾格局,带动珠江口东西两岸融合互动发展。推进"南联"深度,深化深港协同发展,携手香港共同在大湾区建设中发挥极点带动作用。

加大"北拓"强度,集聚科技创新、高端制造等发展要素,拓展深圳北部产业腹地和战略纵深。

优化"多中心、网络化、组团式、生态型"空间结构。实施点轴网络式联动、分区差异化发展的空间策略,构建"一核多心网络化"的城市空间体系。推动都市核心区扩容提质,将宝安区的新安、西乡街道,龙华区的民治、龙华街道,龙岗区的坂田、布吉、吉华、南湾街道等纳入都市核心区。构建位于城市外围区域的多个综合性或专业化市级服务中心,建设一批产城融合、职住平衡、生态宜居、交通便利的现代化新城,形成布局相对均衡、功能差异化分工协作的多中心空间格局。

(三)新加坡

1.基本情况

新加坡北隔柔佛海峡与马来西亚为邻,南隔新加坡海峡与印度尼西亚相望,毗邻马六甲海峡南口,凭借着地理优势,成为亚洲重要的金融、服务和航运中心之一。根据 2018 年的全球金融中心指数(global financial centers index,GFCI)排名报告,新加坡是继伦敦、纽约、香港之后的第四大国际金融中心,被全球化与世界级城市研究小组与网络(globalization and world cities study group and network,GaWC)评为世界一线城市。城市绿化和环境卫生方面成效显著,有"花园城市"之美称。2020 年,新加坡生产总值 3500 亿美元,土地面积 724.4 平方千米,人口 570 万人。

2.总体战略情况

新加坡提出要建设拥有高技能人才、创新型经济的独具特色的全球性城市。新加坡经济可持续性增长的基础是技能、创新和高生产力。这三点将支撑包容性经济增长,并从多个层面增加新加坡市民的收入。新加坡要建设成为一个有活力的、独特的全球性城市,保持开放性和多元化,成为企业发展的最佳基地,与发展中的亚洲相融合,并为本地居民提供高质量的生活。

3.产业发展方面

加强新加坡在全球和亚洲的枢纽地位,成为跨国公司进入发展中的亚洲以及亚洲企业走出国门的重要基地,并成为全球高端制造业和服务业的重镇。利用市场中立性,使全球企业在新加坡可不受市场内部挑战和限制条件影响地建立战略基地,管理并整合它们的泛亚业务。根据自身独特的地理特性发展高端复合制造业和国际服务业。保留面向全球、有竞争力的制造业,使其占经济总量的 20%~25%。继续向复合制造业转型——向专业知识性强和知识产权要求高的产业(如保健营养品行业)转型,向"关键"零部件生产和设计行业(如医疗设备业)转型,向跨学科领域(如生物电子学)转型。发展制造业相关服务行业,通过利用制造业和服务业的整合,发展诸如总部相关商业、研发、知识产权管理和产品周期管理等产业。加强新加坡作为全球和亚洲金融商务中心的地位,凸显新加坡连接亚洲和世界的特性。发展风险管控和国际贸易、资产管理、私人银行、财团化贷款、工程和基建融资、资本筹措等业务。同时发展信息商务技术、国际会计、法律咨询等,将新加坡打造成亚洲领先的商业枢纽。寻求实体贸易与相关服务业的无缝衔接,包括贸易金融、风险管理、供应链管理、质量认证和产品分销等。在空运和海运领域,加强保险、金融、法律仲裁方面的服务。加强对外贸易往来,提高交通基础设施,分享贸易新模式和人员往亚洲流动所带来的红利。将新加坡发展成领先的客户服务中心。建立以客户为导向的企业集团,包括市场营销、品牌推广、客户研究和市场情报等领域。利用区域内新加坡友好的文化形象,将新加坡发展成为亚洲理想的客户服务中心——洞悉客户心理、发展并管理以客户为导向的行业,开发、测试、发布产品与服务,拥有并保护知识产权和品牌。

4.空间发展方面

提高城市基建,让新加坡拥有亚洲最佳的都市生活体验。继续实施建屋发展局公屋改善计划,同时为人们提供不同的居住选择,在滨海湾区、裕廊湖区和榜鹅区开发具有特色的新型社区。在城区扩大的同时提前规划舒适的生活环境。更有效地使用土地,发挥其经济价值,不要让居住区过于拥挤。在丹戎巴葛码头 2027 年租约到期后,拟订翔实方案将丹戎巴葛建设成新型滨海城区。拓展地下空间,尤其是交通枢纽处,扩容"土地储备"。发展独特的生态城镇和居住区,以及新形态的资源节约型工业区,比如在裕廊岛,淡化的海水和回收的能源已整合进了当地的资源节约系统。

(四)西雅图

1.基本情况

西雅图是美国西部华盛顿州的第一大城市,也是美国太平洋西北区最重要的商业、文化、交通、旅游中心和贸易口岸。西雅图下辖 6 个区,全市面积为 369.2 平方千米,其中陆地面积 217.2 平方千米,水域面积 152 平方千米。同时,西雅图还与塔科马市和贝尔维尤市共同构成了美国第十五大都市区,即面积 2.12 万平方千米的西雅图都会区。在总部经济的带动下,西雅图经济发展在全美位于领先地位。2016 年,西雅图地区生产总值同比增长 6.1%,在美国各大城市中经济增速位列第三;人口总数达到 66.88 万人,比 2015 年增加了 1.58 万人,人口增速位居全美第四。

2.总体战略情况

《西雅图总体规划:管理增长(2015—2035)》提出将西雅图打造成为人们想在此生活、工作、休憩和安家的城市。在城市增长区域保留绿地、森林和农田;降低对私家汽车的依赖性;高效利用自然资源;倡导步行和自行车出行,提高市民健康水平;降低建设和维护公共基础设施和服务的成本。

3.产业发展方面

西雅图是美国位列第二的科技强市和最重要的高科技产业中心之一,航空航天、计算机软件、电子信息、生化医疗、基因工程等产业在全美居于领先地位,波音、微软、AT&T 移动电话、星巴克、亚马逊等众多大公司的总部均设立于此。

西雅图对重点企业的发展情况高度敏感，为防止过分依赖波音、微软、亚马逊等大型企业而伴随的经济风险，西雅图政府非常重视产业的多样性发展。从开埠的港航贸易到以波音公司为主的制造业再到现在的科技、创意产业为主，每个阶段的产业更新都为城市发展带来了新的活力。

在产业更新过程中，注意保留城市的主要港口、渔船队和钢铁厂，现在西雅图港及当地制造业依然富有活力，且深入地参与到新产业发展之中。同时，充分挖掘自身文化特色，西雅图文化产业的发展就是其中的代表。目前，西雅图已经形成了涵盖制造业、海洋行业、生命科学、健康产业、高科技和信息产业等多元化的经济体系，在美国整体经济体系中占有优势。

4.空间发展方面

《西雅图总体规划：管理增长（2015—2035）》在规划内容、编制程序和规划修订上均比较全面地贯彻了可持续发展的思想，具有强烈的整体意识、区域意识和社区意识。确定了弹性生长的规划框架，提出了独创新颖的规划模式——都市集合，制定了完善可行的规划策略，并建立了规划的法律和财政保障机制。城乡规划战略是西雅图城市发展战略的核心，按照不同的功能将全市划分为 4 个区域，每个区域均有其住房、就业、交通、基础设施、环境、经济发展等方面的详细规划，各功能区的规划如下：

城市中心区：城市最密集的区域，具有多样化功能，提供更多住房和就业机会。规划至 2035 年，该区域预计提供 2.95 万套住房和 7.05 万个就业机会。

工业中心区：制造业和工业企业集聚区域。规划至 2035 年，该区域预计提供 3000 个就业机会。

城乡枢纽区：提供住房和就业机会，通常密度低于城市中心区。该区域为远离城市中心的社区提供商品、服务和就业机会。规划至 2035 年，该区域预计提供 4 万个就业机会。

城乡住宅区:提供居住和配套服务,但无集中的就业区域。规划至2035年,该区域预计与城乡枢纽区共同提供 4.05 万套住房。

(五)汉堡

1.基本情况

汉堡位于德国北部易北河下游低地,被称为德国的北大门,是仅次于鹿特丹的欧洲第二大港口,也是欧洲重要的交通枢纽之一。汉堡面积为 755 平方千米,总人口 178.7 万人,占德国总人口的 2.2%,是仅次于柏林的德国第二大人口城市。汉堡经济水平高,人均生产总值位居德国第一,目前的主要产业为金融服务业和高科技产业,如航空航天工程(空中客车)、生命科学、信息技术、制成品业(拜尔斯道夫和联合利华)等,同时作为一个媒体中心还拥有发达的文化产业。

2.总体战略情况

"汉堡都市发展构想"与《汉堡 2030》都制定了城市空间、居住环境、生态环境、经济发展等方面的规划目标。"汉堡都市发展构想"的制定背景是全球港口城市转型,规划主要目标是从港口工业城市向服务业转型,打造成为世界城市网络节点。《汉堡 2030》则是在"汉堡都市发展构想"的基础上,强调城市的宜居性、包容性和可持续发展性,以吸引人才,推动高端产业发展。

3.产业发展方面

汉堡是一座历史悠久的港口城市,港口工业是其重要的支柱产业。尽管目前产业结构趋于多元化,但汉堡并没有随着城市功能转型而完全"去工业化",在城市规划中仍将工业作为核心,最大限度地保留港口工业,其他产业围绕着工业这一核心开展。

汉堡通过航运业的衍生产业,实现了港口产业的优化升级。例如通过举办航运相关博览会、提供柔性化的航运服务、培养相关航运服务人才等方式,汉堡实现了从码头服务、集装箱堆场、仓储服务等下游产业到航运融资、海事保险、航运专业机构等上游产业的迈进。尽管曾经因港而衰,汉堡仍然是当今世界三大船舶融资业务中心之一,并以私募股权方式筹集船舶资金,在全球航运金融领域独树一帜。2014年,汉堡共有1700多家专业航运服务公司,超过6000家与航运业相关的企业和24万名员工,服务范围遍及整个德国和欧洲其他地区,提供各种仓储、配送、进出口集装箱装拆箱和门到门服务。

4.空间发展方面

因港而兴,提高活力。为实现城市空间利用转型,将废弃的港口用地利用起来,建设成为富有活力和竞争力的海港城市,汉堡在1999年正式提出了"因港而兴"计划,通过打造海港新城来挖掘城市潜力、增加就业机会、改善居住环境和提升城市综合竞争力。海港新城位于汉堡的内城区,面积达155公顷,是汉堡的一个废旧港口。通过"因港而兴"计划,着力将其打造成为一个宜居宜业的都市新区。规划在不同地段设计了结构功能不同、造型各异的组团,如居住组团、密集型组团、大型围合式建筑组团、工业建筑组团、开放型点式小住宅组团和商业建筑组团等。这些组团相对独立,同时又相互联系。通过组团的有机结合,海港新城将生产、居住、休闲、旅游、商务和服务等多种城市功能结合在一起,促使港口形成一个城市的多功能商业文化中心,从而给汉堡带来新的活力,并使之在欧洲大都市中拥有更大的竞争力。

在城市中挖掘更多空间。随着人口数量的不断增长,城市边界不断扩张,汉堡与其他城市一样面临着发展空间问题。为了在已经建成的区域内寻找空间,引导现有的增长动力,为创建一个宜居和充满活力的国际大都市开辟新的发展选择,《汉堡2030》提出了"城市中的更多城市"(More City in City)计划,以海港新城为主,积极开发海滨项目,提供3万人的住房保障和5万~7万个就业岗位。充分利用现有的城市空间,挖掘内城区域空间,发展城市化区域,避免侵占景观区域。通过打造优质的开放空间,将建筑、公共空间和私人开放空间相结合,鼓励开放城市中更多的公共区域。

二、国内外城市发展战略经验

梳理上海、深圳、新加坡、西雅图、汉堡等国内外先进城市战略规划与发展定位，可以看出这些城市都立足自身特点，发挥优势，以在全球城市竞争中脱颖而出为主要目标和定位方向，围绕战略定位，在产业发展、空间发展、人才要素等方面进行重点安排。其主要经验如下：

（一）科学合理确定城市定位

在经济全球化背景下，很多国家的一线城市或中心城市都将更好地融入世界经济体系，提升自身在全球经济体系中的发展能级和国际竞争力，作为城市的战略定位与发展方向。如汉堡致力于成为"世界城市网络节点"，新加坡把建设"拥有高技能人才、创新型经济的独具特色的全球性城市"作为发展定位与目标，上海提出要建设"卓越的全球城市"，深圳则提出要打造"中国特色社会主义先行示范区"。

（二）努力提高产业竞争力

在经济增长和产业发展方面，以提升产业竞争力为目标导向，加快构建现代产业体系，保持经济持续稳定增长，是案例城市推动经济结构转型升级的共同经验。这些城市普遍在其战略规划中提出了刺激经济活力、保存产业多样性、提升国际竞争力，支持新兴的、有活力的增长和创新驱动等策略。如西雅图由制造业之都成功转型为科技之城；汉堡由工业港口转型为全球服务型城市等；上海加快建设国际经济、金融、贸易、航运中心，打造具有全球影响力的科技创新中心；新加坡推动复合制造业发展，确保制造业保持一定比例，保持国际航运中心、国际金融中心地位。

（三）统筹空间协调发展

在经济全球化过程中,高品质的空间环境不仅是城市经济社会发展的重要载体,也是其综合竞争力的重要构成。通过对案例城市的梳理,可以发现这些城市大都经历了从外向拓展到内部重组优化的空间发展过程。其主要特点与经验如下:确立明确的多节点或活力中心架构,提升中心城区功能,加快新城建设,推动城市更新,推动新城建设和中心城区联动发展。推动网络化发展,强化交通联系,设计层级分明的交通体系,使城市转运系统能够直接与高强度、混合使用的节点组网相连,提高区域运输效率。

（四）强化人才集聚

经济全球化加快由货物流和资金流主导转向知识流和人才流主导转变,创新成为发展的第一动力,人才是支撑创新、引领发展的关键要素。为此,国内外发达城市纷纷把吸引和培养高层次人才作为重要的发展战略之一,根据产业发展需求和城市禀赋差异,形成了差异化的人才战略。西雅图以教育优先理念吸引高质量人才。汉堡以人才培养为重点支撑城市转型。新加坡提出继续吸引高素质、有创业精神的人才来新加坡就业,吸引并培养各类人才库,包括本土的人才及全球人才,全方位提升人民的工作技能,建设高技能城市。粤港澳大湾区提出要以建设"国际科技创新中心"为目标,推动人才要素自由流动;2019年6月,广州出台了《关于实施"广聚英才计划"的意见》,提出要全力集聚国内外"高精尖缺"人才。

第二章
特区建设以来厦门城市
发展战略实践

回顾厦门经济特区发展战略实践,分析厦门发展基础和所处发展阶段,总结成败得失,为未来发展提供借鉴,有助于找到厦门未来发展方向。

第一节　发展回顾

特区建设以来,厦门发生了翻天覆地的变化,梳理发展历程,可以看到发展战略也在剧变。前事不忘,后事之师,以史为鉴,可以少走弯路。

厦门地处东南沿海,下辖思明、湖里、集美、海沧、同安、翔安等 6 个行政区,截止到 2020 年底,土地面积 1700.61 平方千米,常住人口 518 万人。

一、岛内优先发展阶段(1981—1990 年)

这个阶段经济保持较快增长,但是波动比较大。主要原因是基数低,外资企业引进和重点项目建设就可能带来快速增长;同时,引进的外资企业主要是出口导向型的,大进大出,因此国际市场波动对厦门经济增长影响比较大。

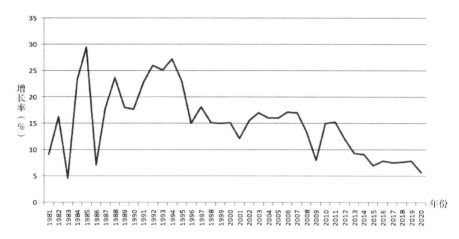

图 2-1　特区建设以来厦门地区生产总值增长率变化图(1981—2020 年)

表 2-1　1981—1990 年厦门地区生产总值增长情况表

年份	总量(亿元)	增长率(%)
1981	7.41	9.2
1982	8.67	16.3
1983	9.44	4.6
1984	12.29	23.4
1985	18.36	29.5
1986	21.19	7.2
1987	25.49	17.8
1988	35.98	23.7
1989	47.92	18.0
1990	57.09	17.7
年均增长率		16.7

资料来源:厦门市统计局,国家统计局厦门调查队.厦门经济特区年鉴 2021 [M].北京:中国统计出版社,2021.

1980 年 10 月国务院批准设立厦门经济特区,为面积 2.5 平方千米的湖里工业区。1984 年 2 月,邓小平同志视察厦门后,厦门特区范围扩大到全岛,面积 131 平方千米,并逐步实行自由港某些政策。

实施岛内优先发展战略。厦门地处海防前线,长期以来国家投资很少,经济发展缓慢,实力薄弱。针对当时特区底子薄的情况,提出实施岛内优先发展战略,重点突破岛内,带动岛外发展。

产业发展方面,1980 年成立特区的时候,在湖里工业区发展"三来一补"加工业,吹响了特区发展的号角。实施以港立市战略,推动港口发展,大力吸引外商投资,大力发展对外贸易,推动外向型经济发展,厦门经济得以快速增长。

空间发展方面,针对当时城区主要集中在中山路片区,建成区面积小,城市建设水平较低的情况,提出城市建设由思明厦港、湖里工业区、筼筜新区、东区、火炬高科技园区到航空城,并由岛内向集美、杏林、海沧呈扇面拓展。

人口发展方面,1990 年第四次全国人口普查,厦门常住人口为 117.50 万人,仅比 1981 年增加 22.42 万人,说明特区建设处于起步阶段,总量规模较小,人口集聚能力较弱。

表 2-2　1981—1990 年厦门人口增长情况表

年份	总数(万人)	增长率(%)
1981	95.08	1.80
1982	96.98	2.00
1983	98.75	1.83
1984	100.56	1.83
1985	102.67	2.10
1986	104.54	1.82
1987	106.10	1.49
1988	107.68	1.49

续表

年份	总数(万人)	增长率(%)
1989	109.33	1.53
1990	111.86	2.31
年均增长率		1.82

注:表中人口数指的是户籍人口数。

资料来源:厦门市统计局,国家统计局厦门调查队.厦门经济特区年鉴2021 [M].北京:中国统计出版社,2021.

二、岛外开发发展阶段(1991—2000年)

受国际金融环境影响,20世纪90年代后5年厦门经济发展速度下降比较多。增长速度从前5年的25%左右下降到15%左右,但是仍然是设立特区以来的最快的10年平均增长速度。

表2-3　1991—2000年厦门地区生产总值增长情况表

年份	总量(亿元)	增长率(%)
1991	72.00	22.8
1992	97.67	26.0
1993	132.32	25.2
1994	187.04	27.3
1995	250.55	23.0
1996	299.94	15.1
1997	358.71	18.2
1998	403.17	15.2
1999	440.54	15.0
2000	501.87	15.2
年均增长率		20.3

资料来源:厦门市统计局,国家统计局厦门调查队.厦门经济特区年鉴2021 [M].北京:中国统计出版社,2021.

经过 10 年的发展,特区经济实力得到提升,同时,岛内发展空间有限的问题日益突出,为此,厦门市委、市政府提出加快岛外开发战略。1989 年 5 月 20 日,国务院批准海沧、杏林为台商投资区,1992 年国务院又批准集美为台商投资区,特区优惠政策进一步扩展到岛外,特区面积扩大到 550 平方千米,为厦门发展提供了重要的空间支撑。1990 年 12 月由国家科委和厦门市政府共同创办厦门火炬高技术产业开发区,1991 年 3 月被国务院批准为首批国家高技术产业开发区。1992 年邓小平视察南方,掀起新的改革开放高潮。厦门产业发展加快从轻工纺织向重化工业转型。由此,厦门迎来了快速发展阶段,1991—1995 年,5 年间厦门经济增长速度保持在 20% 以上,平均增长速度约达到惊人的 25%,是厦门经济增长速度最快的 5 年。

产业发展方面,形成电子、机械、化工和电力四大支柱产业。石化工业方面,在海沧实施“901 工程”,吸引王永庆的台塑集团来厦门投资,但后来由于种种原因,台塑集团放弃了厦门投资。此外,厦门引进翔鹭化纤、正新轮胎等化工企业,有力地推动了厦门石化工业发展。机械工业方面,厦工、造船厂快速发展,引进瑞士的 ABB 公司,主要生产输配电设备,市场占有率较高。汽车工业方面,金龙汽车生产经营良好,客车产品在国内市场竞争力强,一度销量为全国第一;同时也想方设法争取建设整车生产线,可惜未能成功。电子方面,厦华彩电风靡世界,夏新电子发展势头不错,1998 年成功引进戴尔电脑。在工业生产力布局上,逐步形成岛内、杏林台商投资区、同安开放区等 3 个不同层次、相互配套、共同发展的区域布局。湖里工业区、火炬高技术产业开发区对工业支撑作用较大,如火炬高技术产业开发区到 1995 年就拥有 61 家企业,累计完成产值 18 亿元。

空间发展方面,1987 年厦门市政府从公园南路搬迁到湖滨北路,带动 20 世纪 90 年代筼筜湖周边开发。1995 年提出构建以厦门岛为中心,“一环数片、众星拱月”的城市空间发展格局。20 世纪 90 年代,厦禾路改造,江头改造,莲花、莲坂城市副中心建设,东部统建房和会展中心建设有力地拓展了城区建设。厦门城市建设从鹭江时代到筼筜湖时代，建设湖滨南路和湖滨北路，从中山路片区往筼筜湖片区发展，城市建成区加快拓展，打破了厦门城区长期以来在中山路片区建设的历史。

交通发展方面，岛内外连接通道加快建设，1991年底厦门大桥通车，为岛外加快开发创造条件。1999年12月30日，海沧大桥通车带动海沧区发展，为下一个10年的岛外加快发展提供了支撑。

人口发展方面，2000年第五次全国人口普查，厦门常住人口为205.30万人，比1990年增加87.8万人，10年增长74.7%，说明特区进入快速发展阶段，外地人口大量流入。

表2-4　1991—2000年厦门人口增长情况表

年份	总数（万人）	增长率（%）
1991	113.45	1.42
1992	115.36	1.68
1993	117.49	1.85
1994	119.42	1.64
1995	121.36	1.62
1996	123.00	1.35
1997	124.67	1.36
1998	126.59	1.54
1999	128.99	1.90
2000	131.27	1.77
年均增长率		1.61

注：表中人口数指的是户籍人口数。

资料来源：厦门市统计局，国家统计局厦门调查队.厦门经济特区年鉴2001[M].北京：中国统计出版社，2001.

三、岛外优先发展阶段（2001—2010 年）

2001 年中国加入 WTO（World Trade Organization，世界贸易组织），厦门迎来了外向型经济发展的黄金期。这个阶段厦门经济保持较快增长，但由于外向型经济比重高，受 2008 年国际金融危机影响，经济受到较大冲击。

表 2-5　2001—2010 年厦门地区生产总值增长情况表

年份	总量（亿元）	增长率（%）
2001	558.33	12.2
2002	648.36	15.6
2003	759.69	17.0
2004	887.71	16.0
2005	1006.58	16.0
2006	1173.80	17.2
2007	1402.58	17.0
2008	1610.71	13.5
2009	1737.23	8.0
2010	2060.07	15.0
年均增长率		14.8

资料来源：厦门市统计局，国家统计局厦门调查队.厦门经济特区年鉴 2021[M].北京：中国统计出版社，2021.

岛外优先发展的战略不断推出。一是海湾型城市发展战略。特区经过近 20 年发展，经济实力不断提升，但是岛内外差距越来越大，2000 年，市委、市政府提出了海湾型城市发展战略，将发展重心转移到岛外，但是实施效果一般，岛内外发展不平衡并未被实质打破。二是跨越式发展战略。2004 年提出该战略，岛外进入大开发阶段，金戈铁马，狂飙突进，新城建设如火如荼，通用厂房带动工业集中区建设，集美大桥、杏林大桥、翔安隧道、BRT专用车道等建成通车，岛内外交通联系更加便捷，时空距离大为缩短，经济发展重回快车道。这阶段的大刀阔斧、突飞猛进为厦门未来发展奠定了良好基础。

产业发展方面，大力发展电子、机械、化工三大支柱产业。岛内企业加快向岛外转移，厦工、金龙汽车从岛内搬迁到岛外。电子信息产业方面，2006年以后，厦华彩电、夏新电子等龙头企业相继进入亏损状态，最后无力回天。之后，厦门电子信息产业加快转型发展。戴尔电脑加快发展，年产值超百亿元，在厦门拥有2个生产工厂、1个全球指挥中心以及戴尔服务业务在中国的地区总部，有力地推动电子信息产业发展。平板显示方面，2004年，友达光电来厦门投资，带来众多配套厂商，迅速形成产业规模，带动火炬（翔安）产业区发展。岛外建设火炬（翔安）产业区、海沧南部化工区、集美机械工业集中区、同安工业集中区等载体，岛内建设观音山商务区、五缘湾商务区、软件园二期，为跨越式发展提供重要载体支撑。

空间发展方面，2003年国务院批准厦门行政区域调整，由原来鼓浪屿、开元、思明、湖里、集美、杏林、同安7个区和海沧投资区调整为思明、湖里、集美、海沧、同安、翔安6个区。做出加快岛外新城建设的重大决策，提出构建"一心两环、一主四辅八片"①的城市空间格局，加大岛外海湾地区的开发力度，促进厦门城市由海岛型向海湾型演化扩展。重点建设集美新城、海沧新城、同安新城、翔安新城，拉开城市框架，城市建成区面积快速扩张。

交通发展方面，加快重大交通设施建设，2005年提出建设集美大桥、杏林大桥和BRT专用车道，到2008年纷纷建成通车，岛内外连接通道快速增加，为岛外优先发展提供重要支撑。同时，岛外基础设施建

---

① 一心，即厦门本岛；两环，即环西海域的"两湾三区"以及环东海域和同安湾的"东部地区"。一主，即厦门本岛（含鼓浪屿）；四辅，即海沧辅城、集美辅城、同安辅城、翔安辅城；八片，即海沧辅城的海沧和马銮片区，集美辅城的杏林和集美片区，同安辅城的大同和西柯片区，翔安辅城的马巷和新店片区。

设快速推进,环东海域道路、翔安大道等城市主干道建成通车,有力地改善了岛外的发展环境。

　　人口发展方面,2010年第六次全国人口普查,厦门常住人口为353.13万人,比2000年增加近148万人,10年增长72.0%,说明厦门经济保持较快增长,人口持续快速流入。

表 2-6　2001—2010 年厦门人口增长情况表

年份	总量(万人)	增长率(%)
2001	134.36	2.35
2002	137.16	2.08
2003	141.76	3.35
2004	146.77	3.53
2005	153.22	4.39
2006	160.38	4.67
2007	167.24	4.28
2008	173.67	3.84
2009	177.00	1.92
2010	180.21	1.81
年均增长率		3.22

　　注:表中人口数指的是户籍人口数。

　　资料来源:厦门市统计局,国家统计局厦门调查队.厦门经济特区年鉴 2011 [M].北京:中国统计出版社,2011.

四、岛内外协调发展阶段(2011—2020 年)

　　2010年6月,国务院批准厦门经济特区扩大到全市。2011年12月17日,国务院发布《关于厦门市深化两岸交流合作综合配套改革试验总体方案的批复》(国函〔2011〕157号),正式批准《厦门市深化两岸交流合作综合配套改革试验总体方案》(以下简称《方案》)。国家发改委 12 月 21 日印发通知,要求认真落实《方案》提出的各项改革措施,积极推进厦门市深化两岸交流合作综合配套改革试验,更好地发挥厦门市在海峡西岸经济区改革发展中的龙头作用,促进两岸关系和平发展,为全国贯彻落实科学发展观和完善社会主义市场经济体制提供经验与示范。

随着我国经济由高速增长阶段进入高质量发展阶段,增长速度趋缓,加上 2008 年国际金融危机影响持续扩大,厦门外向型经济受到较大冲击,使得厦门经济增长速度从两位数向个位数转变。2020 年初暴发的新冠肺炎疫情,更是对经济产生严重冲击。

表 2-7　2011—2020 年厦门地区生产总值增长情况表

年份	总量（亿元）	增长率（%）
2011	2622.1	15.3
2012	2922.1	12.2
2013	3142.6	9.4
2014	3443.3	9.2
2015	3806.9	7.1
2016	4118.1	7.9
2017	4607.8	7.6
2018	5468.6	7.7
2019	5995.0	7.9
2020	6384.0	5.7
年均增长率		9.0

资料来源:厦门市统计局,国家统计局厦门调查队.厦门经济特区年鉴 2021 [M].北京:中国统计出版社,2021.

经过上轮十年发展,厦门空间发展拉开框架,岛外新城建设取得较大进展,岛内外交通日益便捷,厦门的发展进入提质增效阶段。市委、市政府先后提出岛内外一体化发展、美丽厦门、"五大发展"示范市等发展战略,建设高素质高颜值现代化国际化城市。

岛内外一体化发展战略:2009年提出,更加注重岛内外统筹发展。美丽厦门发展战略:2013年提出,厦门积极响应实现中华民族伟大复兴的中国梦,谋划建设美丽中国的典范城市,更多的是提高城市发展质量。其中,打造国际一流营商环境,多规合一等举措,在国内走在前列。"五大发展"示范市发展战略:2016年提出,国家提出创新发展、协调发展、绿色发展、开放发展、共享发展的新发展理念,市委、市政府提出要在厦门率先建设"五大发展"示范市。建设高素质高颜值现代化国际化城市:2018年提出,建设高素质的创新创业之城,高颜值的生态花园之城,经济蓬勃发展、人民安居乐业、对外交流密切的现代化、国际化城市。

产业发展方面,电子信息产业加快发展,如集成电路方面,2014年联芯来厦投资,总投资65亿美元,填补厦门集成电路芯片制造空白。平板显示方面,2011年3月,厦门天马投资建设国内第一条LTPS生产线(第5.5代)及CF生产线,2018年第6代柔性AMOLED生产线项目启动建设。友达光电、冠捷、宸鸿等企业加快发展。计算机和通信设备方面,戴尔、浪潮、神州数码等企业加快发展。软件和信息服务方面,美亚柏科、吉比特实力较强。机械方面,厦工、金龙汽车、厦船重工、太古飞机维修等龙头企业支撑作用明显。电子信息、机械装备成为厦门重要支柱产业。

空间发展方面,提出建设"一岛一带多中心"城市空间格局,打破了长期以来厦门城市向内、封闭发展的空间模式,朝着城市向外、开放发展的空间模式转变。岛外新城加快建设,城市建设布局沿湾发展,海沧湾、马銮湾、杏林湾、环东海域等新城建设形成规模,连片成势发展,海湾型城市格局基本形成。

交通发展方面,2010年翔安隧道通车,有力地带动翔安区发展。地铁建设加快推进,2018年底地铁1号线通车,2019年底地铁2号线通车,2021年6月25日地铁3号线通车,岛内外交通联系更加便捷。高速铁路方面,2010年4月26日福厦铁路开通营运,厦门进入动车时代;2011 年 6 月 29 日,龙厦铁路开通营运;2013 年 12 月 28 日,厦深铁路开通营运,厦门从国家铁路末梢成为铁路枢纽。

人口发展方面,2020 年第七次全国人口普查,厦门常住人口为 516.40 万人,比 2010 年人口增加 163.27 万人,10 年增长了 46.24%,增长速度位居全国城市第五位,说明厦门城市对人口有较大吸引力。

表 2-8　2011—2020 年厦门人口增长情况表

年份	总数(万人)	增长率(%)
2011	384	7.87
2012	403	4.95
2013	418	3.72
2014	441	5.50
2015	454	2.95
2016	465	2.42
2017	478	2.80
2018	496	3.77
2019	512	3.23
2020	518*	1.17
年均增长率		3.84

注:表中人口数指的是常住人口。表中带"＊"号处 2020 年人口数为 518 万,与正文中的 516.40 万不同,盖因统计来源不同。正文中的 516.40 万为第七次全国人口普查数据(时间节点为 2020 年 11 月 1 日),518 万为 2020 年底统计公报数。

资料来源:厦门市统计局,国家统计局厦门调查队.厦门经济特区年鉴 2021 [M].北京:中国统计出版社,2021.

表 2-9　城市人口增幅排行表(2010—2020 年)

排序	城市	人口数(万人)		增量(万人)	增幅(%)
		2010 年	2020 年		
1	深圳	1042.35	1756.01	713.66	68.47
2	珠海	156.02	243.96	87.94	56.36
3	西安	846.78	1295.29	448.51	52.97

续表

排序	城市	人口数（万人）		增量（万人）	增幅（%）
		2010 年	2020 年		
4	广州	1270.08	1867.66	597.58	47.05
5	厦门	353.13	516.40	163.27	46.24
6	郑州	862.65	1260.06	397.41	46.07
7	长沙	704.41	1004.79	300.38	42.64
8	中山	312.09	441.81	129.72	41.56
9	海口	204.62	287.34	87.72	40.43
10	杭州	870.04	1193.60	323.56	37.19

资料来源：第六、第七次全国人口普查资料。

五、岛内外高质量发展阶段（2021—　）

特区建设 40 年以来，经济实力不断增强，为更高水平建设高素质高颜值现代化国际化城市打下坚实的基础，厦门进入高质量发展阶段。《厦门市国民经济和社会发展第十四个五年规划和二〇三五年远景目标纲要》（以下简称《纲要》）立足新发展阶段、贯彻新发展理念、积极服务并深度融入新发展格局，明确厦门 2035 年远景目标和"十四五"规划发展目标、主要任务、重大举措，描绘厦门未来 5 年发展的宏伟蓝图。《纲要》提出：到 2035 年，厦门将成为高素质高颜值现代化国际化中心城市，率先实现全方位高质量发展超越，率先基本建成社会主义现代化强国的样板城市。锚定 2035 年远景目标，《纲要》明确厦门"十四五"规划发展目标：今后 5 年厦门要更高水平建设高素质高颜值现代化国际化城市，致力推进国际航运中心、国际贸易中心、国际旅游会展中心、区域创新中心、区域金融中心和金砖国家新工业革命伙伴关系创新基地等"五中心一基地"建设，推动城市综合竞争力大幅提升，中心城市发展能级显著增强，"高素质"更具实力、"高颜值"更富魅力、"现代化"更增活力、"国际化"更有张力，努力建成高质量发展引领示范区，把经济特区办得更好、办得水平更高。

第二节　发展基础

近年来，厦门深入实施跨岛发展战略，大力推动产业转型升级，加快岛内大提升岛外大发展，努力提高公共服务均等化水平，经济社会发展取得显著成绩，为更高水平建设高素质高颜值现代化国际化城市奠定坚实的基础。

一、经济实力不断增强

经济规模不断扩大。2021 年厦门地区生产总值 7033.89 亿元，按常住人口计算，人均地区生产总值 13.60 万元。财政总收入 1530.02 亿元。产业体系逐步健全，产业结构进一步优化，三次产业结构比例调整为 0.4∶41∶58.6，第三产业成为经济增长的主要动力。2021 年厦门以占全省 1.4% 的土地面积，创造出全省 14.4% 的生产总值、26.6% 的财政收入和近 50% 的外贸进出口，土地产出率 4.14 亿元/千米²。这些指标在全省以及全国大中城市中保持前列。

深入推进供给侧结构性改革。产业发展质量进一步提高，扶持力度不断加大，龙头企业带动作用突出，园区建设持续推进，千亿级产业链加快形成，产业转型升级成效明显，进入全球城市可持续竞争力百强。平板显示、计算机和通信设备、机械装备、新材料、软件和信息服务、旅游会展、现代物流、金融服务、文化创意、都市现代农业等 10 条产业链群产值（收入）突破千亿元，千亿级产业链支撑作用进一步加强，形成了光电、软件、生物与新医药、电力电器、钨材料、视听通信等 6 个国家级产业基地和产业集群。岛内高端服务功能加快发展,软件和信息服务等高新技术产业集聚发展。岛外先进制造业基地加快形成,火炬(翔安)产业区、集美机械工业集中区、海沧生物医药港、同安工业集中区等企业加快集聚,形成全市产业发展"一盘棋"和错位发展、协同发展的产业格局。龙头企业实力进一步增强,3家企业进入世界500强,7家企业进入中国500强。

科技创新能力不断提升。2021年全社会研发投入占地区生产总值比重达3.1%,位于全国前列。2020年,每万人拥有有效发明专利为36件,是全国2.3倍,入选国家十大知识产权强市创建市。厦门创新能力指数居全国72个国家创新型城市第十一位。高新技术产业加快发展,2020年,高新技术企业总数2282家,2021年增加超500家,总量约占全省35%。2021年,规上高新技术产业实现工业增加值931.58亿元,占全市规上工业增加值的42.6%。实施新一轮引才计划,发展壮大重点产业人才队伍,加快引进和培养一批专业拔尖、掌握核心技术的产业领军人才。

二、空间发展不断推进

统筹推进生产、生活、生态空间布局,着力推进城乡统筹,持续加强区域合作,"一岛一带多中心"城市空间格局不断完善,城市发展空间得到优化和拓展。

本岛功能持续优化提升,旅游会展、金融商务、文化创意、高端服务核心功能得到强化,教育医疗等非核心功能加快疏解,城中村和工业区改造有序推进,自贸试验区湖里片区、东部国际金融中心区加快建设。环湾城市带持续整合拓展,集美新城、马銮湾新城公建配套加快完善,环东海域新城不断拓展,产城融合日益紧密,翔安南部片区、航空城片区"高起点、高标准"推进实施。多中心格局建设持续加快,海沧、集美、同安、翔安等区级中心和片区组团中心加快打造。

现代化综合交通运输体系加快完善。地铁 1 号线、2 号线、3 号线建成运营，"两环八射"快速路网等交通体系加快建设，第二西通道海沧隧道建成通车，第二东通道翔安大桥加快建设，第三东通道项目前期进展顺利。国际航运中心建设步伐加快，厦门港成为海峡西岸经济区首个千万标箱强港，2017 年集装箱吞吐量首次超过高雄港，2021 年港口货物吞吐量 2.28 亿吨，港口集装箱吞吐量 1205 万标箱，位居全国第七位、全球第十四位。高崎国际机场跻身全球百强机场，成为我国东南重要的区域性航空枢纽，是国内重要的干线机场和国际定期航班机场。厦沙高速建成通车，福厦高铁厦门段开工建设，城市对外通道建设持续加快，东南沿海综合交通枢纽优势更加凸显。

市政设施持续完善。完成高殿水厂扩建工程，供水能力达 90 万吨/日，位居全省水厂第一，推进农村自来水进村入户，全市供水能力不断增强。全市建成区污水基本实现全收集、全处理。着力推进垃圾分类和减量工作，岛内全面实现垃圾分类目标，岛外垃圾分类有序进行，全市垃圾分类知晓率达 90% 以上，参与率达 80% 以上，垃圾分类成效水平位居全国前列。率先确立海绵城市建设管理标准体系，地下综合管廊建设绩效评价居全国第一。

三、生态文明持续提升

持续实施大气、水、土地污染防治行动，提供更多优质生态产品以满足人民日益增长的优美生态环境需要。2021 年，全市生态环境质量保持全国前列。空气质量综合指数 2.62，在全国排名第六，优良率99.7%。饮用水水源地、主要流域国控断面、主要流域省控断面、小流域省考断面实现"4 个 100% 达标"，隘头潭国控点水质连续 6 个月进入全国前 30 名红榜。近岸海域水质良好，全年优良水质点位比 81.8%，与上年相比上升 15.1 个百分点，海域功能区达标率为 81.0%，与上年相比上升 11.0 个百分点。土壤环境质量保持稳定，危险废物处置率

100％。全年城市声环境功能区昼间、夜间达标率分别为 100％、85％，持续保持全国领先。实施筼筜湖、五缘湾等重点片区截污工程。继续推进五缘湾、马銮湾等海域清淤、岸线整治，严控陆源污染物入海。推进五缘湾、马銮湾、杏林湾等生态修复工程。有序推进减污降碳协同增效，保护优先、绿色发展，协同推进碳达峰碳中和，推动高端制造业、先进服务业及生态农业等绿色产业发展，加快发展绿色建筑，推动发展绿色出行，东坪山片区近零碳排放区示范工程入选生态环境部绿色低碳典型案例。

四、改革开放成效凸显

国际一流营商环境扎实推进，对标国际一流，着力补齐开办企业、办理施工许可、企业用电、纳税、获得信贷等领域短板。在全国营商环境评价中，18 个指标全部获评"全国标杆"。

厦门外贸综合竞争力居全国第五位，其作为中国东南沿海的航运中心、福建省最大贸易口岸的地位进一步凸显。2021 年，厦门进出口总额达 8876.5 亿元，占全省近 50％；实际使用外资 186.4 亿元。充分发挥作为"海丝"重要支点城市的优势，加强与沿线国家投资贸易合作，策划生成一批合作项目和平台，开通中欧、中亚两趟班列，打造连接欧、亚大陆的物流大通道，"海丝"建设已成为厦门对外开放新引擎。金砖国家新工业革命伙伴关系创新基地加快发展，与金砖国家、"金砖＋"国家交流合作持续深化。自贸试验区不断推出创新举措，多项为全国首创，口岸收费降至大陆最低水平，航空维修、融资租赁等 16 个平台规模不断壮大，获批建设国家跨境电商综合试验区、集装箱货物过境运输口岸、首批国家文化出口基地。

区域合作加快推进。以厦漳泉大都市区建设为先导，大力推进闽西南协同发展区建设，加快推动区域大规划布局、大交通建设、大产业发展、大旅游联动、多园区共建、环境综合整治、公共服务共建共享，实现"设施共建、资源共享、协调发展"的区域一体发展。扎实推进厦门龙岩山海协作经济区、厦门泉州（安溪）经济合作区建设，推动临空产业园区规划对接和建设。

深入实施综合配套改革，"一区三中心"建设稳步推进，2021年对台进出口402.36亿元。初步建成集货币清算、跨境贷款、现钞调运于一体的两岸银行货币合作平台。实现厦金航线周末及节假日加船班机制常态化，厦金航线累计运送旅客占两岸"小三通"的90%。打造海峡论坛、台交会、文博会、海图会等50多个大型对台交流活动平台。

五、人民生活不断改善

城乡居民收入稳步提升。2021年，全体居民人均可支配收入64362元，城乡居民人均可支配收入增幅高于经济增速，城乡居民收入差距比缩小为2.25∶1。

基本公共服务均等化加快推进。扩大优质学前教育资源，名校跨岛战略初见成效，科技中学翔安校区、厦门一中海沧校区投入使用，双十中学、外国语学校、实验小学等学校的岛外分校加快建设。马銮湾医院、环东海域医院、翔安医院等项目加快推进。复旦大学中山厦门医院建成投用，北京中医药大学与厦门中医院开展深度合作，成立厦门分院。厦门特色分级诊疗和家庭医生签约服务模式向全国推广。公共文化服务体系建设标准化、均等化水平居全国前列，公共文化场馆的服务质量和公共文化产品供给水平继续保持全国先进行列，"鼓浪屿：历史国际社区"成功列入《世界遗产名录》。

巩固社会保障制度覆盖面。2020年，基本养老、基本医疗参保人数分别达到344.59万人、455.21万人。科学合理制定救助供养标准，实现特困人员救助供养制度保基本、全覆盖、可持续。全市各类养老床位数15495张，每千名户籍老人养老床位数40.2张，实现居家养老服务全覆盖。保障性住房项目加快推进，开工建设公租房项目，地铁社区建设全面开工,住房保障能力显著提升。

但是也存在着以下问题:厦门经济总量不大,位列 15 个副省级城市倒数第二,与泉州、福州差距进一步拉大。2021 年厦门地区生产总值仅为泉州的 62.2％、福州的 62.1％,长期以来厦门经济规模不足,严重制约了中心城市功能和龙头带动作用的发挥。

表 2-10　2021 年福建省地区生产总值排名前 5 位城市

排名	地区	生产总值(亿元)	同比增长(%)
1	福州	11324.48	8.4
2	泉州	11304.17	8.1
3	厦门	7033.89	8.1
4	漳州	5025.40	7.7
5	宁德	3151.08	13.3
总和	福建	48810.36	8.0

资料来源:各地市统计公报(2021 年)。

表 2-11　2021 年 15 个副省级城市地区生产总值排行

排名	城市	总量(亿元)	增幅(%)
1	深圳	30664.85	6.7
2	广州	28231.97	8.1
3	成都	19916.98	8.6
4	杭州	18109.42	8.5
5	武汉	17716.96	12.2
6	南京	16355.93	7.5
7	宁波	14594.92	8.2
8	青岛	14136.46	8.3
9	济南	11432.22	7.2
10	西安	10688.28	4.1
11	大连	7825.90	8.2

续表

排名	城市	总量(亿元)	增幅(%)
12	沈阳	7249.70	7.0
13	长春	7103.00	6.5
14	厦门	7033.89	8.1
15	哈尔滨	5351.70	5.5

资料来源：各地市统计公报(2021年)。

受制于要素成本上升,对高端要素的吸纳和承载能力不够强,龙头企业的引进和产业链条的延伸还不够,大项目、大企业数量不够多,经济转型升级压力较大,新旧动力转换还未完成,发展后劲不足。

创新体系较为薄弱,研发机构实力不强,创新型人才供给不足,国家重点科研机构、高水平大学、高精尖人才和国家级重大科研项目较少。

以本岛为单中心的城市空间格局尚未根本改变,岛外各新城中心功能培育仍待加强,基础设施有待进一步完善。

公共服务存在不平衡不充分的问题,不能满足人民日益增长的经济和社会公平需求,优质学位供给与人口快速增长存在矛盾,千人医疗床位数为4.38张,低于全国5.1张的平均水平,社会保障不充分,城乡之间还有差距。

【专栏】

厦门综合实力怎么样?

在2021年发布的中国社科院中国城市竞争力排名中,厦门综合经济竞争力排在第十九位;重点城市可持续竞争力排名中,厦门进入前十,为第七位;在经济活力竞争力排名中,厦门居第七位,比去年上升三名;在城市营商硬环境竞争力排名中,厦门居第七位;在环境韧性竞争力排名中,厦门居第八位;在全球联系竞争力排名中,厦门居第八位;在城市当地要素竞争力排名中,厦门居第二十位,比去年上升一位;在城市科技创新竞争力排名中,厦门居第十五位,比去年上升七位。总体来看,厦门综合竞争力比较强,发展质量比较高。

在福建省内,厦门是很多地市的人居住就业的首选城市,大家千方百计想来厦门发展,这也是厦门房价高企的一个重要原因。厦门国际知名度高,历史上是五口通商口岸之一,鼓浪屿是世界文化遗产,厦门大学饮誉东南亚。生态环境好,大海、阳光、沙滩、青山、绿水,天生丽质。厦门人热情好客,包容性强;厦门人温文尔雅,相处起来如沐春风。

厦门追求高质量发展。曾经无限接近做大的机会,经过多年努力,厦门获得了建设PX项目的机会,这个项目如果上马,在若干年以后会直接带来千亿级的工业总产值,但是可能会造成环境污染和安全事故,被厦门人民给否决了。近年来厦门转向发展高科技、软件和信息服务、集成电路、生物医药、新材料。相信假以时日,厦门应该能够进入快速发展通道。

前途是光明的,道路是曲折的。厦门的发展还是前路多障碍,比如房价居高不下,生产成本提升,环境容量控制严,市场规模小,这些问题都需要在未来发展中加以有效解决。

第三节　发展阶段

国内外历史经验表明,城市发展具有阶段性,并因而呈现出不同的发展中问题和阶段性特征。厦门要对未来的发展战略做出正确判断与选择,必须立足当前、面向未来,清醒分析和认识当前所处的发展阶段,以及发展中所面临的问题和需求。

一、经济发展处于后工业化阶段

经济发展过程中，城市产业结构将呈现出一定的规律性变化，经济学家钱纳里（Hollis Chenery）、库兹涅茨（Simon Kuznets）、塞尔昆（M. Syrquin）等人，通过大量实证分析，得出了经济发展和工业化阶段的经验性判断，进而形成了经济发展的阶段性标准。

表 2-12　工业化不同阶段的标志值

指标	工业化起始阶段	工业化实现阶段			后工业化阶段
		初期阶段	中期阶段	后期阶段	
人均生产总值（美元）	895～1790	1790～3580	3580～7160	7160～13430	13430 以上
产业结构	第一产业占绝对支配地位，$S<20\%$	$P>20\%$，S 值较低，但超过 20%	$P<20\%$，$S>T$ 且在生产总值中最大	$P<10\%$，S 值保持较高水平	S 值开始下降，$T>S$
农业从业人员比重	60% 以上	45%～60%	30%～5%	10%～30%	10% 以下
阶段发展特征		以原料工业为中心的重工业化阶段	以加工装配工业为中心的高加工度化阶段	从劳动密集、资金密集阶段转向技术集成化阶段	服务业高度发达，进入创新驱动阶段

注：表中各工业化阶段对应的人均生产总值是按照钱纳里等人的工业化阶段标准，依据世界银行提供的美国 CPI 指数（消费者物价指数，consumer price index）重新测算的 2018 年标准；表中 P、S、T 分别代表第一、第二、第三产业在生产总值中所占的比重。

从人均生产总值来看，2020 年厦门市人均生产总值为 12.3 万元，按当年平均汇率折算，约合 1.8 万美元；三次产业结构从 1981 年 26.5∶51.6∶21.9 调整为 2020 年 0.4∶39.5∶60.1，第二产业占比持续下降，第三产业占比明显高于第二产业占比；农业从业人员比重仅占 0.1%。所有指标均符合后工业化阶段的特征，表明厦门经济发展已经进入后工业化阶段。这一阶段的主要特征是:服务业高度发达,生产性服务业加快专业化和高端化发展,产业发展由技术集成化阶段进入创新驱动阶段,高端、智能、融合成为产业发展新动向。

二、城镇化处于后期成熟阶段

1975年,美国地理学家诺瑟姆(Ray M. Northam)通过研究世界各国的城镇化轨迹,把城镇化进程总结概括为一条稍被拉平的"S"形曲线,即:城镇化水平低于30%时为城镇化起步阶段,也称初期阶段;城镇化水平介于30%～70%时为城镇化快速发展阶段,也称中期阶段;城镇化水平大于70%时为成熟和稳定阶段,也称后期阶段。

2020年,厦门市城镇化率为89.41%,达到日本、英国、澳大利亚等发达国家的水平,已经处于城镇化的后期成熟阶段。在这一阶段,城镇化基本进入平稳增长状态,主要任务不再是城镇化率的提高,而是城市品质的提升。要求进一步提高规划建设水平,完善基础设施,提升城市功能;进一步推动产城融合发展,实现以产带城、以城聚人的良性互动;进一步提高人口素质,推动岛内外协调发展、城乡一体化发展。

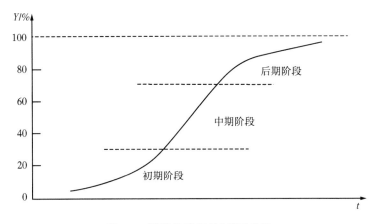

图2-2 城镇化进程的"S"形曲线

三、社会发展迈入高收入社会阶段

根据世界银行对各经济体的划分标准,2018 年人均国民总收入在 955 美元或以下者为低收入社会,介于 996～3895 美元之间者为中等偏下收入社会,在 3896～12055 美元之间者为中等偏上收入社会,在 12055 美元或以上者为高收入社会。

2020 年,厦门市人均生产总值[①]为 12.3 万元,约合 1.8 万美元,已经稳居高收入社会。同时,2020 年厦门市城镇居民的恩格尔系数为 30.1%,农村居民家庭恩格尔系数为 34.7%,全体居民恩格尔系数为 30.4%,按照联合国的划分标准,接近富足区间(20%～30%)的上限。这一时期经济社会发展的主要特点是:人民对美好生活的需求更加强烈,对就业、社会保障、教育、医疗、文化、体育等公共服务提出更高的要求;居民消费升级,消费需求日益多元化、个性化和高级化,并成为拉动经济增长的重要力量,进入投资和消费拉动并重的发展阶段;人们对发展机会公平越来越重视,不同群体之间的收入差距趋于合理。

综上分析,厦门市目前已经进入一个重要的发展转型时期:

1.经济发展处于后工业化阶段,高端制造业和现代服务业的地位将更加重要;在供给侧,产业发展将由技术集成化转向创新驱动,加快向产业链价值链创新链中高端环节转化;在需求侧,消费升级将成为拉动经济增长的重要力量;厦门需从供给侧和需求侧两端发力,推动产业升级。

2.城镇化处于后期成熟阶段,提升城市综合品质成为核心任务之一,城市更新和新城建设加快推进,中心城市功能进一步提升,岛内外、城乡统筹发展进一步加快,城市规划建设进入高品质阶段。

---

① 国民总收入＝国内生产总值＋来自国外的要素收入净额。由于厦门未统计国民收入,本书以区内生产总值替代国民收入。

3.社会发展迈入高收入社会阶段,人民对美好生活的向往将更加强烈,对高品质生活的追求将日益增强,就业、教育、健康、养老、文化、体育等社会民生建设提高到更加重要的位置,公共服务实现高水平均等化任务更加紧迫。

因此,城市总体进入加快转型升级发展阶段,对城市发展质量要求更高,同时城市面临的外部竞争越来越激烈,城市自身容易出现不进则退、在国内外经济体系和城市体系中地位下降的趋势。迫切需要培育新的发展动能,增强城市发展活力,进一步提升城市能级和综合竞争力,推动城市发展继续迈上新台阶。

第三章　发展形势

　　深入研究发展环境条件变化和战略机遇期新内涵新特征，对发展环境条件做出准确的方向性判断，是制定有效发展战略的基本前提。习近平总书记指出，当前和今后一个时期，我国发展仍处于重要战略机遇期，但机遇和挑战都有新的发展变化。对各地来说，发展环境条件是全球、国家、区域等多个层次叠加形成的复杂系统，其变化既有一般共性，也有区域特性，必须结合自身实际来分析研判。同时，发展环境条件是在短期因素和长期因素交织影响下变化的，短期变化和长期变化还可能相互转化。因此，分析发展环境条件变化，需要有战略眼光和战略远见，也要有系统思维和辩证思维。

第一节　国际形势

　　我们正面临百年未有之大变局，从全球化进程来看，逆全球化情况不断出现。从世界经济格局来看，进入大西洋和太平洋"两洋"并重时代。从国际权力格局来看，多极化进程继续稳步向前推进。从全球治理体系及治理规则来看，长期以来以发达国家"治人"的全球治理格局也出现了新的变化趋向。从人类文明及交往模式来看，伴随中国特色社会主义的不断发展完善,世界范围的思想、观念、制度、模式也呈现出日益多元的格局。随着中国经济实力、科技水平、国际话语权和影响力的显著提升,新兴大国与守成大国的博弈加剧,国际政治经济格局正发生重大变化。

一、世界经济增长

世界经济受贸易摩擦、货币政策转向、地缘政治风险等多重因素影响,遇到的风险和挑战逐步增多,隐忧加剧,未来持续复苏的不确定性增强。新冠肺炎疫情使全球经济遭受重创,造成的全球经济衰退程度远超 2008 年国际金融危机,为 20 世纪 30 年代大萧条以来最严重的衰退。未来疫情变化仍具不确定性,给全球经济和贸易复苏带来了更多挑战。国际货币基金组织(International Monetary Fund,IMF)预计 2022 年全球经济增长率为3.2%,世界经济复苏前景不容乐观,可能需要更多的时间来修复经济衰退。世界经济的不确定性,将会对厦门外向型经济产生不利影响。

表 3-1 世界经济增长变化情况

年份	增长率(%)
2003—2012(平均值)	4.2
2013	3.4
2014	3.5
2015	3.4
2016	3.3
2017	3.8
2018	3.6
2019	2.8
2020	—3.1

续表

年份	增长率(%)
2021	6.0
2022	3.2
2023	2.7

注：2022 年和 2023 年数值为预测值。
资料来源：国际货币基金组织（2022 年）。

二、国际贸易发展

美国挑起的贸易摩擦将对全球产业链产生重大影响，并影响厦门市对外贸易、利用外资和部分产业转型升级。

国际贸易保护主义日益盛行。一方面，美欧日等传统经济体纷纷采取贸易保护主义；另一方面，不同利益集团国家或同等发达程度国家纷纷达成区域性联盟，加快对等开放，使国际市场呈现碎片化和多元化。为规避关税等贸易壁垒和适应新经济形势，出口企业将被迫选择一些未受贸易壁垒影响且具有区位优势的国家进行生产加工和做出口替代，同时积极开拓新兴市场以弥补传统市场缺失。这就要求厦门加快建设"一带一路"国际合作重要支点城市，推动企业更好地走出去，开辟更广阔的国际市场，走更加开放和多元的发展道路。加强与金砖和"金砖＋"国家、"一带一路"沿线国家、区域全面经济伙伴关系协定（Regional Comprehensive Economic Partnership，RCEP）成员地方经贸合作，推动贸易投资规模和质量"双提升"。

中美两国在众多领域的博弈将会持续展开。拜登上台执政后仍将中国定位为美国"最大的竞争对手"，中美博弈加剧的趋势不会改变。一方面，拜登政府主导重塑多边国际经贸规则，通过重返 TTIP（Transatlantic Trade and Investment Partnership，跨大西洋贸易与投资伙伴协议）、CPTPP（Comprehensive and Progressive Agreement for Trans-

Pacific Partnership,全面与进步跨太平洋伙伴关系协定)谈判以及主导WTO改革等方式,联合西方国家制定高标准经贸规则,以从制度源头上限制和削弱中国对外开放和经济的进一步发展。另一方面,拜登政府维持特朗普政府对中国科技领域实行的针对性强硬措施,并设立更严格的国家安全标准和技术门槛以限制中国科技企业尤其是头部企业的对外投资和进出口业务;同时通过保留和利用特朗普政府的对华关税杠杆继续施压中国,作为协议谈判的筹码,迫使中国在谈判中做出更多让步。

中美经贸摩擦趋于经常化和长期化,厦门部分主导产业和进出口贸易将受到较大影响(在"修昔底德陷阱"的效应下美国对我国发展的打压和遏制具有长期性)。在美国对中国加征关税的产品类别中,有相当一部分是厦门的主导产业或外贸进出口的主产品,如机电产品、生物医药、航空维修、新能源汽车及零部件、音响设备及零附件、电子元件、纺织品、农产品、服装鞋类等。同时,厦门的进口贸易(如美国农产品等)也将受到一定影响。

【专栏】

中美贸易战将会给我们带来什么?

中美贸易战愈演愈烈,不断演化,逐步往纵深方向发展。美国加征关税的中国商品清单从 500 亿美元到 2000 亿美元,征税幅度从 10%到 25%,应用的手段也在变化,如对中兴、晋华等企业进行禁售,还可能会针对中方的反应,调整应对策略。这只靴子总是难以落地,由于不确定性增加,政府和企业也难以应对。

中美贸易战的影响不容忽视。首先由于美国是中国第一大贸易国,贸易战将对我国对外贸易发展产生不利影响。同时,贸易战引发汇率战,进而有可能引发全面的金融战,对宏观经济产生不利影响。其次对出口型企业经营产生影响，其产品在美国市场失去竞争力，就会造成企业经营困难，可能就得裁员，如果下岗人员众多，还可能产生影响社会稳定的问题。同时企业经营困难，也会出现信贷违约情况，如果受到影响的企业多的话，有可能会产生金融风险。最后从地区传导来看，东部沿海地区由于出口规模较大，这些地区首当其冲。随着我国产业梯度转移加快，中西部地区也有不少出口企业，贸易战也将影响到这些企业的出口；同时也有企业为东部地区提供配套服务，贸易战将通过地区传导机制，影响到这些企业的经营。

对于中美贸易战的认识，还是要保持清醒的头脑。一是中美竞争的趋势无法改变，这是崛起国家和守成国家的竞争，贸易战只是这种竞争的一种表现。二是贸易战的核心是技术，技术是美国最核心的利益，美国发动贸易战的核心是维护美国在高科技领域的利益。三是美国对现实和潜在竞争对手开展贸易战有传统有经验，将对中方应对贸易战产生严峻挑战。

随着国际竞争加剧，我们发展面临的外部环境趋紧，从内部的经济周期来看，中国经济每十年有一个长周期，当前正处于周期的底部。因此，总体来看，当前我国经济下行压力较大，在这种形势下，我国更要高度重视中美贸易战的不利影响，这需要大智慧，要有战略思维，从历史的轨迹出发，抓住未来发展大势，深入实施创新驱动战略，努力提高中国制造业竞争新优势。

虽然中美贸易摩擦不断升级，我国仍积极扩展贸易伙伴关系，推动多边贸易格局发展。2020年11月，与东盟10国、日本、韩国、澳大利亚、新西兰共15个亚太国家正式签署了《区域全面经济伙伴关系协定》，2022年1月正式生效，加快构建全球最大的自贸区。推动中欧全面投资协定（Comprehensive Agreement on Investment，CAI）谈判，加强与欧盟国家合作。2021年1月，中国和毛里求斯自由贸易协定正式生效实施，弥补了我国在中非地区自贸区网络格局的空白。这些贸易伙伴关系的达成，将为中国应对复杂严峻的局面赢得主动，为中国构建国内国际双循环新发展格局提供有力支撑，有利于厦门加快建设双循环重要枢纽。

三、新一轮科技革命

科技革命深刻改变国际产业分工和产业结构。第一次工业革命是蒸汽时代，机械生产取代手工生产，以轻纺工业为主。第二次工业革命是电力时代，大规模生产取代小规模生产，以重化工业为主，石化和汽车为主导产业。第三次工业革命是信息时代，信息化取代工业化，以信息技术为主，电子信息产业成为主导产业。

新一轮科技革命和产业变革正在重构全球创新版图，新技术、新业态、新模式大量涌现，创新驱动将成为未来支撑经济增长的主要动力。尤其是随着 5G 时代的来临，第四次工业革命将集中爆发，进入智能时代，人工智能取代信息技术，数字经济成为主导产业，深刻改变各城市未来几十年在国内国际经济体系和产业体系中的发展位势。

国家瞄准世界科技前沿和战略高技术领域，加大支持科技创新发展政策力度，重点推动形成一批基础研究和应用基础研究的原创性成果，突破一批"卡脖子"的关键核心技术，将有力地提高我国科技竞争力。预计"十四五"时期我国高新技术产业增加值将完成对美国的超越。厦门应抓住第四次工业革命的重大战略机遇，特别是"十四五"时期产业智能化的重要窗口期，加快转向创新驱动，推动产业转型升级。

新技术革命也带来产业价值链的加速重构，处于价值链两端即技术研发环节和市场营销环节的价值不断提升，特别是研发环节的重要性日益突出，而中游生产加工环节则由于现代生产力和生产效率的大幅提升，利润空间被不断压缩，产业价值链正迎来一场轻生产、重研发的变革，部分传统产业可能面临颠覆性挑战。厦门只有加快推动产业不断向高附加值的研发创新环节攀升，才能获得更强的竞争力和更持续的发展。

【专栏】

这是个大变革时代

这是个大变革时代，新一轮产业变革和技术革命加快到来，将深刻改变着生产生活方式。智能、融合、高端成为产业未来发展趋势，只有与时俱进，才能跟上时代步伐。

从智能方面来看，随着5G、大数据、物联网技术的突破，人工智能时代即将到来。5G技术的突破，实现数据传输的高速度、低时延，推动万物互联、万智互联。智慧城市、工业互联网、智慧教育、智慧医疗、智慧交通的快速发展，必将深刻改变世界。

从融合方面来看，产业边界越来越模糊。比如随着现代农业的发展，农业不再只是生产农产品，通过"农业＋"，以农业为核心，加入加工、旅游、健康、研学等元素，发展农产品加工、休闲农业、康养农业、体验农业等，实现了一、二、三产业融合发展。制造业和服务业融合趋势也在加快，制造业服务化、服务制造化进一步发展。

从高端方面来看，我国产业发展加快从中低端环节向高端环节转变。长期以来，我国企业大都处于加工环节，产品附加值低，技术水平不高。随着我国全面进入高质量发展阶段，必须突破关键技术、核心技术和"卡脖子"技术，特别是面对美国的技术封锁和打压，更要发扬南泥湾精神，自力更生努力实现技术上的突围和突破，才能跨越"修昔底德陷阱"，从制造大国向制造强国转变。

面对新时代新形势新要求，产业发展该如何跟上时代步伐？

一是加快新基建发展。大力推动新一代信息技术发展，就是要加快建设以5G、物联网、工业互联网、卫星互联网为代表的通信网络基础设施,以人工智能、云计算、区块链等为代表的新技术基础设施,以数据中心、智能计算中心为代表的算力基础设施等。

二是推动融合发展。加快新一代信息技术应用,大力推动制造服务化,发展工业互联网平台,提供生产设备监控、生产流程控制和企业运营管理等服务,推动智能制造发展。同时,推动服务制造化,推动服务标准化生产,如通过建立中央厨房的形式,实现餐饮工厂化生产。

三是加强基础研究。大力发展重大科技基础设施、科教基础设施、产业技术创新基础设施等,加大投入,创新机制,争取早日实现在重大技术上的突破。

第二节　国内形势

中国特色社会主义进入新的发展阶段,开启高质量发展新征程,经济结构正从增量扩能为主转向调整存量、做优增量并举的深度调整,经济发展动力正从传统增长点转向新的增长点。特别是"四个全面"战略布局全面展开,创新发展、协调发展、绿色发展、开放发展、共享发展的新发展理念深入实施,新型工业化、信息化、城镇化和农业现代化协同并进,这既为厦门高质量发展提供了重要契机,也提出了更高要求。

一、进入全面建设社会主义现代化国家新征程

在国内层面,2020年中国全面建成小康社会,实现第一个百年奋斗目标。"十四五"时期是我国完成第一个百年奋斗目标、向着第二个百年奋斗目标进军的重要历史时期。根据党的十九大提出的两个阶段安排:第一阶段,从2020年到2035年,在全面建成小康社会的基础上,

再奋斗十五年,基本实现社会主义现代化;第二阶段,从 2035 年到 21世纪中叶,在基本实现现代化的基础上,再奋斗十五年,把我国建成富强民主文明和谐美丽的社会主义现代化强国。从国家整体战略安排来看,建设社会主义现代化将是厦门在"十四五"时期以及未来一段时期发展的主要方向与目标。

二、经济保持持续稳定增长

2020 年中国经济复苏领先全球,全年国内生产总值突破百万亿大关,达到 101.6 万亿元,较上年增长 2.3%,成为疫情冲击下全球主要经济体中唯一逆势增长的经济体。2021 年中国国内生产总值增长速度达到 8.1%,不仅彰显经济复苏取得的巨大成绩,也创下近 10 年来的新高,但也存在着经济增速回落的隐忧。我国产业加快转型升级发展,创新成为发展的第一动力,高端、智能、融合、绿色成为产业发展的新趋势,将有力地推动厦门高端制造业和现代服务业发展,同时,传统产业转型压力进一步加大。从宏观调控来看,我国将继续保持宏观政策的连续性、稳定性和可持续性,为经济恢复提供必要支持。实施积极的财政政策,保持适度支出强度,增强国家重大战略任务财力保障,积极促进科技创新,加快经济结构调整,合理调节收入分配,化解地方政府隐性债务风险。实施稳健的货币政策,货币供应量、社会融资规模增速与名义经济增速基本匹配,宏观杠杆率基本稳定,同步处理好经济恢复和风险防范,多渠道补充银行资本金,完善债券市场法制,加大对科技创新、小微企业、绿色发展相关企业的金融支持,深化利率、汇率市场化改革,保持人民币汇率在合理均衡水平上。

表 3-2 2011—2021 年中国经济增长率变化情况

年份	增长率(%)
2011	9.5
2012	7.9
2013	7.8
2014	7.3
2015	6.9
2016	6.7
2017	6.9
2018	6.6
2019	6.1
2020	2.3
2021	8.1

资料来源:国家统计局.中国统计年鉴 2022[M].北京:中国统计出版社,2022.

三、国内居民消费结构升级

从需求来看,投资、消费和出口是驱动经济增长的"三驾马车"。改革开放以来,厦门和中国东部地区大多数城市一样都经历了"外需拉动型"和"投资驱动型"经济发展模式。但随着世界经济低迷、国际市场收缩、投资驱动效应减弱和国内消费升级,消费正在成为需求侧驱动经济发展的重要动力源。同时,按照联合国的划分标准,我国全体居民恩格尔系数处于富足区间(20%~30%)的上限,随着居民消费升级,市场潜力巨大。为此,国家多次强调"扩大消费","促进形成强大的国内市场"。根据国内外相关研究,预计到2030 年,我国将实现由世界工厂向全球市场的转型。而"十四五"时期是供给侧动能转换的重要时间节点,厦门应及时把握这一重大变化,抓住关键时间节点,以建设国际消费中心城市为抓手,集聚优质消费资源,创新消费服务模式,扩大服务贸易规模，促进形成强大的消费市场和消费服务能力，使之成为促进厦门产业结构升级、拉动厦门经济增长的新引擎。

【专栏】

是什么在变化？

我们生活在一个快速变化的世界，信息很多，变化很快。

生意在变化。互联网改变了生意，商场的生意受到比较大的冲击，超市、服装店、便利店的生意大不如前。电商倒是风生水起，什么都可以在网上买到，十分便利，价格也便宜，轻敲几下按键，就很容易买到心仪的东西。卖的还是那些东西，只是卖的地方变化了。

制造在变化。手工制造效率不高，速度不快，产量不多。机器制造效率很高，速度很快，产量很大，但产品千篇一律，无法满足人们的个性化需求。随着互联网的应用，企业可以根据客户的需求生产，实现小批量个性化生产。而随着劳动力成本越来越高，智能制造逐步兴起，很多产品转移到国外生产，让我们享受到全球化带来的好处。

社交在变化。从前，要想跟异地的朋友交流，只能是鸿雁传书。后来有了电话，大家交流方便多了。微信的发展，让人们交流更加方便，不仅可以发送文字，还可以上传图片；不仅可以语音，也可以视频，更可以通过微信群一起聊天，但是面对面交流却越来越少了。

变化的是载体，不变的是物质。在这大浪淘沙的世界里，每一种变化，其实都是财富的转移、社会的重组、生活的改变。变化是永恒的，不变是暂时的，我们只能认识它、接受它、处理它。

第三节　区域形势

一、区域合作格局加快形成

我国大力推动长三角一体化、粤港澳大湾区和环渤海经济圈发展。长三角一体化包括上海、江苏、浙江和安徽等区域,2020 年地区生产总值达 24.47 万亿元,占全国生产总值比重约 24.08%,人口规模约 2.36 亿人,占全国比重约 16.7%,拥有上海、南京、杭州、宁波、合肥等发达城市。粤港澳大湾区包括广东、香港和澳门等区域,2020 年地区生产总值达 11.5 万亿元,占全国生产总值比重约 11.32%,人口规模约 1.3 亿人,占全国比重约 9%,拥有广州、深圳、香港等发达城市。长三角一体化和粤港澳大湾区是国内最为发达地区,具有很强的区域竞争力和虹吸能力,中心城市的集聚力和辐射力强。厦门处于长三角和珠三角经济圈的交接地带,面临着较大的竞争压力,同时也有利于厦门开发两大区域的市场。

二、中国进入城市群和都市圈时代

当前中国已进入城市群和都市圈时代,城市群与都市圈成为支撑经济增长的主阵地和主平台。2019 年 2 月和 4 月,国家发改委先后印发《关于培育发展现代化都市圈的指导意见》和《2019 年新型城镇化建设重点任务》,强调"城市群是新型城镇化主体形态,是支撑全国经济增长、促进区域协调发展、参与国际竞争合作的重要平台",并将推进城市群发展和培育现代化都市圈作为重要任务。从国际经验来看,随着城市不断扩张，城市形态由单中心、聚焦式的点状发展逐步向多中心、网络化的区域发展，并最终形成以国际大都市为核心的大都市圈或城市群，是国际大都市空间发展的一般规律，也是经济全球化背景下城市参与国际竞争和合作的必然要求。厦门要提升城市发展能级，增强国际竞争力，必须跳出本岛思维，在坚持跨岛发展的同时，主动融入闽西南协同发展区建设，继续推进厦漳泉大都市区同城化步伐，深化与漳州、泉州、三明、龙岩的产业分工协作，强化与闽西南、闽粤赣十三市的区域协同，以建设国家中心城市和国际大都市为目标，加快向网络—枢纽式城市发展模式转型。

三、区域协同发展加快推进

福建省大力实施区域协同发展战略，着力推动闽东北、闽西南两大协同发展区建设。闽西南协同发展战略深入实施，加快推进产业协同发展、基础设施互联互通、公共服务共建共享、合作体制机制理顺，有利于厦门发挥龙头作用，在更大区域范围内优化资源配置、在更高水平上扩大开放合作。同时，福建省加快发展闽东北协同发展区，实施强省会战略，加大对福州城市发展的支持力度，将对闽西南协同发展产业竞争产生巨大压力，对厦门全方位高质量发展超越和更高水平建设高素质高颜值现代化国际化城市产生挑战。

第四节　城市形势

当前我国城市发展处于转型升级的关键时期，国内经济下行压力较大，加上新冠肺炎疫情影响，城市间争夺创新、人才等要素资源更加激烈，将影响厦门经济增长和科技创新能力增强。

从国内主要城市的经济增长来看,南强北弱趋势似乎越来越明显,东西差距有所缩小。

东北继续衰落。东北人口流失问题较为严重,据第七次全国人口普查数据,2020 年辽宁省常住人口比 2010 年净减少 115.49 万人,吉林省净减少 338.88 万人,黑龙江省净减少 645.21 万人,是国内常住人口减少最多的 3 个省份。人口流失对东北经济产生较大不利影响,沈阳、大连、哈尔滨经济增长乏力。大连作为东北的明星城市也不能幸免于难,2021 年大连地区生产总值为 7825.9 亿元,是东北三省经济规模最大城市,同比增长 8.2%,哈尔滨增长 5.7%,沈阳增长 7.0%,长春增长 6.5%,只有大连的增长速度超过全国平均水平。东北作为我国重工业基地,加快去产能,产业结构调整任重道远,转型升级压力较大。

东部保持领先。东部地区是我国经济最有活力的地区,长三角的上海、苏州、杭州、南京、宁波实力强劲,各地生产总值都超过 1 万亿元。上海经济实力强大,制造业发达,2021 年工业总产值 4.42 万亿元,是全国制造第一大市,石油化工、汽车制造、生物医药、集成电路、航空航天等产业在国内处于领先水平。苏州也是制造强市,2021 年工业总产值 4.38 万亿元,全国排名第二,苏州电子信息产业产值超过万亿元,规划培育生物医药产业产值超万亿元。上海作为国际大都市,服务业发达,是国际经济中心、国际金融中心、国际航运中心、国际贸易中心。广州、深圳依然充满活力,两个城市地区生产总值相加超过 5 万亿元,是珠三角地区最为发达的城市。深圳制造业实力强大,2021 年工业总产值 4.13 万亿元,位居全国第三位。深圳电子信息产业发达,集聚华为、腾讯等影响力大、实力强的龙头企业,同时拥有中国平安、招商银行、万科等极具实力的服务业龙头企业。深圳是国家创新中心,众多科技成果在这里转化、孵化、成长和壮大。

中部快速崛起。强省会战略实施,使得中部省会城市资源高度集中。郑州、合肥、长沙、武汉都是万亿城市,在电子信息产业占据重要位置,未来增长可期。郑州抓住富士康投资设厂的机会,引进配套企业,推动手机企业集聚发展，有力地推动经济发展。合肥加大科技投入，大力发展平板显示、集成电路、软件和信息服务等电子信息产业，京东方、科大讯飞等企业实力强大，带动作用强。长沙工程机械实力强大，集聚三一重工、中联重科等国内规模最大的工程机械企业。武汉光谷发展势头强劲，是国内光电产业重要集聚地。

西部继续发力。成都、重庆、西安等城市高校集中，人才集聚，城市首位度高，引领西部发展，3个城市地区生产总值都超过万亿元。成都依托产业功能区，打造电子信息产业生态圈，电子信息产业规模不断扩大，2020年产值突破万亿元。平板显示有京东方、富士康，计算机和通信设备有戴尔等企业。成都的汽车制造规模较大，一汽大众、丰田公司、吉利汽车在成都均设有工厂。重庆汽车制造实力较强，集聚长安汽车、北汽、上海依维柯等龙头企业。近年来重庆大力发展电子信息产业，特别是21世纪以来，加大招商引资力度，从无到有大力发展电子信息。集聚惠普、富士康等龙头企业，笔记本电脑、打印机的产量在全球居于领先地位。下一步，重庆要打造电子信息和汽车制造两条万亿级产业链，电子信息产业重点发展"芯屏器核网"，戏称为"心平气和网"，就是要大力发展芯片、平板显示、服务器、核心零部件、网络等。

有城市崛起，就会有城市沉沦，城市竞争愈演愈烈，使得厦门在项目、资金、人才、政策等方面面临着越来越激烈的竞争，只有努力进取，才能在未来竞争中脱颖而出。

表3-3　2021年城市地区生产总值排名

排序	城市	总量（亿元）	增长率（%）
1	上海	43214.85	8.1
2	北京	40269.60	8.5
3	深圳	30664.85	6.7
4	广州	28231.97	8.1
5	重庆	27894.02	8.3

续表

排序	城市	总量(亿元)	增长率(%)
6	苏州	22718.34	8.7
7	成都	19916.98	8.6
8	杭州	18109.40	8.5
9	武汉	17716.76	12.2
10	南京	16355.32	7.5
11	天津	15695.05	6.6
12	宁波	14594.90	8.2
13	青岛	14136.46	8.3
14	无锡	14003.24	8.8
15	长沙	13270.70	7.5
16	郑州	12691.02	4.7

资料来源:各地市统计公报(2021年)。

第四章 战略构想

梳理特区建设以来厦门发展定位的变化，可以看到其随着时代的变迁不断提出新定位，提出更高的发展要求。新时代、新形势要求厦门加快建设高素质高颜值现代化国际化城市，构建更具竞争力的现代产业体系，不断提升城市发展能级，在更高水平上实现新的跨越。

第一节 战略定位

发展定位对城市发展很重要，城市的资源禀赋、区位条件、产业基础、人力资源等因素决定了城市发展定位。定位不能太高，否则达不到就会成为空想。定位也不能太低，太容易实现就无法起到激励作用。定位要适当超过城市能力，跳起摸高能达到的目标才是好的目标。

一、发展定位回顾

（一）国务院关于厦门经济特区实施方案的批复

《国务院关于厦门经济特区实施方案的批复》（国发〔1985〕85 号）中指出，"厦门经济特区扩大到全岛，逐步实行自由港的某些政策，是为了发展我国东南地区的经济,加强对台工作,完成祖国统一大业作出的重要部署","厦门应当建设成为以工业为主兼营旅游、商业、房地产业的综合性、外向型的经济特区"。

(二)1985—2000年厦门经济社会发展战略

《1985—2000年厦门经济社会发展战略》(以下简称《发展战略》)根据厦门特区所处的战略地位确定的战略指导思想和既定的发展模式,提出实现厦门市2000年经济和社会发展战略应分两步走,此战略目标是:到1995年,建成以工业为主,兼营旅游、商业、金融业和房地产业的综合性外向型的经济特区,使厦门成为我国对外开放的重要基地,实现国家统一的重要桥梁,振兴东南地区经济的中心城市。到2000年或稍长一些时间内,建立具有国际自由港某些特征的经济体系和机制系统,逐步向具有自由港特征的多功能经济特区过渡,使厦门成为经济繁荣,科技先进,环境优美,城市功能较为齐全,人民生活比较富裕的海港城市。

《发展战略》对厦门经济社会发展进行展望,指出厦门将发展成为综合性多元化的自由港型经济特区、以轻工业和出口创汇产品为主的外向型工业基地、东南沿海的贸易中心和融通国际资本的主要市场、我国国际旅游业的重要基地之一。

(三)厦门市城市总体规划

2000年11月,国务院批复修订后的《厦门市城市总体规划(1995年至2010年)》,指出厦门是我国经济特区、东南沿海重要的中心城市、港口及风景旅游城市。港口城市就是以港立市,发挥厦门港口优势,打造国际集装箱枢纽港;风景城市是指生态环境美丽的城市,旅游城市是旅游业发达城市。并且,指出厦门市的城市建设与发展要遵循经济、社会、人口、环境和资源相协调的可持续发展战略,大力发展高新技术产业和第三产业,不断完善城市功能,把厦门市建设成为经济繁荣、社会文明、布局合理、环境优美的现代城市。严格控制城市人口和建设用地规模，保护耕地，节约用地。到 2005 年，城市实际居住人口要控制在 130 万人以内，建成区建设用地控制在 130 平方千米以内；到 2010 年，城市实际居住人口要控制在 156 万人以内，建成区建设用地控制在 154 平方千米以内。

2016 年 2 月，国务院批复，原则同意《厦门市城市总体规划（2011—2020 年）》，指出厦门是我国经济特区、东南沿海重要的中心城市、港口及风景旅游城市的定位。指出要认识、尊重和顺应城市发展规律，坚持经济、社会、人口、环境和资源相协调的可持续发展战略，提高新型城镇化质量和水平，统筹做好厦门市城乡规划、建设和管理的各项工作。要不断增强城市辐射带动能力，逐步把厦门市建设成为经济繁荣、和谐宜居、生态良好、富有活力、特色鲜明的现代化城市，在促进两岸共同发展、建设 21 世纪海上丝绸之路中发挥门户作用。合理控制城市规模，到 2020 年，城市常住人口控制在 500 万人以内，城市建设用地控制在 440 平方千米以内。

（四）美丽厦门发展战略

根据党的十八大提出的"两个一百年"奋斗目标、党的十八届三中全会做出的《中共中央关于全面深化改革若干重大问题的决定》和习近平总书记提出的实现中国梦的要求，提出全面深化改革、建设"美丽厦门"的两个百年愿景，即：建党 100 周年时建成美丽中国典范城市；中华人民共和国成立 100 周年时建成展现中国梦的样板城市。据此，厦门城市发展定位在国际层面为国际知名的花园城市；在国家层面为美丽中国的典范城市；在对台层面为两岸交流的窗口城市；在区域层面为东南沿海重要的中心城市；在城市层面为温馨包容的幸福城市。

梳理厦门城市定位的变化，可以看出：一是从城市性质来看，厦门是经济特区，这个城市定位一直保持不变，就是要大胆先行先试，成为改革开放的排头兵。二是从产业发展来看，随着形势变化，厦门城市发展加快转型升级,产业发展的重点也发生变化,从一般加工业为主向高端制造业和现代服务业转变,但都强调港口和旅游的作用。三是从城市能级来看,从早期的闽南金三角中心城市,到海西重要中心城市,再到东南沿海重要中心城市转变,同时提出建设国际化城市。

二、国内发达城市发展定位

城市定位是根据自身条件、竞争环境、需求趋势等及其动态变化,在全面深刻分析有关城市发展的重大影响因素及其作用机理、复合效应的基础上,科学地筛选城市地位的基本组成要素,合理地确定城市发展的基调、特色和策略的过程。因此,不同类型的城市,其地位作用各不相同,只有对其进行准确定位,揭示每个城市的职能差异,才能充分发挥城市的优势和特色,正确指导政府行动,吸引外部资源和要素,从而最有力地提升城市竞争力。如上海定位为国际大都市,就是要建设成为卓越的全球城市和具有国际影响力的现代化国际大都市。上海对标的是纽约、伦敦、巴黎、东京等超级城市,国家期望上海努力提升国际资源配置能力,力争在国际城市竞争中脱颖而出。苏州定位为国家制造强市,努力打造成为全国工业第一大市。苏州周边的上海、南京和杭州服务业都很发达,苏州在服务业方面想与它们正面竞争,显然处于下风,因此,苏州选择工业作为突破是明智之举。

一般而言,城市定位包括产业定位、功能定位、性质定位等。其中,产业定位是基础,功能定位是核心,性质定位是灵魂。因此,性质定位是最重要的,性质决定功能,功能引领产业并决定城市规划、城市建设和城市发展。找准城市性质,就是既要找准城市的本质性特征,又要代表当代城市发展的方向和理想模式。

党的十九大报告提出,到2035年基本实现社会主义现代化,到21世纪中叶建成富强民主文明和谐美丽的社会主义现代化强国的奋斗目标。北上广深等国内主要城市根据国内外形势变化情况,按照国家新的战略布局要求，结合自身特点和发展需要，明确 2035 年城市定位。

北京：伟大社会主义祖国的首都、迈向中华民族伟大复兴的大国首都、国际一流的和谐宜居之都。

上海：创新之城、人文之城、生态之城，卓越的全球城市和社会主义现代化国际大都市。

广州：国家重要中心城市、历史文化名城，国际综合交通枢纽、商贸中心、交往中心、科技产业创新中心，逐步建设成为中国特色社会主义引领型全球城市。

深圳：奋力建成社会主义现代化先行区，到 21 世纪中叶全面建成中国特色社会主义引领型全球城市。

成都：建设美丽宜居公园城市、国际门户枢纽城市，到 2050 年建成现代化新天府、可持续发展的世界城市。

武汉：建成具有一定竞争力和影响力的国家中心城市，到 2049 年建成具有国际影响力、全球竞争力和可持续发展能力的世界亮点城市。

青岛：全面建成国家中心城市，建设国际海洋名城、东亚地区的经济和文化知名城市。

杭州：成为特色彰显、具有较大影响力的世界名城，到 21 世纪中叶成为具有全球重大影响力的独特韵味别样精彩世界名城。

上述城市的定位思路，对厦门有一定的借鉴意义。

三、发展定位选择

党的十九大把习近平新时代中国特色社会主义思想确立为我们党必须长期坚持的指导思想，实现了马克思主义基本原理同中国具体实际相结合的又一次飞跃。习近平新时代中国特色社会主义思想源于实践又指导实践，为新时代坚持和发展中国特色社会主义、推进党和国家事业提供了根本遵循，开辟了马克思主义新境界、开辟了中国特色社会主义新境界、开辟了党治国理政新境界、开辟了管党治党新境界，有力引领了坚持和发展中国特色社会主义的伟大实践,是全党全国人民为实现中华民族伟大复兴而奋斗的行动指南。

在 2017 年金砖国家领导人厦门会晤期间,习近平总书记赞誉厦门是"高素质的创新创业之城、高颜值的生态花园之城",对厦门未来发展进一步给予明确指导,指明了新时代厦门的前进方向和使命定位。厦门作为习近平总书记在地方工作时直接领导和参与建设的城市,更有责任深入践行习近平新时代中国特色社会主义思想,努力打造宜居宜业的幸福城市、两岸融合的示范城市、高质量发展的样板城市、国际化海湾型城市,加快建设高素质高颜值现代化国际化城市,更好地发挥厦门的排头兵作用,为全方位推进高质量发展超越,奋力谱写全面建设社会主义现代化国家福建篇章,为实现中华民族伟大复兴的中国梦做出新的更大贡献。

(一)厦门城市总体定位

作为东南沿海的重要中心城市,新起点上,厦门要围绕落实国家战略部署,适应国内外的发展环境变化,立足自身发展的基础和条件,对自身发展定位提出更清晰的目标。综合各方面因素,可将新时代下厦门的城市总体定位为:到 2035 年将厦门建设成为更高水平的高素质高颜值现代化国际化城市,就是要建设高素质的创新创业之城,高颜值的生态花园之城,努力提高城市现代化国际化水平,成为我国开启全面建设社会主义现代化国家新征程的排头兵、高质量发展引领示范区。

(二)厦门城市总体定位的依据

习近平总书记对厦门提出的"高素质的创新创业之城、高颜值的生态花园之城"殷切期望,赋予了厦门经济特区新的战略定位和崇高使命,具有极其重大的现实意义和深远的历史意义。因此,建设"高素质高颜值现代化国际化城市"是努力推动习近平总书记重要指示精神在厦门落地生根、开花结果的具体实践。

1.适应国际政治经济环境新变化的需要

当前,国际局势正在发生深刻变化,我们正处于百年未有之大变局,机遇和挑战并存。全球政治经济显现出以下特征:一是经济全球化和国际经济竞争呈现新趋势。新冠肺炎疫情持续反复,全球经济复苏不稳定,国际金融市场波动风险加大;国际贸易发展面临着贸易保护主义抬头的挑战,地缘政治风险加剧,中美贸易摩擦持续深化,外部不稳定不确定因素增多,这些都从不同维度给国际经济合作带来了新的挑战。二是全球经济格局呈现出新兴经济体崛起的趋势。在全球治理平台上,发展中国家正扮演日益重要的角色,尤其中国因素在世界经济增长中日益重要。三是全球产业竞争态势发生深刻调整。随着新一轮科技革命引发的产业升级和经济结构的调整,人工智能、大数据、云计算、新能源和新材料等新技术已成为世界各国参与国际竞争的主导方向,这种趋势使得发展中国家在制造业和服务业领域都面临与发达国家的激烈竞争。厦门作为外向型经济高度发达的城市,与国际市场联系紧密,国际形势深刻变化将对厦门产生深远的影响。在新的历史时期,厦门必须抓住百年未有之大变局的发展机遇,积极应对挑战,引进来和走出去并举,加快建设"一带一路"国际合作重要支点城市,探索建设自由贸易港,构建双循环重要枢纽,建设世界知名国际化城市。

2.适应国内形势发展变化的要求

习近平总书记在党的十九大报告中指出:"我国经济已由高速增长阶段转向高质量发展阶段,正处在转变发展方式、优化经济结构、转换增长动力的攻关期。"这一重大论断意味着,与高速增长阶段更多表现为数量追赶、规模扩张和要素驱动不同,高质量发展阶段的主要任务是质量追赶,主要途径是结构优化,主要动力是创新驱动。厦门作为沿海发达地区城市,必须要加快构建现代产业体系,建设高素质创新创业之城,纵深推进跨岛发展,建设高颜值生态花园之城,推动高质量发展,提高城市综合竞争力。

3.加快构建对外开放新格局的要求

党的十九大对推动形成全面开放新格局进行了新的战略部署。加快构建以国内大循环为主体、国内国际双循环相互促进的新发展格局,立足国内大循环,发挥比较优势,协同推进强大国内市场和贸易强国建设,以国内大循环吸引全球资源要素,充分利用国内国际两个市场两种资源,积极促进内需和外需、进口和出口、引进外资和对外投资协调发展。在加快构建新发展格局的过程中,厦门作为对外开放的前沿,应继续发挥比较优势,进一步挖掘潜能,把握机遇期,持续推进"一带一路"国际合作重要支点城市建设,建设对外开放新高地,尽快形成与国际接轨的体制机制,深度融入世界经济体系,加快城市国际化进程。

4.厦门实现高质量发展的要求

厦门当前面临着产业结构转型升级难度加大、岛内外发展不平衡、公共服务与人民日益增长的美好生活需要不相适应等问题,现有的经济发展战略、城市发展模式面临诸多挑战,城市转型进入瓶颈期,亟须调整。在此背景下,建设"高素质高颜值现代化国际化城市"是厦门实现加快发展的战略关键和实践抓手,努力做到既实现经济总量的提升,又实现发展质量、生态效益、民生指标等的提高,全方位推进高质量发展超越。

5.厦门自身具备坚实基础

改革开放以来,厦门经济持续快速发展,形成以平板显示、计算机和通信设备、航运物流、金融服务、旅游会展等高端制造业和现代服务业为主导,软件和信息服务、集成电路、生物医药等战略性新兴产业为特色的现代产业体系;外向型经济高度发达,对外交流交往活跃,国际影响力日益提升;厦门还具有美丽生态的优势,凭借山海格局美、发展品质美、多元人文美、地域特色美、社会和谐美等五大美丽特质,形成了独特的"美丽厦门"的名片,成为现代化国际性港口风景城市。这些都为厦门建设高素质创新创业之城和高颜值生态花园之城奠定了坚实的基础。

6.厦门拥有独特的政策优势

改革开放以来，厦门一直受到中央的政策支持，是我国最早实行对外开放政策的 4 个经济特区之一；是 15 个副省级城市之一，是 5 个计划单列市之一，并拥有自主制定地方性法规的权限；是 5 个开发开放类国家综合配套改革试验区之一；是中国（福建）自由贸易试验区的厦门片区；随着"一带一路"建设的深入推进，中央支持厦门打造 21 世纪海上丝绸之路重要支点城市。这些政策支持充分体现了中央对厦门的期望，也是厦门所具有的独特的政策优势。此外，金砖国家领导人厦门会晤的成功举行，使得厦门的国际知名度和美誉度显著提高，为厦门建设"高素质高颜值现代化国际化城市"增加了新的优势。

（三）厦门城市总体定位的基本内涵

"高素质高颜值现代化国际化城市"的总体定位，要求坚持以习近平新时代中国特色社会主义思想为指导，坚持"五大发展"理念，坚持高质量发展要求，聚焦社会主要矛盾变化，坚定不移实施创新驱动发展战略，形成以创新驱动为主引擎的发展动力机制，构建以高端制造业和现代服务业为主体的产业体系，建成具有国际影响力的区域科技创新、产业创新中心。构建对外开放新格局，打造自贸试验区制度创新高地，加快"海丝"重要支点城市建设，深度融入全球经济体系。纵深推进跨岛发展，注重统筹协调，城市空间布局更加科学合理。加大生态建设和环境保护力度，加快城市治理体系和治理能力现代化进程，城乡环境更加优美宜居，人文与自然更为和谐。最终建成创新引领、产业先进、开放包容、文化繁荣、社会和谐、生态宜居、人民幸福的高素质高颜值现代化国际化城市。

【专栏】

城市定位:厦门何去何从

什么是城市定位？通俗来讲就是要明确城市处在什么位置,承担什么角色,达到什么目标。像一个人在社会上发展,就要对自己有清醒的认识,比如有什么样的业务能力,有什么样的身体状况,有什么样的心理素质,这些都要充分认识和把握。会做什么,要做什么,如何做成,需要加以明确。定位不能太高,也不能太低,目标太高了,就会成为空中楼阁;目标太低了,潜能就无法充分发挥。找准定位,就是要量力而行,尽力而为,适合自己的才是最好的。

如何定位厦门？知己知彼,百战不殆。首先要知己。厦门具备什么样的能力？有什么优势和不足？有什么基础和特色？素质高、环境优、国际化是厦门的优势和特色,块头小、空间少、辐射弱是厦门的短板和不足。其次要知彼。当前机遇和挑战并存,城市对要素资源的竞争愈演愈烈。需要用大智慧对所有这些因素加以综合考虑,扬长避短,发挥优势,努力在激烈的城市竞争中脱颖而出。

产业要如何发展？产业是城市安身立命的本领,是实现城市定位的重要保证。一是要保持适度规模的制造业,借鉴新加坡发展经验,保持制造业在地区生产总值比重中占 30％以上,推动制造业高端化发展,以电子信息产业为主导,带动先进制造业集聚发展。推动集成电路、平板显示、计算机和通信设备、软件和信息服务做大做强,形成万亿级产业集群。二是大力发展现代服务业,着力在航运物流、旅游会展、金融商务等方面突破,提质增效,壮大实力,争取在服务闽西南区域、服务国家大局、服务国际竞争上有大作为。三是提高企业竞争力,不拼块头拼质量,大力发展隐形冠军、单项冠军企业,在细分领域形成突破,形成优势。

1.高素质

高素质就是要建成高素质创新创业之城,深化供给侧结构性改革,深入实施创新驱动发展战略,加快提升自主创新能力,拓展创新创业载体,优化创新创业生态环境,建设具有国际影响力的区域科技创新中心。做实做强做优实体经济,集聚发展高端制造业,培育壮大战略性新兴产业,提质做强现代服务业,做精做优都市现代农业,加快建设现代化产业体系。

2.高颜值

高颜值就是要建成高颜值生态花园之城,纵深推进跨岛发展,持续提升岛内城区功能形象,加快建设现代化岛外新城,加快建设闽西南协同发展区,实施乡村振兴战略,加快完善基础设施体系,提升城市承载力和宜居度。坚持绿色发展,健全生态文明制度体系,打好污染防治攻坚战,大力推进绿色发展,提升可持续发展竞争力。加强民生和公共服务,着力增强人民群众获得感幸福感安全感,创新和完善社会治理,打造文明和谐的标杆城市。

3.现代化国际化城市

(1)现代化

社会主义现代化是富强民主文明和谐美丽的全面现代化,是经济建设、政治建设、文化建设、社会建设、生态文明建设共同推进的现代化,全面性特征是社会主义现代化战略的鲜明标志。我国实现社会主义现代化目标,就是到21世纪中叶,实现高度的物质文明,经济实力、科技实力和社会生产力将大幅跃升,核心竞争力名列世界前茅,成为综合国力和国际影响力领先的国家;实现高度的政治文明,法治国家、法治政府、法治社会全面建成,实现国家治理体系和治理能力现代化,中国特色社会主义民主政治制度成熟定型并将充分发挥其优势和特点;实现高度的精神文明,国民素质显著提高,践行社会主义核心价值观成为全社会自觉行动,中国精神、中国价值、中国力量成为中国发展的重要影响力和推动力;实现高度的社会文明,城乡居民普遍拥有较高的收入、富裕的生活、健全的基本公共服务,享有更加幸福安康的生活,全体人民共同富裕基本实现,公平正义普遍彰显,社会充满活力而又规范有序;实现高度的生态文明,天蓝、地绿、水清的优美生态环境成为普遍常态,开创人与自然和谐共生新境界。

过去数年,随着我国经济社会的不断发展和全面实现小康社会目标逐步逼近,率先基本实现现代化成为国家乃至部分先发地区的新坐标。为此,国家、省、市级层面先后探索制定了若干关于基本实现现代化的指标体系,以评估和监测全国及本地区基本实现现代化的程度及进度状况,为政府中长期规划及重大决策提供决策参考。

表 4-1　国内几个典型现代化指标体系

指标体系名称	编制时间	构成要素	主要特点
国家基本实现现代化指标体系	2000 年	经济发展、社会进步和生活水平	体现"两个文明"及经济结构战略性调整
广东省基本实现现代化指标体系	1999 年	经济发展、社会发展和生态环境	体现"三个文明",增加生态环境
广东省城市现代化指标体系	2001 年	经济发展、社会生活、科技教育、安全保障、环境保护	突出城市的特质和要求,增加科技教育和安全保障
深圳市基本实现现代化指标体系	2005 年	经济发展、社会发展、城市发展、可持续发展	更加凸显城市的功能特质及国际化水平
江苏基本实现现代化指标体系	2013 年	经济发展、社会发展、人民生活、民主法治、生态环境	体现"五个文明",首次考虑了政治文明(民主法治)

深入比较分析上述几个现代化指标体系的构成要素可以看出,虽然每个指标体系在具体指标的选择上存在一定的差异,但共同点是:基本涵盖经济、社会和环境三大领域或板块。同时,我们也可看出每个体系的特色与差异:国家指标体系更加突出民众"生活水平"的衡量,并将之与经济、社会两大板块并重;广东省的指标体系较早关注"生态环境"维度,体现了其在生态文明上的率先突破;江苏省的指标体系进一步增

设了"民主法治"板块，凸显了对政治文明的重视与追求；而深圳等城市现代化指标体系则更凸显城市功能特质（如科技教育、安全等）和国际化水平，此外，可持续发展也受到相当重视。

我们认为，现代化城市主要表现为产业发展的现代化、空间发展的现代化和人民生活的现代化。主要特点有：综合经济实力强，接近和达到中等发达国家的平均水平；产业结构实现高级化，技术密集和资金密集的工业成为第二产业的主体，第三产业高度发展；基础设施达到国际现代化大城市的标准，形成便捷、通畅的现代化通信体系和网络；科技进步成为经济增长的主要因素，产业的技术水平接近或达到中等发达国家的水平；居民人均收入达到中等发达国家的平均水平，社会保障体系健全。

（2）国际化

城市国际化指一个城市向国际化城市逐步迈进的动态过程，是在城市各项活动进行跨国界相互往来交流中，城市辐射力、集聚力、吸引力不断增加，城市能级不断提高，与国际化城市逐步接轨的过程。国际化城市分为四个层次：一是全球性国际化城市，主要有纽约、伦敦、东京、巴黎等；二是区域性国际化城市，主要有洛杉矶、温哥华、新加坡等；三是功能性国际化城市，如音乐之城维也纳、电影之都戛纳、服装之城米兰等；四是潜在的或正在崛起的国际化城市，如韩国的首尔，澳大利亚的悉尼，墨西哥的墨西哥城，中国的上海、北京、广州、深圳等。

笔者采用联合国于 1996 年在伊斯坦布尔举行第二次人类住区大会（HABITAT Ⅱ）时提出的城市国际化的评价指标，并根据厦门实际情况进行适当调整，在经济发展、基础设施、对外交流 3 个大类别下细分出 16 个分项指标。

表 4-2　城市国际化的主要评价指标

一级指标	二级指标	单位	指标特征
经济发展	人均地区生产总值	美元	表示城市的经济总体发展水平
	人均可支配收入	美元	
	第三产业增加值占地区生产总值比重	%	表示城市的产业结构
	非农业劳动力比例	%	
基础设施	人均电力消费量	千瓦时	表示城市的基础设施建设水平
	人均公共绿地面积	平方米	
	每万人拥有轿车数	辆	
	地铁运营里程	千米	
对外交流	外籍常住人口比重	%	表示城市的社会开放水平
	入境旅游人数占本地人口比重	%	
	市民英语普及率	%	
	国际主要货币通兑率	%	
	出口总额占地区生产总值比重	%	表示城市的对外交流水平
	进口总额占地区生产总值比重	%	
	外汇市场交易量	亿美元	
	外商直接投资占本地投资比重	%	

（3）厦门建设现代化国际化城市的内涵

建设现代化国际化城市就是要按照国家建设社会主义现代化强国的总体部署,充分发挥厦门的发展基础、资源禀赋和比较优势,加快构建现代化产业体系,深入实施跨岛发展战略,大力推动“一带一路”建设,加快建设自由贸易港,构建双循环重要枢纽,主动融入、扩大交流、开展合作、参与竞争,加快打造国际一流营商环境和体现国际品质的人居环境,着力提升城市的国际影响力,着力推动国际产业集聚高地、国际综合交通枢纽、国际交流交往中心、国际知名花园城市建设,塑造国际化城市的竞争优势,建设成为现代化国际化城市。

【专栏】

厦门该如何建成国际化城市？

什么是国际化城市？是否具有国际影响力是判断是不是国际性城市的标志。从指标来看,似乎应该有较大规模的国际性货物、资金、人员流动,这就需要国际企业、国际人才、国际管理。

厦门城市竞争力呈现下降趋势,目前在中国社科院城市竞争力排名中处于第二十位左右,比原来排名下降了六七位,在第一财经·新一线城市研究所的城市评级中,厦门从新一线城市滑入二线城市。究其原因,不外乎是经济规模不大、发展后劲不足、市场容量有限等几大因素。

国内区域版图加快形成,长三角、珠三角、环渤海三大经济带继续居主导地位,以武汉、长沙、成都、重庆为代表的中西部经济带加快崛起。粤港澳大湾区、环杭州大湾区风生水起,反观厦门,却是在长三角和珠三角经济带的夹缝中生存,在现有的行政体制下,厦漳泉三地各有盘算,难以形成合力。

厦门是对外开放的门户,海丝重要支点城市,两岸融合发展示范区。对台和海丝因素是厦门在国家战略中占有一席之地的所在,在未来建设国际性城市中必须加以发扬光大。

是什么？做什么？怎么做？是建设国际化城市必须回答的问题。一是厦门建设国际化城市要有正确定位,在现有的经济版图下,厦门应该努力成为次区域的国际性中心城市。国务院给厦门的国际性现代化港口及风景旅游城市的定位还需要进一步深入推进。二是建设国际化城市,主要是要做好货物、资金和人员流动的国际化,做大流动规模,扩大辐射范围,建设 21 世纪海上丝绸之路重要支点城市,努力提高国际影响力。三是要打造一流的国际化市场化法治化营商环境,跟国际惯例、国际规则无缝对接；着力培育国际性企业,推动企业跨国经营；着力集聚国际化人才,打造国际宜居生态环境。

（四）具体定位

根据"高素质高颜值现代化国际化城市"的总体定位,厦门应在国际、国家、对台、城市层面实现如下目标定位。

1.国际层面:国际化海湾型城市

厦门具备建设国际化海湾型城市的优质本底。厦门素有"海上花园"的美誉,拥有"城在海上、海在城中""山海相连、城景相依"的得天独厚的城市空间格局,形成充满魅力的、尺度多样的魅力湾区和浪漫海岸线。厦门拥有现代化的综合交通运输体系,拥有与国际接轨的开放政策环境和优质营商环境,以及开放包容的文化内涵。

构建国际门户枢纽。在空港、海港、铁路、公路等方面扩大客货运输容量,积极开拓国际航线数量,进一步强化综合交通对内对外的辐射服务能力,构建"陆丝"与"海丝"无缝对接的重要海陆空枢纽城市。

提高对外开放水平。依托自贸试验区建设和"海丝"建设,构建对外开放新格局。加快提高对外贸易水平,打造国际经贸合作平台,打造国际一流营商环境,对标国际先进水平,建立完善的、符合国际通行的制度体系,提供一流的国际化服务,建设贸易投资区域枢纽城市。

打造多元化城市文化。进一步凸显中西文化交融、民俗与高雅共生、传统与现代并存、国际性与地方性共荣的文化内涵。

2.国家层面:高质量发展的样板城市

厦门坚定不移地以供给侧结构性改革为主线,深入实施创新驱动发展战略,高质量发展加快推进。经济保持较快增长,创新动能加快集聚,产业转型升级成效显著,发展质量效益不断提高,平板显示、旅游会展、航运物流、金融服务、软件和信息服务等产业链产值或营收超千亿元。在中国社科院城市与竞争力研究中心公布的城市竞争力排名中,2020年厦门综合竞争力排名居第十九位,比上年上升3位,在可持续发展竞争力方面,厦门进入前10名。厦门高质量发展的态势越来越强,具备打造高质量发展的样板城市的实力。

深化供给侧结构性改革。持续推动降本增效,着力补齐供给短板,持续打造国际一流营商环境,积极防范重点领域风险,把提高供给体系质量作为主攻方向。

　　深入实施创新驱动战略。聚焦具有国际影响力的科技创新中心建设,聚焦创新资源,打造富有竞争力的人才体系,吸引创新人才,拓展创新创业载体,优化创新创业生态环境,构建区域协同创新体系,使厦门成为全国乃至全球创新网络中的重要枢纽。

　　加快构建现代化产业体系。加快产业结构转型升级,集聚发展高端制造业,培育壮大战略性新兴产业,提质做强现代服务业,做精做优都市现代农业,打造新型现代产业体系。

　　3.对台层面:两岸融合的示范城市

　　厦门是大陆对台工作前沿平台和两岸关系的支点,是全国唯一以深化两岸交流合作为主题的综合配套改革试验区,也是中国(福建)自贸试验区的重要片区,对台先行先试政策最为集中。近几年,厦门在促进两岸经济、社会、文化融合等方面取得了丰硕的成果。因此,将厦门建设成为两岸融合的示范城市既有必要性也有可行性。

　　建设两岸经贸融合最紧密区域。创新两岸经贸合作制度化建设机制,持续加快综改"一区三中心"建设,推进厦台优势产业深度合作,提高对台经贸合作水平。

　　打造两岸文化交流最活跃平台。强化以闽南文化为纽带的文化连接,坚持民间推动和市场运作并举,创新交流合作的体制机制,提升文化、科技、教育、卫生、体育等领域交流合作的层次和水平,打造一批两岸文化交流活动品牌。

　　搭建两岸直接往来最便捷通道。完善两岸直接"三通"基础条件,创新两岸直接往来机制,建立更加便捷的交通体系和物流通道,提高两岸人员往来和货物流动效率和水平。

　　形成两岸同胞融合的温馨家园。推动在厦台商台胞市民化待遇,创新台胞融入社区治理、参政议政的体制机制,为台胞在厦门就业创业、交往交流和生活居住提供良好的制度环境和优质的服务。

打造两岸民间交往最亲密基地。创新载体、搭建平台,扩大两岸基层民众交往交流覆盖面,推进两岸民俗传统、乡土文化交流融合,推进厦台基层、社区交流合作。

4.城市层面:宜居宜业的幸福城市

厦门深入落实创新发展、协调发展、绿色发展、开放发展、共享发展的新发展理念,统筹推进生产、生活、生态空间布局,持续实施跨岛发展战略,着力推进城乡统筹,持续加强区域合作,"一岛一带多中心"城市空间格局不断优化拓展。城市基础设施体系不断完善,城市承载力和宜居度不断提升。生态环境持续优化,生活垃圾分类全面推行,做法和经验成为全国范例,厦门空气质量综合指数在全国74个重点城市中排名长期居于前列。民生福祉持续改善,着力破解教育、医疗、居住、就业、养老等领域的难题,基本做到了"学有所教、病有所医、老有所养、住有所居",居民获得感幸福感不断提升,厦门已经具备成为一座宜居宜业的幸福城市的基本素质。

纵深推进跨岛发展。加快建设现代化岛外新城,推动新城和产业基地建设提速提质提效,实现产城融合发展,形成新的产业增长极;加快建设闽西南协同发展区,加强分工协作,更大范围实现资源互补、产业协调发展;实施乡村振兴战略,按照产业兴旺、生态宜居、乡风文明、治理有效、生活富裕的总要求,加快建设现代化美丽乡村,实现城乡统筹发展。

加快完善基础设施体系。完善空港、海港、高铁、城铁、互联互通城市快速路网等交通建设。加快城市交通堵点改善工程。加大水源联通、城市配电网、燃气等重大基础设施建设。建设海绵城市。

大力推动绿色发展。深入推进碳达峰碳中和行动,加大生态建设和环境保护力度,推进绿色低碳发展,提升城市环境质量,健全生态文明体制机制,建成绿水青山、碧海蓝天的国家生态文明建设示范市和生态文明先行示范区。

持续加强民生和公共服务。全面落实共享发展理念,从人的需求出发,构建覆盖城乡、公平均等的公共服务体系,补齐民生短板,营造更加便利舒适、充满关怀的人居环境,不断增强百姓的获得感幸福感。

创新和完善社会治理。加快建设法治中国典范城市,加强和创新社会治理,建设公共文明标杆城市,提升城市公共安全水平。

【专栏】

我们需要什么样的城市?

厦门是个很有吸引力的城市,很多人来了就不愿意走,这是一个值得你深爱的地方。

有一些特色。大海、沙滩、蓝天、白云、青山、绿水,天生丽质,这就是厦门最大的特色。正如许巍唱的:"每一次难过的时候,就独自看一看大海。"大海宽阔的视野,加上纯净的蓝天,令所有的不安不快都烟消云散。

有一些领先。厦门城市温馨包容,人们不喜欢出风头,更多的时候往往是做跟跑者,而不是领先者。但是也有一些领先,特别是创意领域,比如美图秀秀是国内外美图 App 的领跑者。

有一些精致。精致的鼓浪屿,精致的嘉庚建筑,精致的红砖民居,好像不少地方都很精致。厦门人的生活也精致,他们追求欢喜就好,享受生活,讲究舒适安逸。泡工夫茶在厦门很盛行,大街小巷,都可以看到三五个人聚在一起,喝着工夫茶,聊起家常,连喝茶也精致起来了。

城市不一定大就好,人口规模不多不少,发展程度不高不低,有一些特色,有一些领先,有一些精致,这样也挺好的。

第二节 战略目标

一、发展目标

规划到 2025 年,形成高端制造业和现代服务业为主体的现代经济体系,创新动力更加强劲,城市功能更加完善,城市魅力集中显现,国际一流湾区加快形成,公共服务品质优良,社会环境温馨和谐,生态环境更加优美,人民群众获得感幸福感更加强烈,成为社会主义现代化先行区,基本建成高素质高颜值现代化国际化城市。

建成更具改革开放引领作用的经济特区。继续发挥好改革开放的重要窗口、试验平台、排头兵和示范区作用,系统推进全面创新改革试验,率先在改革重要领域和关键环节取得决定性成果,形成系统完备、科学规范、运行有效的制度体系。在国家"一带一路"和自由贸易港建设中发挥重要的先锋作用,争取建成要素有序自由流动、资源高效配置、市场深度融合的开放型经济体系,形成全方位开放新格局。

建成更具辐射力带动力的区域中心城市。综合经济实力显著提升,形成以创新驱动为主引擎的发展动力机制,成为重要的生产要素配置中心、信息资源交流中心和高端商务活动集聚地。形成以万亿级产业集群为主体的现代产业体系,建成具有较强国际影响力的区域科技创新中心。

建成更有魅力的国际一流湾区城市。跨岛发展战略进一步深入实施,岛内大提升,岛外大发展,沿海岸线具备国际一流湾区城市特质,湾区经济形态和布局得到强化,中心城市功能进一步提升,形成"一岛一带多中心"城市空间格局。

建成更具竞争力影响力的国际化城市。坚持依托内地、服务两岸、面向世界，更加善于统筹国际国内"两个大局"，成为亚太地区有重要影响力的区域性综合型国际化城市。外贸进出口总额、利用外资和对外投资总额继续保持全省领先水平，培育形成一批新的本土跨国企业，城市生产生活环境、管理方式、制度规则与国际接轨程度显著提高，国际交流活动更趋频繁。

到 2035 年，城市综合实力和发展质量达到全球先进水平，发展方式实现根本性转变，形成更具竞争力的现代化经济体系。生态实力和文化软实力国际领先，迈向全球文明城市。服务大湾区都市圈一体化发展和海峡两岸深度融合的关键作用充分发挥，与全球网络超级节点城市深度合作的全面开放格局形成，全面建成具有全球影响力、竞争力和创新力的高素质高颜值现代化国际化城市，率先成为社会主义现代化强国强市。

二、主要指标预测

(一)地区生产总值

许林(2019)在厦门市发展研究中心课题"厦门土地利用战略(2018—2035 年)"应用 ARIMA 模型(差分自回归移动平均模型)对厦门 2020 年、2025 年、2035 年的地区生产总值(GDP)进行预测。ARIMA 模型是常用的宏观经济预测模型，使用该模型时首先需要判断序列的稳定性，若时间序列的随机变量不稳定，则需要通过差分处理直至获得稳定的时间序列再进行测算。具体如下：

若 $d = 0$，则 $y_t = Y_t$

若 $d = 1$，则 $y_t = Y_t - Y_{t-1}$

若 $d = 2$，则 $y_t = -(Y_t - Y_{t-1}) - (Y_{t-1} - Y_{t-2})$

预测模型为：

$$\hat{y}_t = \mu + Ø_1 \times y_{t-1} + \cdots + Ø_p \times y_{t-p} + \theta_1 \times e_{t-1} + \cdots + \theta_q \times e_{t-q}$$

其中，$Ø$ 表示 AR 的系数，θ 表示 MA 的系数。

实证样本采用厦门市 1980—2017 年的 GDP 对数序列，对 GDP 对数序列进行单位根检验，结果显示在 95% 的置信水平下，GDP 为一阶单整I(1)序列。通过观察自相关和偏相关分析图，选用 ARIMA(5,1,0)进行建模，回归结果如下：

$$d(\text{GDP})_t = 0.809 \times d(\text{GDP})_{t-1} - 0.499 \times d(\text{GDP})_{t-2} +$$
$$0.745 \times d(\text{GDP})_{t-3} - 0.251 \times d(\text{GDP})_{t-4} +$$
$$0.129 \times d(\text{GDP})_{t-5} + \varepsilon_t$$

ARIMA(5,1,0)模型的测算结果为：厦门市 GDP 规模将在 2020 年达到 5700 亿元，2025 年达到 8500 亿元，2035 年达到 15000 亿元。

根据第四次全国经济普查福建省统计局对 2018 年省内 GDP 初步核算数的修订结果，2018 年厦门市 GDP 总量修订为 5468.61 亿元，比快报数增加 677.2 亿元。在此基础上，2020 年厦门实际 GDP 达到 6384.02 亿元，比预测值多 684.02 亿元，据此调整，预测 2025 年达到 1 万亿元，2035 年达到 1.8 万亿元以上。

（二）人口规模

厦门市发展研究中心课题"厦门市人口和人力资源发展战略研究（2020—2035 年）"（2020）对厦门人口规模进行分析。人口增长与资源环境协调问题是推动区域经济社会发展的重要问题。资源环境人口承载力揭示了在一定的资源环境约束条件下，以及不同资源环境占用需求所对应的人口承载规模。资源环境承载力对城市可承载人口极限规模具有一定的约束作用，资源环境承载力不超载是区域发展的重大前提。

1.基于水资源承载力的厦门适度人口规模分析

（1）测算公式：水资源可承载人口＝（供水量－农业用水量－生态环境用水量）/人均综合用水量指标

（2）厦门水资源供给能力分析

——供水量。2018年厦门市供水量为67255万立方米（不含海水供应量和生态补水），根据《福建省建设国家生态文明试验区水利总体规划》及《厦门市供水大水网系统工程规划》，厦门拟规划新增"西水东调工程""九龙江北溪雨洪利用工程"等水利工程，水源供应能力将进一步提升。至2035年，厦门市可供水总量为16亿立方米（不包含海水利用和地下水取水），其中外调水资源量为10.6亿立方米，本地水资源量5.4亿立方米（含小型水利工程2亿立方米、再生水净水替代量1.35亿立方米）。

——农业用水量。根据《厦门市国土空间总体规划（2020—2035）》中期成果，到2035年厦门市基本农田面积为10.33万亩，一般农田4万亩。参考《国家农业综合开发土地治理项目建设标准》（国农办〔2004〕48号）中型灌区节水配套改造建设标准，结合厦门市种植结构调整趋势，预测农田综合灌溉定额以$P＝90\%$进行预测，用水定额参照2004年南京水利科学研究院分析预测成果和近几年定额取值，预测至2035年农业需水量为0.64亿立方米。小型农田水利工程供水量为2亿立方米，该部分水量不用于城镇供水。

——生态环境用水量。根据《厦门市九条溪流生态补水工程规划》，2020年和2035年9条溪全年需补水量分别为0.75亿立方米、0.91亿立方米。

——人均综合用水量指标。随着厦门城市化水平的继续推进，2020—2035年厦门城市人均综合用水量指标将持续增加。参考其他城市总体规划中的人均综合用水量和规范要求，在加强节水前提下，预测2035年全市人均日综合用水量将达450～500升/（人·日）〔折成年用水量为164.25～182.5吨/（人·年）〕。

（3）结论

综上分析，按照人均综合用水量指标法，预测到 2035 年，厦门市水资源供给能力可承担的城市人口规模在 760 万～850 万之间。

2.基于土地资源承载力的厦门适度人口规模分析

（1）测算公式：土地资源可承载人口＝全市建设用地总规模/人均建设用地指标

（2）厦门土地资源供给能力分析

——城市建设用地总规模。截至 2019 年底，厦门全市土地面积 1700.61 平方千米。根据《厦门市国土空间总体规划（2020—2035）》，规划至 2025 年，全市建设用地总规模控制在 630 平方千米左右，国土开发强度控制在 38％以内；至 2035 年，全市建设用地总规模控制在 666 平方千米以内，国土开发强度控制在 40％以内。

——人均建设用地指标。厦门市现状人均建设用地面积约为 94.76 平方米。根据《城市用地分类与规划建设用地标准（GB 50137-2011）》和《建筑气候区划标准（GB 50178-93）》，厦门属于建筑气候Ⅳ区，现状人均建设用地面积位于 85.1～95 平方米区间内，规划人口规模大于 50 万，因此远景规划人均建设用地面积为 80～105 平方米，允许调整幅度为－10～＋15 平方米，即最宽范围为人均 70～120 平方米。

（3）结论

综上分析，如按照保持现状人均建设用地面积 95 平方米测算，到 2035 年厦门市城市人口容量上限为 701 万左右。如按照远景规划人均建设用地规模 80～105 平方米的区间测算，到 2035 年厦门市土地资源可承载人口为 634 万～833 万之间。此外，根据《厦门市国土资源环境承载力与国土空间开发适宜性评价》，厦门全市适宜建设用地为 883.3 平方千米，按照现状人均建设用地面积 95 平方米的指标测算，厦门市土地资源可以承载 930 万人口。

【专栏】

关于人口发展的思考

人口问题似乎越来越受到关注。西安、武汉等城市的"抢人大战"上了新闻热搜，引起很大的社会反响。

人口往大城市集中的现象越来越突出，特别是沿海地区的上海、广州、深圳等城市人口吸附能力很强，中西部的武汉、成都、重庆、西安、合肥等城市吸引力也比较强，东北地区人口流出较为严重。"空心村"现象已经非常普遍，"空心镇"数量也在增多，将来可能会出现"空心县"。事实上，东北地区人口大量流失，不少地方出现人口坍塌的情况。

厦门人口形势似乎好一些。2017年常住人口401万，多年保持增长，公安局统计的人口数字约为540万。出生率、小学生人数增长率、老龄化率等指标都处于比较好的水平。但是也存在着岛内人口过于集中等问题，岛内139平方千米的土地聚集着全市一半人口，人口密度达到1.1万人/千米^2，是岛外的11倍。

人口红利情况正在变化。人口数量红利已经消失，20世纪八九十年代，大量六七十年代出生的农民工涌入城市，带来廉价的劳动力，使得我国劳动密集型产业的国际竞争力大幅上升。随着"80后""90后"甚至是"00后"成为主要的劳动力以后，这些人大部分受过良好的教育，整体素质比较高，但是工资要求也比较高，我国已经从人口数量红利阶段进入人口质量红利阶段，为中国经济迈向中高端提供重要支撑。

对于未来厦门的发展，人口是一个非常关键的变量。如何提升对人口的吸引力，保持合理的人口结构，对于厦门可持续发展具有重要的战略意义。

（三）建设用地

许林（2019）在厦门市发展研究中心课题"厦门土地利用战略（2018—2035年）"从建设用地增长趋势以及建设用地与经济增长关系的两个方面测算未来厦门市的建设用地需求量。

1.建设用地增长趋势预测

从建设用地增长趋势出发，用指数平滑法和阻滞增长模型法进行预测。

指数平滑法是完全基于建设用地本身的基本增长规律和特点即趋势所进行的预测。其前提是认为建设用地时间序列的态势具有稳定性或规则性，过去的态势在某种程度上会持续到未来，即未来的变化可以合理地用历史数据顺势推出，其中二次指数平滑法适用于长期预测。实证样本采用厦门市2009—2017年的建设用地对数序列，二次指数平滑模型的测算结果为：厦门市建设用地规模将在2025年达到614平方千米，在2035年达到673平方千米。

阻滞增长模型法考虑到行政区划、自然环境等因素对建设用地增长的阻滞作用，体现了在建设用地不能无限增长、其增长率将随着本身数量的增加而逐渐放缓的特点，是反映有限增长的实证模型。厦门市远景土地利用的极限约为800平方千米，建模样本采用厦门市2009—2017年的建设用地序列，阻滞增长模型法的测算结果为：厦门市建设用地规模将在2025年达到624平方千米，在2035年达到666平方千米。

2.建设用地与经济增长关系预测

土地作为最基本的生产资料，其需求量与经济发展水平具有紧密的联系，因此可以基于一定时期内经济增长的趋势，预测未来的建设用地需求量。基于建设用地与经济关系的预测方法思路为：首先建立经济增长回归模型，预测出2025年和2035年的经济总量；其次建立建设用地和经济总量的关联模型，从而预测出未来建设用地需求量。

一元线性回归模型的测算结果为：厦门市建设用地规模将在 2025 年达到 642 平方千米，在 2035 年达到 704 平方千米。

根据上述预测方法，厦门市建设用地将在 2025 年达到 614～642 平方千米，在 2035 年将达到 666～704 平方千米。

表 4-3 厦门市建设用地预测值

单位：千米^2

预测方法	2025 年	2035 年
指数平滑法	614	673
阻滞增长模型法	624	666
回归模型法	642	704

第三节 战略任务

一、深入实施创新驱动战略

深入实施创新驱动战略，提高企业创新能力，推动科研院所集聚发展，营造创新创业生态，着力打造创新创业高地，加快建设区域科技创新中心。

（一）提高企业创新能力

大力发展创新型企业，支持"三高"企业发展，大力发展专精特新企业，扶持科技"小巨人"、瞪羚企业发展，培育独角兽企业。鼓励企业加大研发投入，支持企业承担重点实验室、人才工作站等建设任务，支持行业骨干企业与高校、科研机构联合建设研发平台和组建产业技术创新战略联盟。

（二）推动科研院所集聚发展

支持厦门科研院所建设,鼓励开展应用研究,推动创新型企业孵化。根据集成电路、生物医药、新能源和新材料等战略性新兴产业,以及新一代信息技术的需求,有针对性引进国内外实力强的科研院所,开展基础研究和应用研究,争取技术突破,为厦门产业发展提供强大技术支撑。

（三）营造创新创业生态

完善激励机制,营造鼓励创新、包容失败的氛围。鼓励科技人员创业,推动成果转化。根据产业链和创新链的需求,培育扶持研究开发、技术转移转化、检验检测认证、创业孵化、知识产权、科技金融等科技服务机构。大力发展风险投资基金,发挥产业引导基金作用,推动产业投资基金对高新技术企业投资,加大信贷支持力度,构建多渠道创新资金支持体系。

二、构建现代产业体系

深化供给侧结构性改革,着力发展实体经济,大力发展高端制造,提升发展现代服务业,加快发展都市现代农业,促进全市产业迈向全球价值链中高端,显著增强产业发展质量优势,构建更具竞争力的现代产业体系。

（一）大力发展高端制造业

围绕增强制造业核心竞争力,推进一批产业链配套延伸项目,加快结构优化和转型升级,提升集聚化、高端化、智能化水平,增强主导产业竞争力。加快发展平板显示、计算机和通信设备、软件和信息服务业、机械装备等千亿级产业链。培育发展集成电路、生物医药、新能源和新材料等战略性新兴产业,建设具有较强竞争力的高端制造业基地。

(二)提升发展现代服务业

大力发展会展旅游、金融服务、现代物流、文化创意等千亿级产业链,推动生产性服务业向专业化和价值链高端延伸,努力建设成为国际航运中心、国际贸易中心、区域性金融中心,推动生活性服务业向高品质和多样化升级,努力建设成为区域性旅游会展中心、区域性消费中心,提高服务业辐射能力,建设具有较强影响力的现代服务业高地。

(三)加快发展都市现代农业

坚持市场化、规模化、现代化、品牌化、生态化,大力发展优质高效特色农业,加快提升特色现代农业质量效益和综合竞争力发展水平,拓展农业多种功能,发展新业态新模式,引导产业集聚发展,加快农村产业融合,推动厦门农业转型升级发展。

三、打造国际一流湾区

以国际化视野、高标准要求,着力推进"岛内大提升、岛外大发展"战略,构建"一岛一带多中心"城市空间格局,全面提升城市综合承载力和宜居度。

(一)提升中心城市功能

进一步提升本岛,强化本岛金融商务、科技创新、文化教育、旅游会展、对外交流等高端服务功能,加快一般公共服务功能向岛外疏解,推动岛内产业转型升级发展。大力推进城市更新,不断提升城市品质。加快建设岛外东部市级中心;马銮湾、集美、翔安航空新城三个城市副中心;海沧、同安、翔安等三个区级中心,形成环海湾城市带。按照以产带城、以城促产、产城互动、融合发展理念,统筹推进岛外大开发、大发展,建设"产城人"深度融合发展示范区。

(二)提升城市综合承载力

完善港口软硬件设施配套,推进建设国际集装箱干线港,加快建设国际航运中心。加快翔安国际机场建设,增开国际航班,构建国际性航空枢纽。加快对外高速铁路建设,建设区域高铁交通枢纽。加快地铁成型成网,统筹地铁沿线综合开发。完善"两环八射"①快速路网,构建快速便捷岛内外交通联系。开辟新的水源,提高供水能力。完善提升供电基础设施,加大燃气基础设施建设,建设地下综合管廊和海绵城市。

(三)高质量建设智慧城市

坚持全市"一盘棋、一体化"建设,建设科学集约的"城市大脑",实现数据互联互通。完善智慧城市的信息基础设施体系,提升交通管理、医疗服务、教育等智慧化水平。加强政务数据资源共享,建立健全跨部门数据共享流通机制,加快公共数据资源开放。

(四)推动实施乡村振兴

按照产业兴旺、生态宜居、乡风文明、治理有效、生活富裕的总要求,统筹谋划、科学推进实施乡村振兴战略。因地制宜发展都市现代农业,大力发展特色农业,提升发展农产品加工,加快发展乡村旅游,促进农村电商发展,推动农村物流发展,促进一、二、三产业融合发展。加快农村基础设施建设,实施村庄生态化有机更新,优化人居环境。深化农村集体产权制度改革,推动资源变资产、资金变股金、农民变股东。

---

① "两环"分别是:"外环"为海翔大道—翔安大道—翔安隧道—仙岳路—海沧大桥—马青路—灌新路,合计约 73.4 千米;"内环"为马青路—新阳大桥—杏滨路—集杏海堤—跨东海域通道—滨海东大道—第二东西通道,合计约 45.7 千米。"八射"分别是:西向马青路、厦成高速、集灌路至长泰通道;北向厦沙高速、同集路、同翔大道;东向海翔大道东段、翔安南路。

四、建设绿色宜人生态环境

顺应市民对美好生活的追求，把绿色作为城市核心竞争力的关键要素，扎实推进国家生态文明建设示范市和生态文明先行示范区建设，力争率先走出一条"绿水青山就是金山银山"的科学发展之路，努力成为"美丽中国建设样本"。

（一）加大环境治理保护力度

一是着力打赢蓝天保卫战。实施大气污染防治行动，加强工业、机动车、扬尘"三大污染源"治理，建设绿色海港空港，确保空气质量保持全国前列。二是着力打好碧水保卫战。实行"双总河（湖）长"制，深入实施水污染防治行动计划，加强饮用水水源保护，持续深化小流域综合治理，完善排污基础设施。建设完善工业废物、医废处置设施，实现生活垃圾分类覆盖率100%、原生垃圾"零填埋"。加强陆海统筹，实施海域清淤整治，加强湿地、沙滩、海湾、海岛生态保育。三是着力打好净土保卫战。重点开展基本农田和受污染场地土壤污染的综合整治，优先保护耕地和饮用水水源地土壤环境，加强对重点行业、区域及设施周边的土壤风险识别与监控。严禁新批矿产资源勘探开采，加强山体保护。

（二）推进绿色低碳循环发展

深入实施碳达峰碳中和行动，推进绿色低碳循环建设。一是加快低碳经济发展。推进能源结构转型，严格控制煤炭消费，合理控制油品消费，适度提升天然气消费，全面推动电能替代，大力发展新能源，有效减少碳排放量，不断提升全市能源绿色低碳可持续发展水平。围绕绿色低碳经济体系建设，加快发展以电子信息、机械装备、生物医药、新能源和新材料为核心的高端制造业和以高端服务业为引领的现代服务业,加大绿色产业支撑,推动生态产品价值转化,基本实现经济发展与能源消耗、二氧化碳与污染排放增长协同,形成产业生态化、生态产业化协同发展格局。二是树立节约集约循环利用的资源观。加强雨洪、再生水、海水等非传统水资源的开发利用,加快再生水管网建设,推广节水产品、器具及节水新技术,提高工业用水重复利用率。加强生活、建筑、工业和危险废弃物的利用和处置,落实生产者责任延伸制度,建立电子废弃物回收及再利用体系。三是实施全民节能行动计划。加快节能环保技术应用示范和推广,全面推动交通、工业、商贸及公共机构等重点领域节能降耗,大力发展绿色建筑,促进大型公共建筑用能系统节能改造。加强节能改造、节能服务体系和节能基础能力等工程建设,发展高效节能产业,推行合同能源管理,推动节能技术、装备和服务水平显著提升。四是倡导绿色低碳生活方式。大力发展绿色交通,加快实现新能源汽车应用规模化、公交车和物流车电动化,公交大巴电动化率达到100%。推进绿色清洁生产、绿色回收、绿色包装、绿色采购等,实现资源循环化、智能化回收处理。加强资源环境国情和生态价值观教育,推动全社会形成绿色消费自觉。

(三)建立健全生态文明体制机制

落实生态文明建设考核和责任追究制度,实行差异化绩效评价考核和领导干部自然资源资产离任审计,建立生态环境损害责任终身追究制。健全自然资源资产产权和用途管制制度,推进生态环保监管执法体制改革。建立覆盖所有固定污染源的企业排放许可制,强化以企业为单元的总量控制,推进排污权有偿使用和交易试点。严格实行生态环境损害赔偿制度,深化环境污染强制责任保险制度。探索编制自然资源资产负债表,建立资源环境承载力监测预警机制。健全环境信息公开制度。

五、打造开放发展新高地

全方位拓展开放的广度和深度，以厦门自贸试验区和国家"一带一路"建设为引领，积极探索以开放促改革、促发展的新路径，打造国际一流营商环境，加快形成开放型经济新优势，打造开放发展新高地。

（一）打造国际一流营商环境

认真对照国家营商环境评价体系，精准补齐短板，确保全国领先。持续深化"放管服"改革，坚持能减则减、能简则简、能免则免、能并则并，深入推进"多证合一""证照分离"改革。围绕商事主体（个体工商户）设立登记、动产和不动产抵押登记、营运车辆年审、社保卡业务办理、出入境业务办理、公证业务办理等量大面广的事项，通过审批协同、网上审批、自助服务等手段，逐步推动实现"全城通办""全程网办"。推进固定资产投资项目审批制度改革，进一步健全完善"一口受理、同步审批、限时办结、信息共享"并联审批机制。加快审批服务便民化改革，大力推广电子证照，推动更多服务事项"马上办、网上办、就近办、一次办"，实现更多事项"一趟不用跑、最多跑一趟"。进一步改革完善公共资源交易平台、财政性投资工程招投标、政府采购等制度机制，加强对公共资源交易、工程招投标、政府采购等交易过程的监督管理。深化"双随机一公开"监管改革，推进跨区域跨部门联合执法。持续推动审批服务事项优化升级，构建以信用承诺、信用公示、联合惩戒为重点的信用监管体系，加快信用平台建设，实行信用风险分类监管，健全"守信激励、失信惩戒"的社会信用体系。

（二）探索建设自由贸易港

坚持以制度创新为核心，不断建立健全与国际投资贸易规则相衔接、与现代市场经济相适应的制度规范，先行先试探索建设自由贸易港。一是投资管理方面。发挥厦门对外开放优势,降低准入门槛,提高企业经营自由度,便利企业对外投资,打造双向投资便利平台,促进厦门产业转型升级。二是贸易管理方面。适应经济全球化、全球价值链集成化和一体化的新趋势,发挥外向型经济和港口优势,大力推进与"一带一路"沿线国家和地区的贸易自由化和便利化,推进厦门国际贸易中心建设。三是金融开放方面。在风险可控前提下,在自由贸易港内对放松外汇管制、放宽金融机构外资准入限制、做大离岸金融等方面创造条件先行先试,推进港内金融自由化,逐步实现资金进出自由,为国家金融开放总体战略服务,推进两岸金融服务中心建设。四是税赋环境方面。遵循税制改革方向和国际惯例,聚焦制约投资开放、贸易创新、金融发展和人才集聚的税制瓶颈,创新探索、先行先试,构建具有国际竞争力的税收制度,为我国深入推进税制改革提供示范借鉴,打造国际化税赋环境。五是通关监管方面。围绕"一线放开、二线管住、区内自由"的海关监管制度创新,全面推进监管便利化、智能化,努力实现货物进出自由,推动厦门国际航运中心建设。

(三)积极参与"一带一路"建设

围绕打造"海丝"重要支点城市,加快建设互联互通、经贸合作、海洋合作、人文交流四个枢纽。加强与"一带一路"沿线国家和地区产业合作,强化招商引资,提高"引进来"水平,支持企业"走出去",形成根植厦门、拓展国际的产业链体系。加快国际航运中心建设,增加"海丝"航班,建设"丝路海运"国际物流新体系,推动形成服务标准化、运行便捷化、管理智能化的"一带一路"综合物流服务体系,构建与中欧班列无缝衔接、相得益彰的陆海内外联动、东西双向互济新通道。加快国际邮轮母港建设,推动"邮轮+"运游融合,拓展"一带一路"特色航线。发挥侨务优势,深化与沿线国家在科技、教育、文化、卫生、旅游等方面的互利互惠双向合作交流,搭建华侨华人子女返乡学习交流平台,推进民间友好组织交往,积极打造城市多边合作交流网络。

(四)加快推进闽西南协同发展区建设

围绕区域产业协同发展、基础设施互联互通、公共服务共建共享、生态环境共保共治、市场体系一开放,建立完善的区域协同发展机制,提升区域发展竞争力,打造新的区域发展极,为经济转型升级提供重要支撑。以厦漳泉大都市区建设为引擎,强化项目对接、信息沟通、事务协调,带动闽西南等区域一体化发展,在更高站位上推动区域一体化发展。集中力量发展壮大电子信息、机械装备等支柱产业,培育发展集成电路、生物医药、新能源和新材料等战略性新兴产业,改造提升纺织鞋服、建筑建材、食品饮料等传统优势产业,引导、促进工业项目向特色园区集中、向产业集群配套,推动各市错位发展、优势互补、共建产业集群。完善综合交通网络,促进市政设施共建共享,实现基础设施的全面对接。加快建设城际轨道交通,加强区域交通枢纽与城市的衔接,构建城市快速走廊。强化高速铁路、高速公路、城际轨道、区域快速路等区域快速通道的对接,打造"1 小时交通圈"。加快建设以航空港、港口、铁路枢纽和物流园区为主的客货运枢纽,推进各种交通方式的紧密结合和便捷转换,打造全国乃至国际重要门户枢纽。

六、建设两岸深度融合示范区

落实好中央对台决策部署,以产业、金融、基础设施、社会融合为核心,积极探索更加开放的合作方式,实施更加自由、便利的对台政策,建设两岸深度融合示范区。

(一)推进产业深度融合发展

加快建设两岸金融中心、国际航运中心、大陆对台贸易中心,深化对台现代服务业合作。大力推进两岸新兴产业和现代服务业合作示范区建设,重点引入集成电路、新一代信息技术、生物医药、新型光电等行业的龙头企业,深化对台高端制造业合作。支持台企转型升级,推动台企做大做强。大力引进台湾高端医疗康体、休闲旅游农业、酒店管理、文化创意等优势产业,拓展对台产业合作领域。加强与台湾在农业优良品种、种质资源和先进栽培技术方面的交流合作,将台湾名优花卉、水果及农产品加工、储藏、保鲜技术作为引进重点,争取引入更多台商投资项目。

(二)推进金融深度融合发展

吸引台资金融控股集团将其大陆总部落户厦门,吸引台资金融机构和台资财团在厦门设立分支机构,支持厦门金融机构和非银行金融机构以股权转让、增资扩股等形式,吸引优质台湾地区金融机构、台资企业的投资,积极争取台资金融机构落地厦门。采取灵活、务实和变通的措施,把各种厦台金融合作的创新构想先在两岸区域性金融中心内试行,待成功后再全面推广。支持和促进台资企业融资租赁业务的发展,支持台资企业上市。

(三)推进基础设施互联互通

积极拓展厦门港口辐射范围,重点加强与台湾高雄港、台中港的合作。提升东渡国际邮轮码头功能,增开厦台海上航线航班。强化厦门机场的国际门户作用,最大限度满足两岸客户需求。加大开行密度,积极支持中欧、中亚班列向台湾地区拓展。尝试与金门在通水通电、垃圾处理等方面加深合作,加快建设厦金海底综合管廊,加快推动厦金大桥的建设。

(四)构建全方位交流合作新格局

鼓励台湾地区高水平名校名院名所落户厦门,支持台湾同胞参与厦门广播电视节目和在厦门的电影、电视剧制作。支持台湾同胞在厦门投资养老服务业,享受与厦门民间资本投资养老服务业同等待遇。

鼓励台湾同胞加入厦门经济、科技、文化、艺术类专业性社团组织、行业协会。落实台胞台企同等待遇，建设提升两岸青创基地，持续提升海峡论坛、工博会、文博会等重大涉台活动实效，扩大郑成功文化节、龙舟文化节、保生慈济文化节等两岸民间交流活动影响力。

(五)打造厦金融合发展示范区

深化厦金区域合作，建立厦金旅游协作示范区。推进厦金经济合作一体化进程，探索对金门民众、资本、货物贸易实施全面的国民待遇，先行先试在海峡两岸经济合作框架协议（Economic Cooperation Framework Agreement，ECFA）下，企业赴金投资更加便利化。探索率先推动视产地为金门的产品如同大陆产品一致的关税、检验认证政策。全力推动厦金通电、通气、通桥，积极打造厦金便捷的"半小时交通圈"和"一日生活圈"，推进厦金两地在观光旅游、跨境电商、健康照护、执业技术教育及培训等产业上的深度合作。

七、建设高质量民生幸福城市

持续做好普惠性、基础性、兜底性民生建设，不断提高公共服务共建能力和共享水平，人民群众获得感、幸福感、安全感更加充实、更有保障、更可持续。

(一)建设现代化教育强市

适应人口政策调整和学龄人口变化趋势，科学编制基础教育布局规划，加快建设中小学、幼儿园建设，满足不断增长人口的学位需求。大力实施名校跨岛发展战略，加快建设名校岛外校区项目，努力提高岛外教育水平。完善城乡一体的义务教育优质均衡发展机制，提高薄弱中小学校办学水平，促进普通高中特色多样化发展。实施职业教育服务产业发展计划，推进职业教育调结构、上层次、提质量。大力推进智慧教育,探索和推广人工智能和可视化应用等新技术在教育教学中的应用,加快数字校园、智慧校园建设。统筹规划外籍人员子女学校建设,完善涉外教育服务体系,加强外教资源统筹管理,全面提升教育国际化水平。

(二)高质量推进健康厦门建设

牢固树立"大卫生、大健康"理念,把保障人民健康放在优先发展的战略位置,促进健康融入所有政策,建立健全健康教育体系,引导群众建立正确健康观,建立以市民健康为中心的整合型健康服务体系,推动实现健康与经济社会良性协调发展。深入实施名院跨岛战略,加快岛外医院建设,合理布局优质医疗资源。加快推进高水平医院、临床重点专科、特色专科建设,大力引进高端医疗技术人才,加强与国内知名医院合作,努力提高医疗服务水平。打造智慧医疗升级版,实施电子健康卡和城市影像云工程,建设全市统一的互联网诊疗服务平台和家庭医生移动工作平台。完善疾病防控应急体系,做好重大传染病等突发公共卫生事件防控,有效控制疫情。

(三)加快构建现代公共文化体系

强化文化遗产保护利用,开发保护鼓浪屿世界文化遗产,加快推动厦门市闽南红砖建筑聚落保护和厦门市红色文物保护。推进历史文化街区、历史风貌建筑保护工作,加大力度保护留住乡愁的古村落、古民居和传统习俗,探索进行文化旅游开发。倡导全民读书,让阅读和学习成为厦门的一种生活方式。挖掘厦门城市文化底蕴,提升城市气质,塑造城市精神。实施全民科学素质行动计划,加强科普设施建设。实施文化惠民工程,推动公益演出、文化志愿服务走基层。采取盘活存量、调整置换、集中利用等方式,加快推进村(社区)综合性文化服务中心建设,以标准化促进均等化,填平补齐公共文化资源,加大农村公共文化产品和服务供给力度,推进区域之间、城乡之间公共文化服务均衡协调发展。推动公共数字文化建设，加快数字图书馆、文化馆、博物馆、美术馆和公共电子阅览室建设。实施"互联网＋公共文化服务"，建成"文化厦门云"公共文化大数据平台。

（四）促进体育事业全面发展

不断完善市、区、乡镇（街道）、村（居）四级公共体育设施建设与空间布局，加快建设"15分钟体育健身圈"。加快建设新体育中心，建成"一场两馆"，"一场"即约6万座席的体育场，具备举办全国综合、国际A级单项赛事条件。"两馆"即约1.8万座席的"体育馆（含综合练习馆）"和约5000座席的"游泳馆"，满足专业比赛、演艺活动及群众健身需求。配套环湾商业、酒店、户外运动场等设施，定位为国际大型体育赛事的主场馆和全民活动的主要场所。根据群众健身需求，做好市体育中心场馆规划改造工作，提升现有体育中心功能。加快建设体育服务综合体，鼓励有条件的体育场馆发展体育商贸、体育会展、康体休闲、文化演艺、体育旅游等多元业态。提升世界沙滩排球巡回赛厦门公开赛、国际马拉松赛、海峡两岸龙舟赛以及"一企一品"办赛水平。

（五）提高就业和社会保障水平

实施就业优先战略和积极就业政策，鼓励创业带动就业。稳步提高参保人待遇水平，提高城乡居民医保住院支付比例和大病保障额度，探索全面推进长期护理险。进一步提高城乡居民养老保障水平。稳步提高社会救助标准，推行困境儿童分类救助帮扶，推进医疗救助全城通办。深化创建慈善城市行动。推进医养结合，推动"家政＋养老"融合发展。重视居家养老，加强老年食堂、配餐中心等硬件设施建设，探索开展社区适老化改造，进一步引导社会化养老机构发展。

（六）完善住房保障体系

保障性住房建设项目用地实行计划单列、专地专供，加快地铁社区等建设。根据新时期住房保障工作面临的新形势、新要求,注重管理方式创新,完善准入退出机制,健全保障性住房申请、审核、公示、轮候、分配等制度,不断提高住房保障体系的科学性、合理性和有效性。坚持"房子是用来住的,不是用来炒的"定位,稳房价、稳地价、稳预期,严格规范房地产开发和中介企业经营行为,完善公共租赁住房和人才住房配建政策,开展集体建设用地建设租赁住房试点,支持企业利用自有土地依法合规建设公共租赁住房,探索共有产权住房制度,让刚需人群有房可住、买得起房。

第五章　产业发展

全球产业分工体系正在重塑。欧美发达国家地位有所下降，制造业回归进展缓慢；新兴国家加快成长，中国和印度的经济实力进一步增强；发展中国家之间产业转移加快，劳动密集型产业进一步向东南亚、非洲和中北美洲转移。在新兴领域的竞争，大家处在同一条起跑线上。

我国现代化产业体系加快构建。中国制造加快向中国智造转变。技术创新能力不断提升，根据哈佛大学发布的报告《伟大的科技竞争：21世纪的中国与美国的较量》，中国在科技领域取得了非凡成就，人工智能、半导体、5G网络、量子科学、生物技术和绿色能源等方面已经位于全球前列。其中人工智能的面部识别、语音识别以及金融科技已经超越美国。数字经济快速发展，数据要素市场加快培育，我国数据产业竞争力不断提升。

但是前路还是有很多艰险。我国开启全面建设社会主义现代化国家新征程，随着成本上升，劳动密集型产业，如纺织服装的竞争力持续下降，技术密集型产业跟欧美发达国家竞争处于劣势，产业发展处于两头挤压状态，要想突破，还要继续努力。

未来产业转型升级的路该如何走？创新发展是唯一出路，唯有加快创新，加快推动产业转型升级，构建现代化产业体系，才能跨越陷阱，翻过高墙，进入坦途。

随着我国加快转型升级发展,厦门的产业也将面临诸多挑战,产业升级任重道远。只有加快创新,推动制造业升级发展和现代服务业提升发展,构建更具竞争力的现代产业体系,才能在未来竞争中居于主动。

【专栏】

关于转型升级

产业转型升级很重要。我们处于大变革时期,新一轮产业变革和技术革命方兴未艾,对现有的产业体系产生了极大的冲击。传统产业市场逐步萎缩,新兴产业市场不断扩大,原有支撑经济发展的动力不足,迫切需要加快新旧动能转变,推动产业转型升级发展,才能在新一轮的竞争中抢得先机。

转型升级并不容易。旧的不去新的不来,旧的去了,新的如果不来,转型升级就会失败,发展陷入困境。旧的去了,新的来了,转型升级才能成功。新旧交替说起来容易,做起来很难,新的产业发展所需要的资源、人才、技术等要素与旧的不同,难以依靠现有的产业、体制、政策来推动转型升级。因此,转变存在着较大的风险。

该如何实现新旧动能顺利转变?首先,旧的产业还不能丢,更不能马上就丢,要尽可能实现平稳过渡,否则一下子失去不少经济总量,转型必然要出现阵痛。其次,要以旧的产业为基础,充分利用好旧的产业发展惯性,慢慢地转变,实现渐进式成长。最后,要合理选择新的产业。在旧的产业基础上,选择新的产业,避免不切实际,盲目追求高大上。适合自己的才是最好的,要选择适合自身条件可以发展的产业,发挥优势,突出特色,提高核心竞争力。

第一节 构建更具竞争力的现代产业体系

一、厦门产业发展情况

深入推进供给侧结构性改革,先进制造业加快发展,现代服务业加快提升,战略性新兴产业加快成长,传统制造业稳步增长,都市现代农业产业体系基本确立,千亿级产业链加快形成,产业转型升级成效明显。

(一)支柱产业规模壮大

2021年,全市规模以上工业总产值突破8000亿元,其中,电子、机械两大支柱产业的规模以上工业总产值占全市规模以上工业总产值67.6%。电子行业上下游配套逐步完善,2021年,电子行业规模以上工业产值占比36.8%,增长14.1%,平板显示产业、计算机和通信设备产业工业总产值超千亿元;半导体和集成电路产业增势强劲,集成电路、液晶显示模组产品产量快速增长。机械装备形成以工程机械、客车制造、电力电器、航空维修为主体的产业体系,2021年机械行业规模以上工业产值占比30.8%,增长16.5%。

(二)战略性新兴产业加快成长

厦门加速布局高端装备制造业、新能源汽车、高端生物医药等前沿关键领域,战略性新兴产业保持良好增长。2021年规模以上战略性新兴产业增加值比上年增长19.4%,居全省第二位;新一代信息技术、生物医药产业合计占规模以上工业战略性新兴产业增加值比重超八成;

低碳、智能化新产品供给显著提升,新能源汽车、服务机器人产量分别增长 50.2％和 4.2 倍,工业转型升级取得显著成效。

(三)现代服务业平稳发展

2021 年,第三产业实现增加值 4121.94 亿元,形成了以金融商务、商贸流通、现代物流、软件和信息服务、旅游会展、房地产业等为主的产业发展格局,占地区生产总值的比重约为 60％。金融业比重稳步提升。2021 年金融业增加值占第三产业比重 21％,本外币存款余额、本外币贷款余额分别为 14767 亿元、15317 亿元,同比分别增长 12.6％、14.1％,增速均高于全国、福建省平均增速。新金融服务助力实体经济,融资租赁等新兴业态快速成长。港口航运保持平稳。厦门港现有生产性泊位 176 个(含漳州),其中万吨级以上泊位 78 个;2021 年,厦门港货物吞吐量 2.28 亿吨,同比增长 9.7％,其中集装箱吞吐量达到 1205 万标箱,同比增长 5.6％。旅游业恢复增长。受新冠肺炎疫情影响,2020 年厦门旅游业大幅下滑。2021 年恢复性增长,全年共接待国内外游客 8940 万人次,同比增长 34.69％;旅游总收入 1301 亿元,同比增长 34.54％。

(四)都市现代农业提升发展

在高标准农田、现代设施农业、"菜篮子"基地等建设带动下,2021 年,全市实现农林牧渔业总产值 62 亿元。品牌建设进一步提升,全市现有"三品一标"①产品 97 个,福建名牌农产品 4 个,"同安凤梨穗"获得地理标志证明商标使用权。农业龙头企业不断发展壮大,2020 年,共有市级农业产业化龙头企业 43 家,11 家企业入选"2020 中国农业企业 500 强",占全省总上榜数的 55％。2020 年,市级农业产业化龙头企业销售收入 800 亿元。休闲农业和乡村旅游加快发展,接待游客超 560 万人次,全国乡村旅游重点村 2 个,中国最美休闲乡村 12 个。

---

① 即无公害农产品、绿色食品、有机农产品和农产品地理标志。

（五）产业布局加快优化

本岛以现代服务业和高新技术产业为主导，岛外以先进制造业为主导的产业布局格局加快形成。岛外各区利用土地成本和区位优势，有针对性地进行招商，吸引大批特色企业落地。集美区依托机械工业集中区，大力发展机械装备制造；依托软件园三期，促进软件企业集聚发展。海沧的厦门生物医药港加快发展，其工业总产值占到全省生物医药产值的四分之一；在士兰微、通富微电等重大项目带动下，海沧区集成电路形成了设计、制造、封装、测试等产业链。同安构建水暖厨卫、机械制造、食品加工、光电照明等四大百亿级产业集群。翔安依托火炬产业区，大力发展平板显示、集成电路等先进制造业，产业规模不断扩大。

（六）产业主体加快集聚

企业实力不断增强。集聚天马微、宸鸿等平板显示企业，戴尔电脑、浪潮等计算机和通信设备企业，联芯、三安光电等集成电路企业，龙头企业带动作用进一步增强。建立健全"科技型中小微企业—市级高新技术企业—国家高新技术企业—科技小巨人领军企业"的"全周期"梯次培育体系，出台高新技术企业专项培育政策，大力推动国家高新技术企业、省级科技小巨人领军企业、国家级专精特新"小巨人"企业发展。全市资格有效国家高新技术企业突破2800家，全市236家企业被认定为省级科技小巨人领军企业。

二、发展方向

深入推进供给侧结构性改革，深入实施创新驱动发展战略，大力发展高端制造业，提升发展现代服务业，厦门产业发展质量优势显著增强，形成更具竞争力的现代产业体系。

现代产业体系加快形成。平板显示、计算机和通信设备等电子信息产业加快发展,战略性新兴产业支撑作用加强,先进制造业基地加快形成。现代物流、金融服务和旅游会展提升发展,现代服务业高地加快形成。

企业实力进一步增强。形成富有竞争力的企业群体,龙头企业带动作用显著增强,中小型创新企业加快发展,专精特新企业集聚发展,企业实力不断提升。

技术创新水平不断提升。科研院所加快发展,企业研发中心实力不断增强,研发水平不断提升,创新生态加快形成,科技成果转化能力显著增强。

三、打造先进制造业基地

(一)制造业的重要性

制造业和生产性服务业的市场广阔,产品和服务可以辐射到周边地区、全国和世界各地。生活性服务业则主要为本地市场服务,以及为外地游客提供服务,市场较为有限。因此,城市产业发展必须高度重视制造业和生产性服务业发展。

香港、新加坡、上海、苏州的发展经验,都证明制造业很重要。

香港失落的教训,就是不能忽视制造业的发展。作为国际航运中心和国际金融中心,香港第三产业占比很高,主要为港口运输业、房地产业、国际贸易和金融业。20世纪80年代初,香港的制衣、纺织、玩具等行业发达,国际市场占有率高,80年代以来制造业持续向内地转移,制造业规模持续下降。80年代初最高峰香港制造业占香港地区生产总值比重为23%,目前仅占1.4%,同时,香港高科技产业发展没有跟上时代步伐。香港经济发展过度依赖于房地产业的发展,投机成分较多,经济发展停滞不前,让年轻人看不到希望,社会问题较多,阻碍了下一步的发展。

新加坡的成功经验，就是重视制造业发展。新加坡实施产业立国，大力发展电子信息、石油化工、机械制造、生物医药等产业，制造业占国内生产总值比重保持在30%左右，制造业的发展为新加坡经济稳定提供了坚实的基础，成为新加坡经济发展的基本盘。同时，依托良好的地理位置，大力发展国际航运中心，经济发展持续稳定。制造业直接体现了一个国家的生产力水平，是区别发展中国家和发达国家的重要因素，制造业在世界发达国家的国民经济中占有重要份额。根据2018年全球金融中心指数排名报告，在全球制造业实力排名中，新加坡排在第十八位，紧随比利时、俄罗斯之后，排在韩国之前。多年来，新加坡一直将制造业作为支柱产业加以培育，经济发展的后劲和抵御风险的能力逐步增强。2006年，新加坡的经济增长率达到7.9%，其中制造业增幅为12%，仅次于对外贸易增长速度。2018年新加坡制造业产值在已有基础上增长一倍，达到3000亿新元（约合2000亿美元），利润总额也提升一倍，达到800亿新元。其制造业占国内生产总值1/4以上，并在许多领域居世界先进水平。

　　在新加坡制造业的四大支柱产业——电子制造业、化工、生物医药、机械制造中，电子制造业与石油化工举足轻重。电子制造业是支撑新加坡经济增长的主要行业，是新加坡制造业的第一大工业。2010年数据显示，半导体成为新加坡重要的支柱性产业，占电子制造业58%的份额；同时，新加坡半导体的产能在全球的比重已从2001年的6.3%上升至2009年的11.2%，新加坡成为全球半导体行业的产业重镇和亚洲桥头堡。化工是新加坡制造业的第二大工业，包括石油、石油化工和专用化学品三大行业，尽管新加坡本土自然资源匮乏，但是其充分利用邻国丰富的石油资源作为基础原料来发展本国的化学工业，同时借助本国位于马六甲海峡出入口这个重要的战略地位，把新加坡打造成了世界第三大炼油中心，仅次于美国与荷兰。新加坡生物医药业发达，是亚洲最富有活力的生物医药中心之一。新加坡的制药及生物科技行业在创新的驱动下表现出了显著的增长势头。

从药物制品、药妆产品及保健品的开发到这些药物或产品的上市，新加坡的生物及制药公司一直在尝试新的准则、方法和技术创新并取得了很大的成功。新加坡在生物医药业的基础设施建设方面投入了大笔资金。新加坡机械制造业涵盖了从承包制造商到供应商的各类公司，拥有强大的设计、原型测试、生产和供应链管理能力。机械制造业所具备的独特优势为新加坡在航空航天、半导体设备、石油与天然气设备等领域取得全球领先地位提供了强大的支撑。

多年来，新加坡政府始终将服务业和制造业作为推动经济发展的两个轮子，认为只有两者互相配合，经济才能平衡发展，有效抵御各种风险。因此，新加坡在现代化过程中，尽管服务业的比重不断提高，但制造业通过产业升级和不断创新，始终保持着较强的竞争力。

国内发达城市也重视制造业的发展。制造业是保障经济持续稳定发展的重要因素。上海提出要保住制造业增加值占地区生产总值比重25％的底线。苏州是个制造大市，工业对苏州发展起到重要作用，苏州制造业涵盖 31 个行业大类、161 个行业中类、483 个行业小类，是国内制造业体系规模最大、门类最全、配套最为完备的城市之一。2020 年工业总产值达到 3.48 万亿元，工业实力与上海、深圳长期不相上下。苏州下一步要继续强化制造业优势，苏州电子信息产业已经突破万亿元，力争到 2025 年，生物医药产业突破万亿元；大力发展新一代信息技术、纳米技术应用和人工智能应用等产业，争取在更高的起点上实现新的跨越。同时，重视发展生产性服务业。苏州提出要打造工业互联网之都，其工业企业众多，发展工业互联网具有雄厚的基础。上海也提出要大力发展生产性服务业，为企业提供高效便捷服务，进一步提升城市服务能级。

【专栏】

制造之惑

改革开放以来，我国大力推进工业化，制造业得到了快速发展。然而近年来，随着劳动力成本提升，环境资源承受压力过大，来自周边国家的激烈竞争，中国制造业的竞争力持续下降。在新的形势下，制造业何去何从，令人关注。

制造业急需转型升级。传统的劳动密集型产业、"三来一补"模式在国内难以为继。而在知识密集型、技术密集型高端产业上，我们尚处于起步阶段，面临着欧美日等发达经济体的限制，发展也是困难重重，举步维艰。

人口数量红利已经消失，我国就业人口趋于减少。但是新生代农民工，还有新生代的城市人口，也有显著的优势，就是受教育程度较高。这为制造业转型升级创造了有利条件。

因此，急需寻找制造业发展的新途径，资本密集型、技术密集型产业是正确的发展方向。一方面要鼓励企业加大研发投入，推动技术创新。这方面华为是个很成功的案例，其一年400多亿元的研发投入在国际上也是名列前茅，使得企业在高技术领域具有很强的竞争力。另一方面要鼓励企业走出去。由于多年的积累，我国不少企业资本实力雄厚，通过在国外兼并收购重组，可以有效突破西方的技术壁垒，同时获得渠道、品牌和研发团队。相信通过这样的努力，中国制造业转型升级必然可以成功，摆脱中等收入陷阱。

（二）制造业的发展重点

围绕增强制造业核心竞争力，推进一批产业链配套延伸项目，加快结构优化和转型升级，提升集聚化、高端化、智能化水平，增强主导产业竞争力。保住制造业增加值占地区生产总值比重25%的底线。

平板显示。建设国内领先、国际一流的新型平板显示产业基地,形成世界级平板显示产业集群。加快产业技术创新,重点布局新型显示技术,延伸产业链上下游,重点发展上游 OLED 面板以及彩色滤光片、偏光片等配套材料项目。着力在 LTPS 面板、TFT-LCD 面板、柔性屏、触摸屏等领域形成国际一流的拳头产品。突破面板前段工艺、整机模组一体化设计等关键技术,发展与新型显示屏制造配套的新型电子元器件、核心材料和关键元组件,加速形成 OLED、Mini-LED、Micro-LED 等新型显示产业链群。

计算机和通信设备。建设成为我国重要的高端计算机产业集聚区,核心部件和元器件形成集聚效应,成为具有全国影响力的"服务器之都"。重点发展高性能海量数据存储服务器、高端容错计算机、工业控制计算机、嵌入式计算机等,结合互联网、移动互联网和消费市场发展趋势,大力发展便携式、低功耗笔记本计算机,以及大尺寸、高性能、触摸型一体式平板计算机。面向 5G 及新一代移动通信技术,大力提升移动智能终端研发和生产能力。发展卫星导航、卫星通信。培育发展通信控制芯片、智能天线、功能模块及关键元器件。

软件和信息服务业。发展成为在国内有影响力、国际知名的软件和信息技术服务业产业集聚区。以软件园为主要载体,着力布局大数据、人工智能、数字文创等数字经济产业;推进"软硬"融合发展,提高工业嵌入式软件供给能力,突出软件和信息技术产业对实体经济的赋能作用。发展平台经济,支持互联网平台不断做大,为实体经济提供"互联网+"服务。加快推动信息技术应用创新产业发展,重点建设工信部协同攻关和体验推广中心,建设厦门特色信创产业园。

半导体和集成电路。力争集成电路设计水平、制造能力领先全国,产业整体规模、综合实力进入全国前列,成为具有国际竞争力的产业集群。围绕集成电路研发生产等需求,以龙头企业和关键产品为核心,注重产业链的横向一体化和纵向一体化的结合,重点引导发展核心芯片设计、关键元器件、电子基础材料、高端软件等领域,鼓励封装工艺技术升级和产能扩充,构建系统(整机)、方案(软件)、芯片设计、制造、封测、装备和材料的完整产业生态,促进产业集群向高端化和专业化方向发展。

机械装备。围绕汽车、工程机械、输配电、智能制造装备与系统等优势产品数字化、自动化、智能化方向发展,建设高端装备智能制造示范区。汽车及工程机械领域,重点提高产品可靠性和智能化水平,向服务型制造转型升级,发展高压液压元件、汽车电子、中型柴油机等关键零部件和产业链缺失环节,开发节能型汽车和新能源汽车、智能网联汽车。电力电器领域,重点发展智能电网设备,开发特高压、超高压直流输变电设备,建设高压电器检测实验室。航空工业领域,重点提升一站式维修能力和水平,规划建设翔安航空产业园,策划引进商务飞机客舱改造、发动机大修、起落架维修等业务,建设全球重要航空维修基地。工业机器人领域,吸引跨国集团来厦设厂,突破机器人的公共核心技术,推动智能工业机器人在工业自动化领域的应用,结合物联网、远程医疗诊断等技术,开发家用机器人、军民两用特种机器人。

生物医药。建成以特色优势产业板块为引领,具有持续的自主创新转化能力,在细分市场具有先进性和竞争力、领导力的专业化生物医药高新技术产业集聚区。发展疫苗、蛋白和多肽类药物、抗体药物以及微生态制剂等生物制品。加快发展先进特色治疗性医疗设备,持续优化提升创新医疗器械产业,着力打造国内领先的体外诊断产业基地,推动诊断试剂和仪器一体化发展。支持原研药、首仿原研药、药物新剂型的研发,探索布局细胞治疗、免疫治疗、基因治疗、病毒治疗等生物治疗前沿技术。发展海洋生物毒素、抗生素、多糖、多肽、多脂等海洋药物和海洋生物材料。大力发展满足膳食补充、体重管理、运动强化等需求的营养和保健食品。利用人工智能、云计算、大数据、远程医疗、健康物联网等先进技术,发展"互联网＋"医院、智慧医疗、疾病预防、慢病管理、健康评估等个性化健康管理服务业。

新材料和新能源。重点发展钨钼材料及合金、新能源电池、第三代半导体材料,争创国家新材料产业集聚区。加快发展石墨烯新材料产业。重点引进石墨烯材料制备、储能材料等项目,加快突破关键技术,形成涵盖石墨烯新材料设备研发、原料制备与应用研究、产品生产、下游应用等完整产业链。加快发展新能源产业。发展布局锂电池产业,聚焦新能源汽车和储能应用领域,提前布局氢能源。提升新型动力锂电池产能和产业集聚度,形成新能源电池生产基地。

新基建。加快新型基础设施建设,包括5G、人工智能、工业互联网、物联网,激发数字经济新动能,推动传统产业数字化转型。推动人工智能与农业、工业、服务业的全面深度融合,形成规模化发展能力。以多类型感知技术全面推动物联网新型基础设施建设,探索边缘计算、区块链等新兴技术在海量异构大数据管理中的实际应用,激发物联网产业发展内生需求。推动企业上云,建设工业互联网公共服务平台,汇聚各类云服务商资源,培育产业互联网新动能。

传统产业。应用先进制造技术、信息技术改进优势传统产业生产组织方式和商业模式,提高产品价值含量,打造全球知名品牌。围绕两化融合、节能降耗、质量提升、安全生产等领域,推广应用新技术、新工艺、新装备、新材料,实施新一轮企业技术改造,提高企业生产技术水平和效率。以卫浴、橱柜、服装、眼镜等行业为重点,推进数字化设计、信息化改造,实现生产自动化、智能化和绿色化。

四、建设现代服务业高地

充分发挥厦门港口优势、人文优势和生态优势,大力发展现代物流、会展旅游、金融服务、文化创意等千亿级产业链,推动生产性服务业专业化与高端化发展,生活性服务业补短板上水平,强化与周边地区联动发展,提高服务业集聚辐射能力,建设具有较大影响力集聚力辐射力的现代服务业高地。

【专栏】

服务之本

厦门好像进入了服务经济的时代，第三产业成为未来发展的主导产业。

服务业看起来很美。金融、贸易、旅游、物流等等，总是跟高楼大厦、体面的白领、舒适的生活联系在一起，会让人想到纽约的曼哈顿、伦敦的金融城、巴黎的拉德芳斯、东京的新宿、香港的中环……

服务业是为谁服务？在全球化的时代，国际大都市是为全球服务的，那里的服务业具有别的地方无可比拟的优势，高智商人才比比皆是，集聚巨额资金，信息在这里汇集，人流在这里汇集……

厦门离国际大都市还有很大的距离。厦门的服务业立足本地，辐射两岸，走向世界，可能是比较好的选择。为生活服务的服务业重点在于旅游业和零售业。为生产服务的服务业重点在于金融、物流和贸易。当然，金融和物流中也有不少为生活服务的，比如房地产贷款、汽车贷款和冷链物流等等。

更重要的是，厦门的服务业要为周边服务，只有这样，服务业才有存在之本。便捷的金融服务、高效的物流服务、舒适的商业服务、休闲的旅游服务等等，都是厦门可以做的，而且要做好。

现代物流。推动物流业线上线下融合，发展国际性、枢纽型、现代化大物流产业，全面做大做强厦门物流产业。大力发展口岸物流、高端创新物流、城际城市配送物流、制造业商贸业联动物流、区域联动物流，提高物流的辐射力，建设东南区域物流枢纽中心，重点发展货物运输、仓储物流、快递物流、冷链物流等业态，加快建设东渡临港物流产业集聚区、海沧临港物流产业集聚区、前场物流产业集聚区、同安物流产业集聚区、翔安物流产业集聚区，为物流发展提供空间载体支撑。

【专栏】

物流之忙

物流十分繁忙。时间就是效率,高速公路上,货车呼啸而过;轮船靠岸,繁忙的装卸工作就开始了;载满货物的火车,在铁轨上奔驰……

物流很重要。厦门以港立市,是港口及风景旅游城市,是东南地区重要港口,港口是厦门非常重要的生命线,港口物流举足轻重。随着多条高铁通车,高速公路网络加快形成,厦门日益成为东南地区的交通枢纽,四通八达。高崎国际机场货邮吞吐量位居全国前列,远期规划年吞吐能力7500万人次的翔安国际机场也在建设中,区域性的航空枢纽地位愈加稳固。交通的便捷,使得集疏运体系更加完善,有力地推动物流快速发展,进一步完善现代物流集散中心功能。物流的快速发展带来资金流、信息流、客流,推动厦门持续健康发展。

港口变迁一直在进行着,泉州港是海上丝绸之路的起点,后来漳州月港取而代之,如今都已繁华不再,它们的地位最终被厦门港取代。居安思危,面对竞争日益激烈的外部环境,厦门物流何去何从?厦门港口何去何从?高端化、智能化、自动化是一个很好的方向。货源是物流发展的根本,腹地建设至关重要。航班密度是港口枢纽地位的体现。港口服务效率也是港口竞争力提升的重要砝码。

会展旅游。做深做足滨海旅游、乡村旅游、海峡旅游、商务会展旅游、休闲旅游五大特色旅游新业态,加快培育开发一批高品质旅游景区,策划引进一批旅游重点项目建设,大力引进品牌酒店、旅游目的地酒店。完善岛内会展设施,推动新会展中心建设,招揽国家级行业协会和高端会展主体来厦办展,培育引进大型高端学术会议和展览项目,促进会展服务高端化发展,积极创建全域旅游示范市,提高厦门旅游会展业国际化、现代化水平,建设国际休闲旅游中心。

【专栏】

旅游之闲

旅游业看起来很美。山川，湖泊，大海，沙滩，湿地，森林；宫殿，寺庙，民居，高楼，古街，商场；人文，表演，民族，习俗，服装，美食：一切都是那么美妙。"吃、住、行、游、购、娱"这六个要素，组成旅游之闲。旅游是一种享受，旅游是一种体验，旅游是一种领悟。

但是，旅游业风险也高。投入高，特别是景区建设，不仅要天生丽质，而且要有基础设施配套，到景区的道路就是一笔很大的投资，更不用说景区内部设施的建设了。对于这样的景区，投入大，如果游客只是到那边看看风景，回报可能就不高。而且，旅游业是靠人吃饭，游客不来，就没有什么收益。

旅游业的发展任重道远。休闲旅游是旅游业转型升级的一个非常好的方向，让旅游之闲，抚慰都市人焦虑的内心。

金融服务。加快推进两岸金融中心建设，重点引进传统法人金融机构总部、区域性分支机构、新兴的持牌金融机构、知名新经济企业的金融板块及金融科技平台、私募股权投资基金等入驻。支持地方法人机构做大做强。着力构建多层次资本市场体系，加快建设两岸区域性金融服务中心，提升金融服务实体经济水平，将厦门打造成立足两岸、面向"海丝"的区域金融开放创新中心。

【专栏】

金融之阔

金融很阔绰。金融是现代经济的核心，是国民经济的血脉。但金融的风险也很大，因为有杠杆，一块钱可以当十块钱来玩，出了问题，肯定是要倾家荡产的。更可怕的是,金融有系统性风险,一个人还不起钱,就会出现多米诺骨牌效应,甚至出现挤兑风潮,导致银行破产,引发金融危机。因此,很多国家对金融的监管很严。

厦门发展金融不易。国家对金融机构的设立严格控制,而且本地金融机构只能在本地做业务,地方发展金融受到很大的限制。厦门作为二线城市,跟北上广深一线城市相比,占有的金融资源很少,在竞争中处于劣势。

厦门金融的突破口在哪? 对台是厦门金融非常重要的特色,可以充分利用对台优势,争取中央政策,在某些方面先行先试。

商贸流通。重点发展中高端商贸,强化数字赋能,大力发展新业态新模式,加快发展电子商务,培育新动能,形成新优势。加快商圈建设,提升岛内中山路、火车站、会展北、SM 城市广场商圈,加快岛外集美、海沧、环东海域、翔安新城商圈发展,优化岛内外布局。强化商贸流通辐射功能,吸引周边地区居民消费,打造区域性消费中心。

【专栏】

商业之华

商业是繁华的。奢华昂贵的品牌显示着高贵,琳琅满目的商品显示着日常,人声鼎沸的菜市场显示着市井,吆喝声,讨价还价声,叫卖声,脚步声……所有的世俗的、人间的都在这里汇集。商业的繁华,就是世间的繁华。

以前,商场是承载商业的重要场所。现在随着电子商务的快速发展,商场受到很大冲击。经过多年的发展,厦门的商业面积增加很多,似乎供过于求,不少购物中心经营困难。传统与现代往往是冲突的,例如法国限制亚马逊,说是其对现有的商业造成很大冲击。但是,历史的潮流总是难以阻挡,这种限制迟早会被打破的。

中山路在 20 世纪 80 年代非常繁华，后来随着火车站那边的商场建设，商业中心逐步转移到火车站一带，中山路的客流减少不少。现在中山路已经成为游客一条街，随着厦鼓码头迁到东渡以后，中山路的游客进一步分流。岛内的 SM 城市广场、湖里万达建成，形成了新的商业中心，集美万达、海沧阿罗海、翔安汇景等岛外商业中心也发展得不错。在商业中心大量发展以后，中山路的地位呈现出下降的趋势，至少在本地人的生活中它不再是必需的了。

商业未来的路该如何走？商业中心还能续写辉煌吗？体验类的商业，如餐饮、电影院还是需要在商业中心发展。服装店等则可以与电子商务结合，打造线下的体验店。至于书店，被电商冲击得太厉害了，迫切需要转型升级，台湾诚品书店是一个很好的模式。

传统的菜市场还是挺有活力的，八市每天都热闹非凡，老字号前总是排着长队，给人以时光停止流动的感觉，仿佛回到老厦门，走入那时厦门人家的日常生活。传统的东西，只要符合人们需要，不论世间如何变化，它依然屹立不倒，一样很有生命力，愈加散发着醇香。

文化创意。重点发展动漫游戏、创意设计、演艺娱乐等，做强做大 4399 小游戏、咪咕动漫等全国性平台。推动影视产业、数字内容与新媒体、创意设计、高端艺术品、文化娱乐休闲等做大做强，打造文化品牌，集聚高端人才，引进国内外相关顶级企业。

五、发展都市现代农业

以农业供给侧结构性改革为主线，坚持市场化、规模化、现代化、品牌化、生态化，大力发展优质高效特色农业，加快提升特色现代农业质量效益和综合竞争力发展水平，拓展农业多种功能，发展新业态新模式，引导产业集聚发展，加快农村产业融合，努力走出一条有特色、高质量的都市现代农业发展之路。

大力发展特色优势产业。大力发展蔬菜、水果、花卉苗木、种苗、水产等优势特色农业产业,不断提高农业效益。确保"菜篮子"稳产保供。加大对蔬菜生产基地建设投入,拓展蔬菜规模种植,调整优化蔬菜种植结构,提高蔬菜品质。形成胡萝卜、葱蒜、紫长茄、马铃薯、辣椒等地域优势产品。发展叶菜类优势产品和芽苗菜工厂化生产,调节淡季蔬菜市场供应。发展设施高山栽培,进行反季节蔬菜及特菜生产。以白金针菇工厂化生产为龙头,带动其他主要食用菌种类的规模化生产。发展畜禽养殖。加快重点畜禽规模养殖项目建设,提高生猪自给率,保障市场猪肉产品供应能力。推进微生物发酵式零排放生态型养殖模式,建设国家级畜禽标准化养殖场,加快种养立体循环生态农业科技园区建设,推进畜禽产业转型升级,向标准化、生态化、智能化、现代化发展。调整水果种植。优化水果产业种植结构和品种结构,适当缩小龙眼种植面积,扩大四季时令水果种植规模,重点引进推广火龙果、金煌芒、莲雾、杨桃、芭乐、百香果等,实施龙眼、荔枝、蜜柚等水果高接换种,发展早、晚熟优质品种,推行标准化生产,提高产品品质。提升花卉苗木产业。建设种苗研发和生产示范区,重点发展洋兰、草花、铁皮石斛、"同安红"三角梅等组培苗及工厂化育苗。引进国外花卉育种公司及花卉种苗企业培育的新品种,形成草花及盆花种苗工厂化育苗基地。推进花卉苗木生产基地建设,调整观赏苗木品种结构,加快发展适销对路的鲜切花、盆栽植物、新优苗木和食用药用花卉。大力发展种苗产业。推进蔬菜种子种苗育繁推一体化,积极培育创新型种子种苗产业,加快构建现代农业种子种苗良种研发、示范推广体系和种苗交易集散中心。做强水产种苗业,提升厦门虾苗在全国的占有率,打造厦门精品种苗品牌和观赏鱼集散平台。规范发展国内外渔业捕捞。控制近海渔船规模,适度发展远洋渔船规模,鼓励支持捕捞渔获物运回厦门,建立健全远洋渔船渔获物在厦卸货的补助机制,支持远洋渔业基地建设和远洋渔船更新。

推动一、二、三产业融合发展。推动农产品加工产业升级。着力提高加工能力和装备水平,加大品牌建设力度,提高产业化龙头企业国内外市场影响力,做强做大农副产品与食品加工产业集群。做大加工产业集群。发展蔬菜、水果、茶叶、食用菌、畜禽、花卉、水产、中药材、林竹等农产品初加工,完善产地农产品分级、包装、保鲜等采后商品化处理,提高农产品附加值。提升农产品精深加工水平,大力发展冷冻保鲜食品、旅游休闲食品、方便即食食品等符合市场需求的产品。培育具有地方特色的焙烤食品、米面制品和预制菜肴等主食加工示范企业,提升湖头米粉、翔安面线、地瓜粉条等传统主食产业发展水平。培育和壮大水产加工龙头企业,着力延长水产加工业产业链。

发展观光休闲农业和乡村旅游。以大农业资源为基础,以优质乡村资源为引导,以镇、村为集聚地,打造集"特色农业、养生度假、创意文化、精品民宿"于一体的独具闽南气质的高颜值乡村旅游胜地。完善乡村旅游精品体系。实施乡村旅游提质升级行动,丰富乡村旅游品牌体系,培育更多的乡村旅游重点村和金牌旅游村,打造乡村旅游精品线路。加快发展乡村旅游项目。建设乡村影视外景基地、特色文创小镇、高端康养基地等。简化民宿办证手续,鼓励岛外各区建设创意精品特色民宿。加快推进农产品物流服务业。依托闽南农副产品物流中心、中埔蔬菜批发市场等,鼓励农超对接、农批对接。以水产加工企业为核心建立水产品供应冷链物流体系,利用第三方冷链物流发展水产加工销售冷链物流体系。推进高崎闽台中心渔港"渔市游"提升改造,加快欧厝对台渔业基地建设。加快渔区产地水产品冷链物流配送中心建设,推动以厦门夏商国际水产交易中心为重点的区域性冷链物流集散中心和区域性渔获交易中心的发展。发展农产品电子商务等新型流通业态,选定一批名特优农产品,突出品牌品质,打造适合电商销售的特色农产品。

【专栏】

农业之美

农业是个有诗情画意的产业。一弯绿色的稻田,一片绿色的茶园,一处绿色的树林,想想就让人放松。不像工业,工厂里面密闭的空间,轰鸣的机器声,看不到一点绿色,想想都感到压抑。

但是,农业也很艰苦,面朝黄土,背朝骄阳,脚踩稻田,汗滴禾下。农产品也不值钱,一年辛苦劳作换不了几个钱,往往丰产不丰收,因为丰产,农产品的价格就低,更卖不出去,收入反而更不好。农业靠天吃饭,恶劣的天气,台风、暴雨、干旱、山洪都会让农民颗粒无收。

那么如何让农业美起来呢?产业融合发展应该是一条很好的路子。发展有机农业、生态农业,提供安全的农产品,让餐桌回到童年时自然的味道。大力发展农业产业化龙头企业,推动农产品深加工,增加附加价值,培育优质品牌,提高产品品质。发展观光农业,实现农业和旅游业的结合,为城市里的人提供回归自然的场所。还要改变农业靠天吃饭的困境,通过保险的形式,或者通过政府的扶助来帮农民渡过难关。

第二节　主导产业的选择

主导产业在产业转型升级中,处于主要的支配地位,对国民经济的驱动作用较大,具有较大的增长潜力。经济发展到一定阶段,主导产业成长能够有力地推动技术创新,对一个地区的技术进步和产业结构转型升级具有重大的关键性导向作用和推动作用,对经济增长具有很强的带动性和扩散性。因此,科学选择主导产业并加以培育壮大,是提高区域产业竞争力和促进经济持续发展的有效手段。随着新一代科技革命深入发展，以 5G、人工智能、大数据、云计算为代表的新一代电子信息技术加快发展，推动赋能传统产业发展，新业态新模式新技术不断涌现，厦门产业发展面临着重大发展机遇和严峻挑战，迫切需要选择正确的主导产业，强化政府有效引导，发挥企业主体作用，构建产业发展生态，抢占未来发展制高点，做大做强主导产业，推动产业转型升级，构建更具竞争力的现代产业体系。

一、区域主导产业选择理论

主导产业是产业结构调整的主动性、核心因素。产业结构调整需要根据现有产业的基础和未来的发展趋势，科学选择主导产业。主导产业的主动发展、变革，必然导致产业结构调整和升级。

（一）主导产业与优势产业、支柱产业

主导产业是指在一国或地区各个不同的经济发展阶段中，处于产业系统主导和支配地位的一个或若干个产业部门。地区主导产业及其辅助和配套产业共同形成功能完善的地区主导产业群。主导产业（或群）在整个国民经济或地区经济中所占比重较大、综合效益高，具有较大的增长潜力，对国民经济的驱动作用大，正处于产业生命周期的兴旺阶段。

优势产业是指在当前经济总量中其产出占有的一定份额，运行状态良好，资源配置基本合理，资本营运效率较高，在一定空间区域和时间范围内有较高投入产出比率的产业。支柱产业指净产出在国民经济中占有较大比重的产业。

从产业生命周期理论看，一般情况下，主导产业处于幼稚期到发展期之间，而支柱产业和优势产业处于成熟期，有些则已经步入衰退期。在整个经济发展过程中，主导产业将发挥越来越大的作用，而支

柱产业和优势产业却已经走上了下坡路。根据发展经济学理论,对于即将走上衰退之路的产业,尽管它仍然相当强大,我们也没有必要去通过各种方式维持其作为支柱产业和优势产业的地位,因为这种维持的机会成本是极高的,阻碍新的支柱产业的形成,进而影响整个产业结构升级。

(二)主导产业选择基准

通常来说,主导产业发展前景良好,能够最迅速、有效地吸收创新成果,满足大幅度增长的需求而获得持续高的增长率,并对其他产业有广泛的直接和间接影响。对主导产业选择的相关理论的讨论最早可追溯到亚当·斯密(Adam Smith)的绝对优势理论和大卫·李嘉图(David Ricardo)的比较成本分析方法,而后者与赫克歇尔—俄林(Heckscher-Ohlin)的资源禀赋学说则共同构成了比较优势理论。在现代产业经济理论史上,有许多经济学家提出了界定和选择主导产业的基准。其中有代表性的如下:

罗斯托基准。美国经济学家罗斯托(Walt Rostow)在《主导部门和起飞》一书中,提出了产业扩散效应理论和主导产业的选择基准。他认为,应该选择具有较强扩散效应(前瞻、回顾、旁侧)的产业作为主导产业,将主导产业的产业优势辐射传递到产业关联链上的各产业中,以带动整个产业结构的升级,促进区域经济的全面发展。

筱原两基准。日本学者筱原三代平提出主导产业选择的两条基准,即"收入弹性基准"和"生产率上升基准",产业界称之为"筱原两基准"。所谓需求收入弹性是指某种产品的需求增长率与人均收入增长率之比。需求收入弹性反映随着国民收入增加而引起的对各产业最终需求的变化。收入弹性大于1,说明随着收入的增加,需求增加更快;弹性小于1,说明随着收入的增加,需求相对减少。只有需求收入弹性大的产业,才具有良好的发展前景。生产率上升率则是指某一产业的要素生产率与其他产业的要素生产率的比率。一般用全要素生产率进行比较,即产出对全部投入之比。发展生产率上升快的产业,可以提高整体的经济效益。后来有学者认为虽然筱原两基准从供给与需求两个方面对主导产业的选择以界定,内容上存在着互补关系,是一个统一体,但只有这两条基准还是不充分的,不能反映出主导产业的全部特征,还应包括"创造就业机会基准""防止过度密集基准""丰富劳动的内容基准""关联效果基准"等。

国内许多学者基于日本经济学家的观点,结合中国国情加以补充,提出了不同的选择基准和方法,较有代表性的有"三基准说""四基准说""五基准说""六基准说""七基准说"等。

表 5-1　不同的主导产业选择基准

基准	学者	代表性观点
三基准说	周振华(1992)	增长后劲基准,短缺替代弹性基准,瓶颈效益基准
	许秋星(2001)	收入弹性基准,生产率上升率基准,产业关联度基准
四基准说	党耀国等(2004)	产业关联度基准,收入弹性基准,增长率基准,劳动就业基准
五基准说	陈刚(2004)	创新率基准,生产率上升率基准,需求收入弹性,产业关联度基准,规模经济性基准
	王莉(2004)	可持续发展基准,收入弹性基准,生产率上升率基准,效益基准,产业关联度基准,比较优势基准
	朱要武、朱玉能(2003)	收入弹性基准,生产率上升率基准,产业关联度基准,动态比较优势基准,国际竞争力上升率基准
	张圣祖(2011)	收入弹性基准,生产率上升率基准,产业关联度基准,生产协调最佳基准,增长后劲最大化基准
六基准说	邬义钧等(2001)	需求收入弹性大,供给弹性大,劳动生产率高,能体现劳动生产率的方向,对相关产业的波动和带动作用强
	关爱萍等(2002)	持续发展基准,需求基准,效率基准,技术进步基准,产业关联基准,竞争优势基准

续表

基准	学者	代表性观点
七基准说	王稼琼等(1999)	市场前景和市场竞争力基准,产业之间的带动基准,技术创新与进步基准,吸纳劳动能力基准,动态比较综合优势基准,世界市场竞争力基准,可持续发展基准
	张魁伟(2004)	动态比较优势基准,收入弹性基准,生产率上升率基准,产业关联度基准,生产要素的相对集约基准,就业基准,可持续发展基准

资料来源:叶安宁.主导产业选择基准研究[D].厦门:厦门大学,2007:16.

使用技术依据和经济依据选出的主导产业,可能是不同的。在经济发展的某个阶段,收入弹性较高的行业,并不一定是劳动生产率上升快和产业关联度大的产业。在利用不同基准选出的主导产业发生矛盾时,还应考虑影响主导产业发展的以下因素:

宏观政策环境。包括政治经济稳定性、财政政策、货币政策、产业政策等,这直接关系到主导产业的发展问题。若主导产业在培育期不能获得有效政策支持,该主导产业是难以越过阵痛期,进入递升期的。

自然地理因素。包括区位条件、交通条件、自然资源的禀赋和分布情况等。自然地理因素对主导产业的发展将产生直接影响和间接影响。地区主导产业应充分考虑区域地理因素、生产要素的优劣势。

风险性因素。包括政治性风险、经济性风险、政策性风险和业务性风险等,不同主导产业的风险性是不同的。风险性较强的主导产业,需要政府给予一定政策的支持。

投资因素。包括资金、人力和物力等。主导产业的发展需要有大规模的研发投入,还需要高素质人才的支撑,来推动技术突破,这就需要充足的资金保障。成熟的资本市场提供的风险投资、股权投资、上市融资、银行贷款等融资服务能够支持企业初创、成长到成熟发展,进而有力地推动主导产业发展。

主导产业的基准与四大类因素共同构成一个有机的整体。可根据这个有机整体的各因素之间的动态性和关联性,建立主导产业评价分类表和经济数学模型,以选择正确的主导产业。

二、厦门主导产业变迁

厦门主导产业经历了从轻工纺织到机械化工再到电子信息,从劳动密集型到资本密集型再到技术密集型的变迁过程,符合主导产业变迁的一般规律。

(一)轻工纺织时代处于领先

1978年改革开放以来,我国消费结构由解决温饱到"新老三件"交替。1985年以后,生产力日益解放,纺织、食品加工等轻工业迎来了发展契机。耐用消费品的消费开始兴起,最具代表性的例子是俗称"老三件"的自行车、手表和缝纫机开始走进千家万户,并成为当时整个社会的主要消费潮流。而后,随着"老三件"的日益普及,以电视机、电冰箱和洗衣机为代表的"新三件"登上历史舞台,城乡居民进入以家用电器为主的"千元级"消费阶段,人们的生活方式也越来越紧跟时代。1992年市场经济体制改革,进一步推动了居民的消费升级,各种新类型的家用电器不断涌现出来,空调、电脑、手机、微波炉、摄像机等开始进入城乡居民家庭。这个时期,轻工纺织行业得到快速增长,拥有电视机、电冰箱、洗衣机、空调制造业的城市得到快速发展,厦门拥有厦华彩电等龙头企业,经济保持快速增长。

"七五"计划(1986—1990)期间,厦门以电子、纺织、服装、食品和以感光材料为主的精细化工为支柱行业,带动机械、基础化工、建材、造纸印刷、皮革、金属制品等行业发展,并有计划地研究发展微电子技术、光纤通信、生物工程等新兴工业,逐步形成传统工业和新兴工业共同发展的外向型工业体系。

特区创办之初,厦门设立2.5平方千米的湖里工业区,作为出口加工区,实行特殊政策。厦门抓住 20 世纪 80 年代国际劳动密集型产业转移的机会,作为经济特区凭借允许外资投资、15％所得税优惠政策的优势,吸引大量外资企业入驻,大力发展"三来一补"的加工制造业。1981 年厦门引进第一家外资企业——印华地砖。当时国内劳动力丰富,厦门大力吸引国内低成本的劳动力,发挥港口开放优势,大进大出,经济得以快速发展。国内资金短缺,厦门就大胆借用外债,争取国外贷款。央企也进入厦门投资,中航技、中汽、中远等公司纷纷入驻。纺织服装行业得到较快发展,服装品牌 FUN 名气很大,风靡鹭岛,还有不少女装品牌和制鞋企业生意红火。家用电器方面,厦华彩电发展迅速,产品畅销国内外。食品饮料方面,古龙罐头、厦华啤酒厂、银城啤酒厂、鹭芳饮料等企业经营良好。

　　厦华电子是中国第一台等离子电视的制造者,也是中国第一家率先从 CRT 电视机转型为平板电视的企业,当时是中国最大的彩电出口企业之一,曾将中国彩电品牌 TCL、创维、长虹、海尔、海信、康佳等远远地甩在身后。厦华电子创立于 1985 年 12 月,是一家专业的电视机生产企业,1995 年 2 月 28 日"厦华电子"A 股在上海证券交易所挂牌上市。在企业发展历程中,厦华斩获佳绩无数,包括 1999 年 10 月厦华数字高清电视获国家测试最佳评价并参加国庆 50 周年大典;2005 年,厦华液晶和等离子电视双双入围"中国十佳平板彩电";厦华在国家评选的 190 个"中国出口名牌"中名列前茅。有报道称,厦华在欧洲、北美的市场上占有很大的优势。在美国一连锁店里,每卖出 4 台平板电视,其中就有一台是厦华生产的。2003 年厦华的出口额为 1.1 亿美元,2004 年平板电视热销,出口额翻倍升至 2.1 亿美元。20 世纪末,中国家电业进入多元化疯狂扩张阶段,厦华电子也曾想走此捷径实现华丽转型。为此,公司大步迈进手机、计算机、显示器、传真机、系统集成、微波通信设备、电子商务等多个产业领域。鼎盛时期,公司拥有 22 家合资企业、5 个配套厂。1999 年,厦华还提出把手机、计算机两大业务列为和彩电生产并重的支柱产业。然而,厦华电子于 2003 年和 2004 年连续两年亏损，痛定思痛后重新确立战略定位，剥离手机、计算机、显示器等业务。2005 年，厦华电子从传统彩电业向平板电视转型，利润大增"起死回生"。但是好景不长，平板电视市场竞争异常残酷，进入了价格战的厮杀，并延续到了海外市场。2006 年、2007 年，厦华电子再度连续亏损，为此背上了沉重的债务。据公开资料显示，2006 年，厦华电子亏损达到 5.2 亿元，2007 年亏损 3.89 亿元。由于已连续两年亏损，2008 年 5 月，厦华电子戴上"﹡ST"的帽子，面临退市风险。

（二）重化工业时代掉队落伍

1998 年以后，我国进入住行消费与服务消费引领居民消费升级时期。1998 年 7 月，国务院发布《关于进一步深化城镇住房制度改革加快住房建设的通知》，标志着中国正式进入住宅市场化和住房消费货币化的新时代。同时，以汽车消费为主导的出行消费提升，形成了国人消费升级的又一驱动力。汽车消费，不仅包括购买汽车的一次性大额支出，还包括汽车使用过程中产生的各种商品和服务消费，因此，汽车消费带来的相关消费支出规模的扩大和相应比重的提高也极为显著。随着消费升级，我国进入了重化工业阶段，石化工业和汽车工业成为产业发展的主导产业，在这个时期，抓住了石化和汽车这两个产业的城市都获得了快速成长，如宁波依靠镇海炼化等石油化工企业，以及吉利汽车、上汽大众等汽车整车企业，实现了经济快速增长，成为"万亿俱乐部"城市。

"八五"计划（1991—1995）期间，为了配合"901 工程"，厦门提出把石化工业作为主导产业，后来，由于拟订在海沧地区兴建大型石化工程的方案推迟，且存在较多不确定因素，未能确立石化主导产业和形成配套的产业体系。"九五"计划（1996—2000）期间，厦门确定了电子、机械、化工、电力为四大支柱产业，"十五"计划（2001—2005）调整为电子、机械、化工三大支柱产业，"十一五"规划（2006—2010）继续以电子、机械、化工为三大支柱产业。2007 年，随着 PX 项目退出，厦门彻底失去石油化工发展的机会,因此,"十二五"规划(2011—2015)厦门把支柱产业调整为电子、机械两大支柱产业,"十三五"规划(2016—2020)继续以电子、机械为两大支柱产业。

这个阶段国际产业转移以重化工业为主,厦门在海沧设立南部工业区,重点发展石化工业;在集美灌口设立机械工业集中区,重点发展工程机械、客车制造。

"901工程"是台塑集团王永庆来厦门海沧投资的石化项目,后来由于种种原因搁浅,取而代之的是翔鹭化纤,1994年投产,注册资本19.6亿元,占地面积60公顷,年产30万吨的高品质涤纶短纤及涤纶长丝,年产值30亿元。2007年厦门拟投资对二甲苯(PX),该项目由台资企业腾龙芳烃(厦门)有限公司投资,将在海沧区兴建计划年产80万吨对二甲苯的化工厂,项目总投资108亿元,预计形成800亿元产值,形成产业配套,带动下游将形成千亿级产业链。但由于担心化工厂建成后危及民众健康,该项目遭到百名政协委员联名反对和市民集体抵制,直到厦门市政府宣布暂停工程。最终,石化项目转到漳州古雷港区投资,厦门从此与石化工业无缘。

从20世纪80年代后期厦门开始谋划发展石化工业,到2007年厦门退出石化工业,20年对石化工业孜孜以求,到头来却竹篮打水一场空,假如时间可以倒流,海沧一开始就大力发展电子信息产业,可能现在就是另外一番景象。事实上,2012年以后,海沧在原来石化工业用地上,建设集成电路信息产业园,引进通富微电、士兰微等集成电路企业,成为国家集成电路发展的重要基地。厦门PX项目迁址漳州古雷后,两年内连续发生两起特大爆炸事件,造成重大损失,如果爆炸事件发生在海沧,将对岛内产生毁灭性打击。因此,石化工业退出,厦门继续保持优美环境,城市价值处于较高水平,这也许是历史的选择。

汽车工业是重化工业阶段的主导产业。家用小汽车市场广阔,对经济拉动作用很大,厦门一直没有汽车整车厂,发展汽车工业的雄心壮志一直没有实现。金龙汽车是长途客车厂,由于客车市场规模有限,虽然金龙汽车排名全国第二，一年产值 100 亿元左右，与汽车整车厂动辄千亿的产值相比，确实是小巫见大巫。近年来受到高铁的影响，长途客车市场萎缩，企业发展也比较困难。

因此，没有了汽车工业和石化工业的支撑，厦门失去了强劲的增长动力，经济总量难以更上一层楼。

（三）电子信息时代跟上步伐

20 世纪 90 年代末期，我国互联网加快发展，阿里巴巴、腾讯、百度、网易、携程、盛大、京东纷纷成立，计算机和通信设备、软件和信息服务业得以快速发展。2008 年以后，随着互联网技术的不断成熟，智能手机日益普及，移动互联网加快发展，电子商务模式兴起，极大地改变了国人的消费习惯与消费方式，越来越多的人将网上购物作为首选，同时，网络娱乐、支付、网上订票、滴滴出行等新兴消费领域快速崛起。近年来，线上线下融合成为新的趋势，"新零售"这一业态正在重塑整个中国零售业，推动消费升级。随着互联网、移动物联网和万物互联快速发展，新一代信息技术加快发展和应用，电子信息产业发展迎来快速增长期。

由于在重化工业方面发展机会丧失，厦门一直在寻找新的主导产业，最终选择了电子信息产业。1998 年厦门引进戴尔电脑，之后联想电脑也进入厦门，形成计算机和通信设备产业集群，有力地推动厦门电子信息产业发展。

厦门曾经有希望抓住智能手机的发展机会。夏新创造了 A8 手机的神话，但是未能延续发展势头，痛失智能手机发展的机会。夏新电子是由成立于 1981 年 8 月的原厦新电子有限公司发展而来，是厦门市第一家中外合资企业，1997 年 5 月，由厦新电子有限公司为主要发起人发起设立厦门厦新电子股份有限公司（夏新电子股份有限公司前身）。同年 6 月 4 日，"厦新电子"股票在上海证券交易所挂牌上市（2003 年 8 月 5 日起更名为"夏新电子"）。公司总资产 31.8 亿元，2002 年实现销售收入 45 亿元，净利润 6 亿元。夏新手机曾在 2002 年创造单款手机盈利8亿元的辉煌成绩。2005年,公司品牌估值高达70.62亿,达到鼎盛,并邀请当时风头正劲的"超女"冠军李宇春代言。2006年后,夏新没能延续辉煌,2007年亏损8亿元。2009年,由于连续3年亏损,被象屿股份借壳上市。同年12月20日,由四川九洲电器集团、中科创业投资有限公司以及管理团队共同出资收购,成立夏新科技有限责任公司,作价1.35亿元。之后,夏新曾尝试跟360手机、阿里云手机等合作,并推动电商渠道。夏新虽然继续经营,但在很大程度上也是苦苦支撑。在随后几年智能手机全面普及的浪潮中,换了东家的夏新手机仍然鲜有作为,最终跟上诺基亚、摩托罗拉的"离场"步伐,告别了手机市场。回顾夏新电子30年的发展历程,可以看出,其抓住功能手机发展的机会得以快速发展,但是在智能手机发展的大势上,却落伍掉队了,没有转型成功,最终走向失败。有时辉煌过后就是衰落,成功是失败的起点,成功的时候越要保持冷静,只有这样才能走得更远。

近年来,厦门电子信息产业快速发展。平板显示方面,引进台湾友达光电来厦门投资,带来众多配套厂家,迅速形成百亿级企业规模。厦门天马项目是厦门火炬高技术产业开发区着力打造千亿级光电产业集群、强化全国唯一的光电显示产业集群试点基地的重要支撑。2011年3月,厦门天马首期投资70亿元在厦门火炬(翔安)产业区新建国内第一条、全球第二条第5.5代LTPS生产线及CF生产线,年加工36万片阵列玻璃基板。产品应用覆盖移动终端、车载显示、娱乐显示、工业仪表、办公显示等中小尺寸中高端显示屏市场,带动液晶材料等上游产业发展,并拉动下游消费电子产品、车载显示等行业的发展,吸引一批配套企业集聚,形成产业集聚效应,促进厦门光电产业发展。厦门天马二期投资第6代柔性AMOLED生产线项目,总投资480亿元,是目前国内体量最大、全球最先进的柔性AMOLED单体工厂。项目定位于柔性AMOLED技术的中小尺寸产品显示用屏,产品主要应用在智能手机、智能穿戴、车载显示等柔性应用显示领域,应用市场前景广阔。集成电路方面,引进台联电投资的联芯,三安光电加快发展。计算机和通信设备方面,引进浪潮、神州数码等服务器制造商,戴尔电脑加快转型发展。软件和信息服务方面,集聚了美图、美亚柏科、美柚、咪咕动漫等实力强的龙头企业,软件园、火炬(翔安)产业区、同翔高新技术产业基地等提供载体支撑,加快打造万亿级电子信息产业集群。

【专栏】

是什么阻碍厦门企业做大做强？

厦门的企业不大。目前厦门最大的制造业企业是戴尔电脑,一年产值600多亿元,而且多年保持排名第一。这和国内发达城市相比差距很大,深圳华为一年的产值超过6000亿元,济南的浪潮集团也超过2000亿元。

从厦华电子的兴衰,似乎可以看到厦门企业做不大做不强的原因。厦华电子成立于1985年,从外向型经济起步,曾经辉煌过,巅峰时期拥有1家上市公司、22家合资企业及5个配套厂,是福建省最大的电子企业和中国最大的彩电出口企业之一,行销网络遍及全球。公司1995年上市之后,营业收入从1995年的8.6亿元增至1999年的28.4亿元。净利润从3900万元增至8900万元。可惜好景不长,后来厦华电子一步一步走向衰落。分析厦华电子衰败的原因,可以总结出以下几个方面的经验教训：

一是需要企业家。厦华电子的崛起跟管理团队关系很大。他们把厦华电子企业做大,1999年厦华电子做到约30亿元规模,约占当年厦门工业总产值4%,是厦门数一数二的企业,在业内也是处于领先水平。但是也是管理团队的战略失误,把厦华电子推向衰落。总体而言,厦门缺乏具备把企业做大做强能力的企业家,能够做百亿级规模企业的企业家已经是凤毛麟角,到目前为止,厦门还没有一个企业家能把制造业企业做到千亿级规模。这可能和厦门市场规模比较小,腹地有限有关,企业家难以获得做大做强的锻炼机会,也就缺乏相应的能力。长三角、粤港澳大湾区巨大的市场规模更容易催生千亿级的企业。

二是需要战略思维。厦华电子是国内最早布局等离子电视的企业,也是国内最早生产平板电视的企业,可惜后来没有跟上时代的步伐。当时厦华电子企业发展战略是搞多元化道路,进入了手机、显示器等行业,没有在市场前景广阔的平板显示行业深耕。由于转型没有成功,最终走向衰败。因此,企业的发展战略非常重要,一招不慎,满盘皆输。企业的发展如履薄冰,只有紧跟时代的步伐,选择正确的战略方向,才能取得成功,才能做大做强。

三是需要审时度势。行业的发展总是从小到大由盛而衰。开始的时候,进入市场的企业不多,市场利润率高。随着竞争者的进入,利润率趋于下降,就会淘汰一些企业,发展到最后,通过资产重组形成巨头,或者出现颠覆性的技术和模式,行业重新洗牌。厦华电子在彩电行业发展的成长期得到了快速的增长,在进入行业调整期时,却选择了错误的战略方向,本应在专业化方面进行深耕,进一步做大做强,却选择了多元化的方向,进入了自己不熟悉的领域。结果分散了力量,降低了在行业中的竞争力,最终导致失败。

四是需要技术突破。21世纪初,彩电行业竞争更加激烈,国外彩电技术取得突破,平板电视得到快速的发展。厦华电子实力不强,要想在平板电视技术上取得更大突破,非常困难。厦门整体研发实力不强,本地高校不多,在电子方面的技术积累不足。因此,厦华电子的发展缺乏本地高校的技术支持,靠厦华电子单枪匹马,研发实力不够,难以在技术上形成突破。因此,厦门要想在技术创新方面取得突破,必须要加大研发投入。

因此,由于厦门市场规模有限,企业家得不到锻炼的机会,厦门缺乏能掌舵超大型企业的企业家,同时本地高校支撑不足,技术创新能力不强,在企业做到一定规模以后,无法获得本地高校技术和人才的支撑,也就无法让厦门的企业做大做强。

三、基于效率分析的厦门主导产业的选择

投入产出效率也是主导产业选择的一项重要依据。一个城市的主导产业应该是能够发挥自身优势的产业，而具有优势的产业，其投入产出效率必然更高。

数据包络分析（data envelopment analysis，DEA）是最常用的一种非参数前沿效率分析法，它以相对效率为基础对同一类型的部门绩效进行评价，将同一类型的部门或单位当作决策单元（decision making units，DMU），其评价依据的是所能观测到的决策单元的输入数据和输出数据。

以厦门市主要工业和重点服务业的行业为决策单元，各行业的投入数据包括总资产、固定资产、用工人数以及销售费用、管理费用、财务费用等；产出数据包括利润总额、利税总额和职工薪酬等。表 5-2 是2020 年厦门市主要工业和重点服务业的投入产出数据。

表 5-2　2020 年厦门市主要行业投入产出数据

行业	资产总计（亿元）	固定资产净额（亿元）	平均用工人数（人）	销售费用（亿元）	管理费用（亿元）	财务费用（亿元）	利润总额（亿元）	利税总额（亿元）	职工薪酬（亿元）
电气机械和器材制造业	640.0	53.1	64597	5.7	10.1	3.4	56.3	68.0	63.4
房地产业	1321.6	112.2	56443	6.7	18.2	8.3	30.6	39.5	44.5
纺织服装、服饰业	126.5	12.9	27932	0.6	2.7	0.2	11.4	17.2	21.0
纺织业	115.2	21.2	17650	1.0	4.2	0.5	8.1	10.2	11.9
非金属矿物制品业	263.7	53.2	13402	3.0	2.6	0.4	16.0	21.5	12.9

续表

行业	资产总计（亿元）	固定资产净额（亿元）	平均用工人数（人）	销售费用（亿元）	管理费用（亿元）	财务费用（亿元）	利润总额（亿元）	利税总额（亿元）	职工薪酬（亿元）
化学原料和化学制品制造业	210.0	32.4	11800	2.8	3.0	0.6	13.5	17.1	11.3
计算机、通信和其他电子设备制造业	2225.6	476.5	153579	11.1	16.0	2.9	117.3	138.9	179.2
家具制造业	62.6	9.0	13038	0.9	1.7	0.2	4.1	5.7	10.7
交通运输、仓储和邮政业	3082.9	1128.1	75132	19.1	35.3	13.2	27.1	33.5	118.5
金属制品、机械和设备修理业	66.9	17.4	5829	0.2	4.2	1.0	3.8	4.6	9.4
金属制品业	405.2	60.8	53515	3.8	6.9	1.3	26.6	32.6	43.7
酒、饮料和精制茶制造业	86.1	12.1	13843	0.4	0.4	0	5.8	10.3	14.7
科学研究和技术服务业	373.5	18.0	22472	2.5	10.3	0.3	6.3	9.2	25.4
农副食品加工业	103.7	20.0	8290	2.1	2.2	1.6	5.6	6.9	5.7
汽车制造业	298.1	33.2	23974	0.9	1.7	0.3	11.1	14.7	25.4
食品制造业	116.2	17.9	12973	4.3	3.2	0.5	8.8	11.5	11.4
铁路、船舶、航空航天和其他运输设备制造业	75.1	15.3	5193	0.1	0.3	0.1	−2.0	−1.5	5.1

续表

行业	资产总计（亿元）	固定资产净额（亿元）	平均用工人数（人）	销售费用（亿元）	管理费用（亿元）	财务费用（亿元）	利润总额（亿元）	利税总额（亿元）	职工薪酬（亿元）
通用设备制造业	216.5	55.4	33499	1.9	3.2	0.4	23.3	27.5	32.6
文教、工美、体育和娱乐用品制造业	106.5	17.5	25153	0.9	2.5	0.3	9.6	11.1	20.2
橡胶和塑料制品业	362.1	96.2	52987	2.9	6.4	1.1	26.1	34.7	46.0
信息传输、软件和信息技术服务业	804.5	237.6	31646	103.3	38.3	1.6	107.0	118.6	93.6
医药制造业	189.2	28.5	11588	10.7	3.5	0.7	52.1	56.4	14.4
仪器仪表制造业	77.8	4.9	5571	1.2	2.2	0.2	5.3	6.4	5.6
有色金属冶炼和压延加工业	281.9	49.3	9120	0.2	0.4	0.1	12.3	14.7	11.4
专用设备制造业	267.8	32.1	31582	4.6	6.0	0.9	27.0	33.3	31.3
租赁和商务服务业	490.0	112.4	46876	14.2	25.8	1.2	9.0	19.0	50.5

按照行业增加值（包括利税总额和职工薪酬）比较，超过300亿元的只有计算机、通信和其他电子设备制造业一个行业，超过200亿元的也只有信息传输、软件和信息技术服务业，超过100亿元的是交通运输、仓储和邮政业以及电气机械和器材制造业；随后第五到第十名的行业分别是房地产业、橡胶和塑料制品业、金属制品业、医药制造业、租赁和商务服务业、专业设备制造业；行业增加值均介于60亿~100亿元之间。

根据班克（R. D. Banker）、查恩斯（A. Charnes）和库柏（W. W. Cooper）(1984)提出的可变规模收益模型（BCC）：

$$\min \theta$$
$$\text{s.t.} \sum_{j=1}^{n} \lambda_j x_j + s^- = \theta x_0$$
$$\sum_{j=1}^{n} \lambda_j y_j - s^+ = y_0$$
$$\sum \lambda_j = 1, j = 1, 2, \cdots, n$$
$$s^+ \geqslant 0, s^- \geqslant 0$$

其中，$X = (x_1, x_2, \cdots, x_n)'$ 和 $Y = (y_1, y_2, \cdots, y_n)'$ 为 n 个行业的投入和产出矩阵，θ 和 $\lambda = (\lambda_1, \lambda_2, \cdots, \lambda_n)'$ 为决策变量。s^+ 和 s^- 为松弛变量。目标函数值 θ 表示在产出既定的条件下，投入向量 x_i 最大可收缩的程度。$Y_i\lambda_i$ 和 $X_i\lambda_i$ 为第 i 个行业的产出和投入在生产前沿上的投影点，这些投影点就构成了生产前沿。若一个行业的实际投入产出和相应的投影点重合，则表示该决策单元的生产位于生产前沿上，即技术效率值为1，称为技术有效。

应用数据包络分析估计厦门2016—2020年以上重点行业的BCC效率和规模效率，见表5-3和表5-4。

表 5-3　2016—2020 年厦门市重点行业的 BCC 效率

行业	2020		2019		2018		2017		2016	
	排序	BCC效率	排序	BCC效率	排序	BCC效率	排序	BCC效率	排序	BCC效率
电气机械和器材制造业(4)	1	有效	1	有效	14	弱有效	1	有效	1	有效
纺织服装、服饰业	1	有效	1	有效	1	有效	1	有效	1	有效
纺织业	23	无效	18	弱有效	16	无效	16	无效	1	有效
非金属矿物制品业	21	无效	24	无效	1	有效	17	无效	16	弱有效
化学原料和化学制品制造业	22	无效	25	无效	21	无效	21	无效	21	无效

续表

行业	2020		2019		2018		2017		2016	
	排序	BCC效率	排序	BCC效率	排序	BCC效率	排序	BCC效率	排序	BCC效率
计算机、通信和其他电子设备制造业（1）	1	有效	1	有效	1	有效	1	有效	1	有效
家具制造业	17	弱有效	17	弱有效	12	弱有效	14	弱有效	13	弱有效
金属制品、机械和设备修理业	1	有效	1	有效	1	有效	13	弱有效	1	有效
金属制品业（7）	19	无效	16	弱有效	1	有效	10	弱有效	1	有效
酒、饮料和精制茶制造业	15	弱有效	15	弱有效	1	有效	1	有效	11	弱有效
农副食品加工业	26	无效	26	无效	18	无效	20	无效	17	弱有效
汽车制造业	1	有效	22	无效	17	无效	12	弱有效	1	有效
食品制造业	24	无效	20	无效	13	弱有效	1	有效	14	弱有效
铁路、船舶、航空航天和其他运输设备制造业	18	弱有效	19	弱有效	15	弱有效	15	弱有效	15	弱有效
通用设备制造业	1	有效	14	弱有效	1	有效	19	无效	20	无效
文教、工美、体育和娱乐用品制造业	16	弱有效	1	有效	1	有效	1	有效	1	有效
橡胶和塑料制品业（6）	1	有效	21	无效	19	无效	18	无效	19	无效
医药制造业（8）	1	有效	13	弱有效	1	有效	11	弱有效	12	弱有效
仪器仪表制造业	1	有效	12	弱有效	1	有效	1	有效	1	有效
有色金属冶炼和压延加工业	1	有效	1	有效	1	有效	1	有效	1	有效
专用设备制造业（10）	1	有效	23	无效	20	无效	1	有效	18	无效
房地产业（5）	25	无效	1	有效						
交通运输、仓储和邮政业（3）	1	有效	1	有效						

续表

行业	2020		2019		2018		2017		2016	
	排序	BCC效率	排序	BCC效率	排序	BCC效率	排序	BCC效率	排序	BCC效率
科学研究和技术服务业	1	有效	1	有效						
信息传输、软件和信息技术服务业（2）	1	有效	1	有效						
租赁和商务服务业（9）	20	无效	1	有效						

注：2018年之前的重点服务业数据没有总资产等投入数据，无法进行效率评估。

表5-4　2016—2020年厦门市重点行业的规模效率

行业	2020	2019	2018	2017	2016
电气机械和器材制造业（4）	0	0	0	0	0
纺织服装、服饰业	0	0	0	0	0
纺织业	1	1	1	1	0
非金属矿物制品业	−1	−1	−1	−1	1
化学原料和化学制品制造业	1	1	1	1	1
计算机、通信和其他电子设备制造业（1）	−1	−1	−1	0	−1
家具制造业	1	0	0	0	0
金属制品、机械和设备修理业	0	0	0	0	0
金属制品业（7）	−1	−1	−1	−1	−1
酒、饮料和精制茶制造业	0	0	0	0	0
农副食品加工业	1	1	1	1	1
汽车制造业	−1	1	−1	0	0
食品制造业	1	1	0	0	1
铁路、船舶、航空航天和其他运输设备制造业	1	1	1	1	1
通用设备制造业	0	−1	−1	−1	1
文教、工美、体育和娱乐用品制造业	0	0	0	0	0
橡胶和塑料制品业（6）	−1	−1	−1	−1	−1

续表

行业	2020	2019	2018	2017	2016
医药制造业(8)	0	0	0	0	0
仪器仪表制造业	0	0	0	0	0
有色金属冶炼和压延加工业	0	0	−1	0	0
专用设备制造业(10)	−1	1	−1	0	−1
房地产业(5)	−1	−1			
交通运输、仓储和邮政业(3)	0	0			
科学研究和技术服务业	0	0			
信息传输、软件和信息技术服务业(2)	0	0			
租赁和商务服务业(9)	−1	−1			

注：1表示规模收益递增，0表示规模收益不变，−1表示规模收益递减。

厦门市增加值规模前5个行业中，计算机、通信和其他电子设备制造业，信息传输、软件和信息技术服务业，交通运输、仓储和邮政业，电气机械和器材制造业的BCC效率都是有效的，其中电气机械和器材制造业在2018年表现为弱有效，但房地产业在2020年却表现为无效。同时从规模效率来看，计算机、通信和其他电子设备制造业以及房地产业是规模收益递减的，已经不适合继续做大。但厦门计算机、通信和其他电子设备制造业规模较大，通过技术创新，特别是新一代信息技术应用，仍可以继续做大。其他3个行业均表现为规模收益不变，可以继续做大。

增加值规模第六至第十的5个行业中，金属制品业和医药制造业表现较好，均表现为有效或弱有效，但金属制品业近5年都是规模收益递减的，而医药制造业却始终是规模收益不变的，从规模收益上看可以继续做大。而其他3个行业的技术效率和规模收益表现都不稳定或无效率。

其他增加值规模更小的行业中，技术效率表现好的行业主要有：纺织服装、服饰业，家具制造业，金属制品、机械和设备修理业，铁路、船舶、航空航天和其他运输设备制造业，文教、工美、体育和娱乐用品制造业，仪器仪表制造业、有色金属冶炼和压延加工业、科学研究和技术服务业。并且，除了有色金属冶炼和压延加工业在 2018 年表现为规模收益递减外，其他行业均表现为规模收益递增或不变，都有可能继续做大规模。

因此，从投入产出效率分析，厦门未来的主导产业选择应该围绕计算机、通信和其他电子设备制造业，信息传输、软件和信息技术服务业，交通运输、仓储和邮政业，电气机械和器材制造业，医药制造业等行业进行；以及重视在科学研究和技术服务业，纺织服装、服饰业等技术有效、规模收益不变或递增的小规模行业中培育主导产业。

四、以电子信息产业集群作为厦门未来发展的主导产业

主导产业的选择决定于产业发展基础和产业带动能力，产业发展基础决定了主导产业的发展条件，产业带动能力决定了主导产业对产业升级的带动作用。

电子信息产业发展竞争受物流成本影响较小。当前我国进入双循环发展新阶段，内需市场越来越重要。厦门发展外向型经济具有比较优势，发展内需市场处于劣势。一般来说，对于"两头在外"的企业，厦门具有港口优势，有利于大进大出发展外向型经济；而对于市场占领型的企业，由于厦门远离国内大市场，就面临着物流成本的竞争劣势。与其他产业相比，电子信息产业对物流成本并不敏感，因此，在内需时代，厦门发展电子信息产业，与内地企业基本上可以站在同一起跑线上。

近年来，厦门电子信息产业持续保持快速增长，计算机和通信设备、平板显示、集成电路、软件和信息服务业加快发展，企业实力加快壮大，企业竞争力进一步增强，技术创新不断深化，具有良好的电子信息产业发展基础。随着5G、大数据、云计算、人工智能等新一代信息技术的蓬勃发展，加快赋能传统产业发展，电子信息产业具有广阔的市场前景。

根据上文的投入产出效率分析，计算机、通信和其他电子设备制造业、信息传输、软件和信息技术服务业等电子信息产业集群可以作为厦

门未来的主导产业加以发展。重点支持计算机和通信设备、平板显示、半导体和集成电路、软件和信息服务等产业发展，培育发展人工智能、大数据、云计算、区块链等新一代信息技术，发挥龙头企业带动作用，支持中小创新型企业发展，努力形成电子信息万亿级产业集群，推动产业转型升级，构建更具竞争力的现代化产业体系。

第三节　建设区域创新中心

一、厦门创新发展情况

近年来，厦门深入实施创新驱动战略，把创新驱动作为发展主引擎，自主创新能力加快提高，高新技术产业加快发展，福厦泉国家自主创新示范区考核评估厦门片区连续三年居全省第一。

高技术产业加快发展。2021年，全市规上高技术产业工业产值3711.21亿元，占全市规上工业产值44.42%；完成高技术产业工业增加值931.58亿元，占全市规上工业增加值42.64%。建立健全"科技型中小微企业—市级高新技术企业—国家高新技术企业—科技小巨人领军企业"的"全周期"梯次培育体系，出台高新技术企业专项培育政策，大力推动国家高新技术企业、省级科技小巨人领军企业、国家级专精特新"小巨人"企业发展。全市资格有效国家高新技术企业突破2800家，全市236家企业被认定为省级科技小巨人企业。

创新资源加快集聚。重大创新载体平台加速落地建设。嘉庚创新实验室签订市校共建协议，启动首批7大项目群20多个科技成果产业化研发项目；新策划生物制品省创新实验室。新引进落地中科院苏州医工所、广州呼吸研究所、微软人工智能及虚拟现实公共服务平台等6

个研发机构和平台项目,积极推动国家新能源汽车技术创新中心等来厦设立分支机构。已累计引进落地中科院计算所、新松机器人等 9 个大院大所名企项目,计划总投资 20 亿元。

创新成果加快增长。至 2020 年底,每万人有效发明专利拥有量达到 37.93 件,为全省平均值的 3 倍、全国的 2.4 倍;厦门创新能力指数居全国 72 个国家创新型城市第十一位。全年全市新增专利授权 29598 件,增长 28.6%;新增通过《专称合作条约》(Patent Cooperotion Treaty,PCT)途径提交的国际专利申请 534 件,增长 58.9%。修订出台《厦门市促进科技成果转移转化若干规定》,升级推出支持技术转移机构发展、培育技术经纪人等 22 条具体措施。

二、厦门创新发展存在问题

厦门创新发展虽然取得显著成效,但依然存在创新推动作用有待加强的问题。

(一)科研机构不多

与国内发达城市相比,厦门科研院所数量较少,对技术创新推动作用有待加强。厦门高校研发能力较弱,厦门大学作为综合性大学,理工科实力相对较弱。科研院所引进的不多,发挥作用有待加强。

(二)研发投入不高

持续的研发投入是科技创新的资金支撑。2020 年,厦门规模以上工业 $R\&D$ 经费(研究与试验发展经费)仅占营业收入的 2.3%,和深圳相比,差距较大。厦门研发投入总体规模小,全市研发投入不如深圳华为一家的研发投入,制约着技术创新。

（三）创新人才不足

人才是科技创新最重要的支撑。2020 年，厦门市规上工业企业 R&D 人员为 4.7 万人，仅占全部从业人员的 7.3%。厦门对创新人才吸引力不强，同时留不住高端人才，这些都制约着创新能力的提升。

 【专栏】

创新中心为何是在深圳？

深圳有创新制度。深圳是最早的经济特区，是改革的试验田，是开放的窗口。当初制度设计就是条条框框很少，很多内地做不了的事，深圳都可以做。企业经营环境宽松，可以自主做很多事。在分配上，也是鼓励创新，有非常好的激励制度。

深圳有创新基因。深圳是个移民城市，大家来自五湖四海。深圳的文化就是敢闯敢拼敢干，敢为天下先，很多制度创新是在深圳先行。深圳是个年轻的城市，年轻人很多。年轻人充满着朝气，敢于创新，勇于创新，他们就想着打破旧秩序，建立新规则。在创新活动中，人是最核心的因素，拥有了充满激情活力的年轻人，深圳也就拥有了创新基因。

深圳有创新环境。深圳作为经济特区成功的典范，毗邻香港，最早接受市场经济的熏陶。深圳是个经济外向度很高的城市，与国际接轨，做国际生意，很多外国企业来深圳投资。因此，深圳的创新是依托市场的创新，讲究商业利益，国内的研发成果很多在这里进行生产，推向市场。

有人说，近代看上海，现代看深圳。深圳代表着中国的未来，深圳强，则创新强。深圳有创新的制度，有创新的基因，有创新的环境，创新中心在深圳就这样炼成了。

三、厦门创新发展主要任务

深入推进国家自主创新示范区建设,集聚创新人才,建设创新平台,营造创新生态,提高企业创新能力,建设区域创新高地。

(一)培育创新主体

深入推进国家自主创新示范区建设,深入实施高新技术企业和科技型初创企业培育计划,推动创新型中小企业集聚发展。支持科技小巨人企业、专精特新企业、瞪羚企业发展,培育发展独角兽企业。建立引导和倒逼企业加大研发投入的机制,运用财政补助机制激励引导企业建立研发准备金制度,全面落实企业创新税费优惠政策,鼓励企业加大高新技术研发投入。

(二)加强创新平台建设

加快建设厦门大学能源与石墨烯创新平台、清华海峡研究院、厦门半导体工业技术研究院。紧盯重点机构和重点专业,大力引进知名高校、科研院所和央企来厦设立应用型研发机构,支持培育在厦行业龙头企业建设研发中心。加快推进综合性国家科学中心建设,推动国家级大科学装置、大科学研究中心布局落户厦门。

(三)加强科技成果转化

全面推进科技成果使用权、处置权和收益权管理改革,鼓励高等院校、科研院所科技成果在厦门转化,成果转化所获收益全部留归单位自主分配。大力发展科技金融,鼓励发展创业投资,支持科技担保、科技信贷发展。完善知识产权资助政策,加强专利池建设,创新知识产权投融资产品,探索知识产权证券化,完善知识产权信用担保机制,推动发展投贷联动、投保联动、投债联动等新模式。引导天使投资、风险投资、私募基金加强对知识产权领域的投资。加快建设以增加知识价值为导向的收入分配政策落实示范区,充分调动广大科技人员创新创业积极性。

（四）打造国际人才新高地

加快建设国际化人才特区,加快推进设立海外人才工作站,着力引进一批站在世界科技前沿、处在创新高峰期的领军人才和创新团队。探索实施顶尖人才"全权负责制",落实科研人员发明成果转化创业、科技成果收益分配、股权期权激励等政策,推动科研机构与企业双向交流。实施高级技工返校深造计划、优秀青工技能研修计划,推行新型学徒制。

▌【专栏】

厦门该如何吸引人才？

在调研中,经常听到企业反映留不住人才,辛辛苦苦培养出来的人才,要么被北上广深等地挖走,因为一线城市发展机会多,有更大的事业发展平台;要么跳槽到杭州、成都、武汉、西安、合肥等城市,因为这些城市近年来发展比较快,市场容量比较大,发展机会也比较多;甚至南昌等城市也在跟厦门竞争人才,这些城市往往出台很有吸引力的人才政策。厦门留不住人才,究其原因主要是房价高、收入低、机会少等"老大难"问题。

厦门对人才到底还有没有吸引力？答案肯定是有的,厦门天生丽质,有山有海,是个美丽的城市,"小清新"是厦门自带的标签,鼓浪屿、厦大、环岛路景色秀丽,富有小资情调,深受年轻人喜欢。厦门节奏不快,空气清新,温馨包容,是个适合生活的城市,对很多人还是很有吸引力的。

厦门该如何扬长避短,吸引更多人才来这里发展? 一是出台更具吸引力的住房、教育、医疗、社会保障等人才政策,这个方面确实还是大有可为的。只要政策到位了,厦门还是有可能吸引到顶级专家的。二是可以借鉴深圳的做法,加强与清华等国内顶级的高校和研究机构合作,通过项目开发的形式,开展远程合作。三是利用厦门得天独厚的环境优势,吸引院士、学科带头人来厦门过冬,带动厦门企业开展研发活动,推动企业技术创新。四是加强与厦门大学合作,联合设置下一步发展急需专业,同时,要争取更多的大学毕业生留下来,让厦大培养的人才更多为厦门所用。

第四节　建设国际航运中心

一、厦门建设国际航运中心内涵

(一)国际航运中心的概念

国际航运中心是一个功能性的综合概念,是融发达的航运市场、丰沛的物流、众多的航线航班于一体,一般以国际贸易、金融、经济中心为依托的国际航运枢纽。世界主要国际航运中心城市为伦敦、纽约、鹿特丹、新加坡、中国香港等。

国际航运中心的特点:一是国际航运中心是以大型的、现代化的深水港为枢纽核心的港口群,不是一般的港口。二是指具有广泛的、全球性的国际航线网络,或具有调动全球航线服务的港口。三是国际航运中心不仅有全球性的航运业,更重要的是具有支撑航运业的强大的现代物流体系,形成集增值服务、加工服务、多式联运集疏运服务、门到门服务、信息服务等于一体的强大的服务体系。四是国际航运中心具备产业带动作用。国际航运中心的运作，不仅在于航运业本身的发展，而在于航运业带动的先进制造业、现代服务业的乘数效应。

世界主要国际航运中心主要有三大模式：一是以市场交易和提供航运服务为主的发展模式，代表港口为伦敦。二是以中转为主的发展模式，代表港口为中国香港和新加坡。三是以为腹地货物集散服务为主的发展模式，代表港口为鹿特丹和纽约。

目前，国际航运中心已经发展到第四代，第一代国际航运中心为"航运中转型"，在世界范围内转运、储存、发货是其主要功能；第二代国际航运中心的核心模式是"加工增值型"，在第一代航运中心的基础上，增加了在途与存储货物的加工增值等功能；第三代国际航运中心的核心模式是"资源配置型"，具有资源配置功能；第四代国际航运中心的核心模式是"低碳智网型"，是面向21世纪、面向未来的一种崭新模式。

(二)厦门国际航运中心的内涵

厦门国际航运中心是指在东南沿海的国际航运活动区域内，厦门是航运要素的集聚度、国际影响力和市场占有率最突出的港口城市，这是厦门作为东南沿海重要中心城市的核心功能。

其内涵主要包括以下几个方面：

1.区域性

厦门国际航运中心重点辐射东南区域，即指宁波港以南、深圳港以北的东南沿海区域，介于长三角与珠三角之间，是与东南区域内的其他港口城市相比较而确定地位的。厦门国际航运中心具有国际性，面向国际国内市场，成为连接国际市场和国内市场的枢纽。

2.特色性

厦门国际航运中心不必追求大而全，而要在航运、港口、航运服务业等航运要素中具有比较优势的部分充分发挥作用，突出优势，形成特色，提高港口核心竞争力。厦门国际航运中心要突出对台特色，在两岸的货物往来方面发挥主通道和主枢纽的作用。

3.突出性

厦门最有条件、最有发展潜力的航运要素在集聚的数量规模、质量上要在东南区域内最突出;在东南区域内的国际影响力、主导性和话语权方面最突出;在东南区域内的市场占有率方面最突出。

4.城市性

厦门国际航运中心是一个城市的概念,而不是一个港口的概念。要以港口中心建设为核心,带动城市建设,加快推进岛内外一体化和厦漳泉同城化,完善中心城市功能,提高海峡西岸经济区重要中心城市的集聚和辐射能力。

厦门国际航运中心应发展成为第三代国际航运中心。第一代国际航运中心仅是货物运输、仓储的平台,起到对有形货物资源的调配作用;第二代国际航运中心尽管增加了对货物的增值服务和自由化管理,但仍局限于对有形货物的调配作用。只有第三代国际航运中心,通过其强劲的辐射作用和巨大的物流调配作用,进一步形成对资金、服务、产业、信息、人力等资源的调配,成为有形和无形资源国际集散的节点和集散点,资源配置的辐射面不仅涉及临港地区,而且延伸至陆向、海向腹地,并牵动所在城市、地区的生产力空间布局。因此,根据未来的发展需要,厦门国际航运中心建设应按照第三代国际航运中心的要求,大力推进资源配置功能建设,形成货物集散、航运服务、对台合作、产业带动和管理协调功能。

反映厦门国际航运中心的主要指标有:货物吞吐量在东南沿海港口总吞吐量的占比、集装箱吞吐量在东南沿海港口总吞吐量的占比、外贸集装箱吞吐量在东南沿海港口总吞吐量的占比、国际航线数量在东南沿海港口总国际航线数量的占比等。

（三）建设厦门国际航运中心的重要意义

1.深化两岸交流合作的需要

厦门经济特区因台而设,在深化两岸交流合作中发挥着重要的作用。随着两岸关系的深入发展,厦门港在深化两岸交流合作方面发挥着越来越重要作用,加快建设国际航运中心,将大力推动厦门港与高雄、台中等台湾地区港口对接合作,推动厦门成为两岸往来的主通道和两岸航运的主枢纽,促进两岸经贸交流和人员往来,为两岸和平发展做出更大贡献。

2.应对港口激烈竞争的需要

厦门港不仅面临着上海、深圳、宁波等国内大港的有力竞争,同时也面临着福州、泉州港等省内港口的货源竞争。建设国际航运中心不仅可以提高厦门的港口竞争力,以应对日益激烈的竞争形势,同时,通过科学统筹规划发展省内港口资源,形成各港口间的分工合作,促进海峡西岸经济区港口协调发展,形成港口群的竞争优势;而且,将有利于促进海峡西岸经济区经济融入全球经济体系,取得国际分工优势,提高综合利用国际国内两种市场和两种资源的能力,带动厦门乃至全省经济快速增长。

3.提升中心城市功能的需要

港口是厦门立市之本,是厦门经济社会发展的重要支撑,也是厦门承担中心城市功能的主要依托。厦门要强化东南沿海区域中心城市、综合性门户城市的地位,必须提高其对海峡西岸经济区的资源配置功能和现代服务功能。加快建设国际航运中心,有利于提升厦门港口地位,进一步推动厦门成为东南区域的主出海口和货物集散主通道,为周边地区提供高效的物流服务,集聚物流、资金流、信息流,增强厦门对区域经济的资源配置功能,有力地推动区域性两岸金融服务中心和大陆对台贸易中心建设,提升城市综合服务功能,从而有效地促进中心城市功能的提升。

二、厦门国际航运中心功能建设的现状和问题

(一)功能建设的现状

厦门港经过多年建设,港口产业发展、港航载体配套、空间布局状况、集疏运体系构建、对台航运拓展得到较大提升,有力地推动国际航运中心建设。

1.物流集散功能

货物集散规模突出。厦门港货物吞吐量一直保持较快增长势头,是海峡西岸经济区首个亿吨大港,在东南港口群中规模优势明显。集装箱干线港地位更加突出,2021年,厦门港货物吞吐量2.28亿吨,同比增长9.7%,其中集装箱吞吐量达到1205万标箱,同比增长5.6%。

表5-5　2021年中国大陆港口集装箱吞吐量排名

排名	港口	2021年(万标箱)	2020年(万标箱)	同比增长率(%)
1	上海港	4703	4350	8.1
2	宁波—舟山港	3108	2872	8.2
3	深圳港	2877	2655	8.4
4	广州港	2447	2317	5.6
5	青岛港	2371	2201	7.8
6	天津港	2027	1835	10.4
7	厦门港	1205	1141	5.6

资料来源:厦门市发展研究中心整理。

表5-6 2021年中国东南沿海区域主要港口发展情况表

港口	货物吞吐量		集装箱吞吐量	
	总量(亿吨)	同比增长率(%)	总量(万标箱)	同比增长率(%)
厦门港	2.28	9.7	1205	5.6
福州港	2.73	9.8	345	−2.2
泉州港	1.41	19.2	195	−13.7
汕头港	0.41	14.5	150	12.9
温州港	0.798	7.8	104	2.4

资料来源：厦门市发展研究中心整理。

设施建设有序推进。2020年，全港水运工程固定资产投资完成24.10亿元，省重点项目海沧航道扩建四期工程提前两个月建成，漳州古雷南8♯泊位工程竣工验收，古雷南15♯—19♯的5个液体散货泊位码头主体工程交工验收，基本完成漳州古雷航道三期工程建设。持续探索优化航道维护与管理，保持通航保证率100%，改善超大型船舶通航和靠泊环境，全年靠泊20万吨级以上集装箱船舶344艘次，比上年增长22.9%。投资4.3亿元开展港口智慧化改造，远海码头落地全国首个5G全场景应用智慧港口项目，入选国家级示范项目。全国首创港口收费无纸化结算平台，全港实施集装箱货物提货单和设备交接单电子化。

集疏运体系加速完善。陆路集疏运方面，集美大桥、杏林大桥、翔安隧道、海沧隧道等建成通车，进出岛通道车道进一步增加，陆路疏运能力大幅提高；形成福厦铁路、厦深高铁等高铁通道网络，沈海高速、厦成高速、厦安高速及厦漳跨海大桥等对外通道建设，直接无缝连接长三角和珠三角经济区。

现代物流产业集聚区加快形成。目前，厦门已形成前场物流园区、海沧物流园区、集美物流园区、同安物流园区和翔安物流园区等物流产业集群区。海沧保税港区为海峡西岸经济区首个封关运作的保税港区，综合保税区加快建设，为物流企业发展提供有效载体支撑。

2.航运服务功能

当前厦门港口正在发展成为集配送、运输、存储、包装、装卸、流通加工、分拨、物流信息处理等于一体的综合物流中心,形成较为发达的航运服务体系,加快从一般水陆运输节点向国际货物运输和世界物流体系中的重要枢纽转变。

龙头企业集聚优势明显。丹麦马士基、美国总统轮船、法国达飞、中远、中海等全球前20名航运公司均在厦门港设立了分公司或代表机构。目前,厦门港航运及相关辅助和物流企业集聚发展,多家企业获评国家A级物流企业,厦门象屿、厦门港务入选"中国物流企业50强"。

航线网络较为发达。已开通至世界各主要港口和国内沿海各港的集装箱班轮航线,厦门港国际航线已达107条,通达全球50个国家和地区的142座港口,"海丝"核心区重要支点地位不断夯实,2018年12月"丝路海运"正式启航以来,建设成效显著。

海铁联运服务加快发展。先后在江西南昌、赣州和福建三明、龙岩等地开展陆地港建设,开通了厦门至南昌集装箱"五定班列"和至赣州"直达班列",为福建、江西主要钢厂和电厂提供大宗散货海铁联运服务。

3.对台合作功能

对台港口基础设施进一步完善。建成五通对台海空联运码头、海峡邮轮中心客滚码头等基础设施,对台航运靠泊能力和服务水平实现了质的飞跃。

两岸直航功能进一步发挥。率先开辟了厦门—高雄试点直航、厦门—金门直航等多种航运形式。厦门港业已发展成为两岸人员、货物往来最便捷的主要通道。

对台合作主体逐步增加。先后成立了市属对台航运企业(厦门闽台轮渡公司)、市属邮轮公司(厦门环球邮轮公司)、两岸信息交流平台(厦门海峡航运服务中心),在对台合作方面发挥着越来越重要的作用。

4.产业带动功能

带动服务业发展。港口规模的迅速扩张，推动了对外贸易和国际贸易，促进了国际中转、转口贸易、国际采购和国际配送的发展；国际航运的发展带来了大量的国际结算业务，促进航运金融的发展，同时也产生离岸金融业务的需求；带动房地产业发展，航运中心的建设促进了东渡、海沧港的临港地区的发展，推动东渡和海沧的航运服务特色的商务区的发展，促进了商业用房、商务楼宇、居住用房的开发建设。

带动旅游业的发展。厦门邮轮码头和邮轮城的建设推动了邮轮母港的建设，邮轮旅游加快发展，2020年新冠肺炎疫情暴发前，厦门港年接待国际邮轮艘次、邮轮旅客吞吐量常年位列全国第四、五位。

带动先进制造业发展。港口枢纽地位的提升，有力地带动出口加工发展，海沧出口加工区先进制造业加快发展，形成了电子信息、精密机械、医疗器械、新型材料等支柱行业，加快企业集聚发展，推动加工贸易加快转型升级，有力地促进了厦门先进制造业的发展。

5.管理协调功能

政策优势明显。厦门作为我国五个计划单列市之一，具备较大自由度和开放度的政策优势。拥有海沧保税港区、东渡保税物流园区、海沧出口加工区、翔安B型保税物流中心等海关特殊监管区，在投资、进出口、外汇、税收等方面均享受特殊的优惠政策。

通关环境持续改善。海关、国检、边检、海事等口岸查验单位效率不断提高，推出国际贸易单一窗口，极大地简化货物通关业务监管流程，大大提升了厦门港集装箱国际中转竞争力。

厦漳港口进一步协调发展。厦漳港口一体化加快推进，厦门港管辖厦门、漳州两市各港区，形成以海沧、嵩屿等港区为主要货运港区，以东渡邮轮码头为客运中心，其他码头功能互补的发展格局。

（二）功能建设中存在的主要问题

虽然厦门港建设取得了较大进展，但还面临着许多发展瓶颈和现

实问题,与国际航运中心要求存在不小差距,主要体现在以下几个方面:

1.腹地货源有待于进一步拓展

由于厦门港辐射区域内经济规模较小,港口业务发展长期受制于货源生成量因素。一方面,厦门港一直受到来自长三角、珠三角区域港口群的夹击,腹地范围无法有效向更广阔的西部内陆扩张和延伸,货物来源仅局限于福建省周边的狭长区域,面临被边缘化的窘境。另一方面,厦门港还受制于海峡东岸高雄、基隆、台中等发达区域港口的强有力竞争。

2.航运服务体系有待于进一步完善

目前,厦门航运服务业未形成集群效应,航运服务也多集中在船代、货代等附加值较低的下游产业链。在融资、保险、咨询、经纪、管理、航运结算等附加值高的高端航运服务领域缺乏足够的发展,即使是在基础航运服务领域也不尽如人意。总之,厦门航运服务业的发展相对于国际公认的航运中心还有很大差距。

3.信息化水平有待于进一步提升

目前厦门港信息系统建设仍然缺乏整体布局,港口管理部门和港口企业的各业务信息系统相对独立,还未形成管理部门之间、企业之间、管理部门与企业之间的系统融合,覆盖全市的港口物流信息平台还未真正建立。同时,由于各企业信息化发展的不均衡,信息资源仍然无法高度共享、协同完成各种复杂的业务处理,还无法及时准确地为航道管理、港口规划、港口生产等提供信息支持。

综上所述,厦门港目前基本具备了物流集散功能,但是航运服务功能离国际航运中心的要求还是有不小差距,港口发展的产业带动作用远没有得到充分发挥,受制于港口行政体制,厦门港对泉州、福州、汕头和温州等周边港口的协调功能无法发挥,区域内港口相互竞争,无法发挥分工协同作用。

三、厦门国际航运中心的功能定位

根据国家总体战略部署和厦门实际情况，结合国际航运中心的发展趋势，我们认为，厦门国际航运中心建设的定位是：第三代国际航运中心，即资源配置型国际航运中心。因此，其功能定位是：资源配置功能，涵盖了物流集散功能、航运服务功能、对台合作功能、产业带动功能、管理协调功能五大子功能系统。

厦门国际航运中心功能建设将以物流为主导，形成对东南区域、海峡西岸经济区、厦漳泉大都市区、厦门市的资金、货物、信息、产业等生产要素国际化流动的服务、引导、配置作用，成为我国东南区域利用两个市场、两种资源的枢纽。要以加快转变港口发展方式为中心，充分发挥对台优势，以构建"大港口、大联运、大物流"为重点，突出以集装箱运输为主、散杂货为辅、客货并举的功能定位，着力调整港口功能布局，推进港口资源整合，强化管理服务理念，不断提升港口现代化、规模化、集约化水平。大力促进港口功能和城市建设联动发展，推进先进制造业和现代服务业发展，建设航运服务中心商务区，提升中心城市集聚辐射功能。

为此，要大力推进厦门国际航运中心陆向腹地资源配置的跨越，形成服务于海峡西岸经济区各地经济发展的功能；大力推进厦门国际航运中心海向腹地资源配置的跨越，形成服务两岸、亚太地区经济发展的功能；大力推进厦门国际航运中心功能建设与区域、城市功能建设协调发展的跨越；大力推进厦门国际航运中心功能建设发展模式的跨越；大力推进厦门国际航运中心功能建设科技现代化的跨越，促进港口和城市跨越式发展，实现厦门国际航运中心跨越式发展，充分发挥厦门港的龙头带动作用，成为连接两岸，连接国内外市场的主通道和主枢纽。

【专栏】

厦门港口转型升级势在必行

随着国际产业分工重新调整,我国港口货物吞吐量快速增长时代已经宣告结束,进入吞吐量增长缓慢阶段,厦门也不能幸免,港口亟需提质增效,在新一轮港口竞争中占据主动。

经过多年发展,厦门港口地位不断提升,是东南沿海的重要出海口,具有较强的国际港口竞争力。但是也面临着不少挑战,港口货物结构有待优化,散杂货以石油、荒料、木材等为主,货物价值较低。外贸箱的比例不高,由于内贸箱不挣钱,甚至亏钱,码头企业总体经营效益不高。

油码头生意不好。一般来说,港口的油码头服务半径在300~400千米左右,古雷和泉港均有自己的油码头,厦门油码头服务局限于厦门地区。翔鹭石化搬走以后,工业用原油消费量急剧下降。民用方面,天然气等新能源加快替代石油,新能源汽车成为发展趋势,对石油的依赖降低。这些都使得对石油需求下降,同时,厦门油码头生产能力过剩,于是相关码头经营企业处于亏损状态。

厦门搞进口货物集散中心并不容易。腹地市场有限,进口货物有限。同时,受到宁波和深圳两大港口夹击,很多进口货物并不选择从厦门港进入。这就使得建设进口货物集散中心困难重重。

该如何看待厦门港口?港口直接贡献并不大,码头泊位投入大,产出低,投资回报率不高。装卸设备高大笨重,大量集装箱车造成交通拥堵,同时也产生了不少环境污染问题。那么,是不是不要港口了呢?港口虽然直接贡献不大,但是依托港口的产业还是贡献不小,海运、陆运等临港服务业支撑交通运输业发展,同时带来大量的贸易、金融服务。如果没有港口的发展,这些后续的服务也就没有了,很多产业成了无源之水。厦门以港立市,定位为国际性港口及风景旅游城市,港口是厦门不可多得的优势和特色。厦门集装箱吞吐量突破 1000 万标箱,位列全球第十四位、全国第七位,是重要的国际门户。不论从产业发展,还是从战略上来考量,都需要大力发展港口。

厦门港何去何从? 是通道还是中心? 通道只能是做贡献,中心才是发展正道。要着力建设国际航运中心,努力成为东南沿海地区的港口物流中心、大数据中心、资金中心。港口也要转型升级,大力建设国际性集装箱枢纽港,要保住干线港地位,避免沦为支线港和喂给港。业态需要升级,优化货物结构,努力开拓市场,延伸腹地,以集装箱货物为主,散杂货为辅,推动港口高端化发展。推动港口智能化发展,推动港口信息化自动化,提高码头经营企业经济效益。对港区进行重新梳理,高起点规划港口,合理功能布局,建设港口社区,优化配套服务,完善居住、商业、文化、社会等功能,提高港口工作生活的便利性。

四、厦门国际航运中心功能建设的建议

(一)物流集散功能

大力拓展腹地货源,促进国际中转发展,建设大宗物流进口口岸,加快深水港、深水航道和集疏运体系建设,加强港口和口岸的物流基地建设,建立强大的物流辐射网络和货物集散平台,形成与国际航运中心地位相匹配的层次丰富、功能完善的集疏运枢纽体系和物流基础设施服务体系。

1.大力拓展内陆腹地

在增强厦门港对其直接腹地服务功能的基础上,寻找出间接腹地与厦门港连接的突破口,探索将间接腹地的货源吸引到厦门进出的服务优势与成本优势。充分发挥三明、永安、赣州、南昌、鹰潭等业务网点的揽货能力。开展厦门至湖南长沙的海铁联运业务,加快江西、湖南、闽西南陆地港的建设,发展闽西北、江西、湖南乃至西部地区的集装箱

运输市场。

2.争取建设国家重大战略物资基地

经验表明,国家重大战略物资基地对港口发展起到巨大的带动作用。目前,我省进口石油、天然气接卸储运系统以泉州港为主,粮食中转储运设施布局由福州、厦门和莆田等港口组成,汽车整车进口口岸则布局在福州江阴港。因此,厦门要重点争取建设煤炭、铁矿石和粮食等国家重大战略物资基地,成为东南沿海重要物资的集散中心。

3.推进深水港建设

深浅配套、功能齐全的码头泊位,相应的装卸设备和堆存设施以及适应现代船舶大型化趋势的深水航道是建设国际航运中心的重要条件。为此,要重点规划和建设深水航道、深水泊位,加快把海沧港区建成为国际航运中心的集装箱枢纽港。同时,加快推进东渡港搬迁,完善海沧港区、招银港区、后石港区、刘五店港区等港口设施。

4.推进立体化交通运输枢纽建设

围绕构建"立体化、网络化"的集疏运体系,在加快建设对外通道同时,不断完善公路、铁路、航运网络及其衔接建设。陆路方面,加快打造厦门至成都、昆明等连接中西部、面向台湾地区的综合运输通道。根据海沧港区发展需要,结合今后对远距离集疏运的需求,将海沧铁路支线延伸至港区中部和西部,并在作业区后方建设分区车场;建设招银疏港高速公路,将招银、后石港区直接联入沈海高速公路;建设港尾铁路,将后石港区联入厦深铁路,并逐步引入招银港区;完善刘五店港区南部散杂货码头设施,建设快速疏港通道,实现与外围主干路网的衔接;整合各种运输方式场站资源,加快建设依托港口的综合货运枢纽场站。空运方面,加快翔安国际机场建设,增开国际航班航线,拓展航线覆盖范围。

5.推进物流设施建设

根据区域经济协作发展和国际国内贸易增长对国际航运中心物流集散功能建设的需求,形成具有中转和辐射功能的物流基地,将集美、海沧、同安、翔安物流园区建成为具有强大资源配置功能的辐射载体。海沧物流园区要充分发挥优势，根据自身特色，大力发展国际中转、国际采购、保税加工、城市城际配送等业务，着力推进一批重点物流项目建设，进一步完善物流设施。

(二)航运服务功能

提升厦门国际航运中心的服务功能，发展航运服务企业，形成以航运交易服务为龙头，海运辅助业为基础，上中下游航运服务产业均衡发展的健全、高效的现代航运服务业产业体系，同时做大做强服务品牌，规划建设航运服务集聚区，不断拓展服务功能辐射面。

1.发展航运服务业

以港区为依托，通过政策优惠等措施，吸引航务、物流、贸易、金融等相关行业的进驻；大力发展航运金融与保险、仲裁、公证公估、信息服务、船舶租赁和交易等航运物流服务产业；促进航运信息流、资金流、技术流、人才流等要素的集聚辐射，壮大港航商贸流通业；引导大型航运企业延伸产业链，培育集多种运输方式、多种加工环节于一身的区域性、全球性物流经营企业。

2.建设航运服务集聚区

发挥鹭江道—东渡和海沧湾得天独厚的港口优势，大力推进国际邮轮城和海沧国际航运商务中心建设，重点推进商务楼宇建设，建设甲级办公楼、SOHO办公室、五星级酒店、商业中心等功能区，为航运、物流企业和行政商务办公机构提供载体支撑，加快购物、休闲、旅游等功能建设，尽可能集聚各地的人流、物流、资金流，最终形成对周边、对海峡西岸都有强大辐射效应的以航运服务为特色的厦门国际航运中心商务区。

3.开辟更多航线

全力打通厦门港到珠三角、长三角和环渤海湾的航线，在稳固现有航线的基础上，解决远洋干线的开发和近洋航线的加密问题，力争增开东南亚、东北亚、中东、欧洲、美洲等国际直航或中转班轮航线,着力打造集装箱运输新的增长点。尽快实施启运港退税政策,进一步增强内支线、内贸线、港内过驳的运力,加大航班频次,吸引海向货源汇集厦门港中转,做大做强内支线运输及集装箱国际中转业务。

(三)对台合作功能

大力推动两岸货运枢纽建设,建设两岸货物中转基地,加快建设两岸客运枢纽,促进两岸之间的人流、物流、信息流集聚发展,提升国际航运中心的对台合作功能,形成两岸直接往来的主通道和主枢纽。

1.建设两岸货物中转基地

台湾地区出口大陆最多的是石化、纺织中上游、运输工具、机器设备、钢铁等产品,基本上是台湾地区的上中游产业的产品、大陆的中下游产业的生产材料,主要用于在大陆加工后出口或内销。因此,一是要重点突破。建设两岸货物中转基地,要以石化、纺织、运输工具、机器设备、钢铁等产品为重点,形成若干有特色的台湾货物中转基地。二是要做大化工货物进出规模。加快古雷港石化产业基地的建设,使古雷成为台湾石化和纺织中上游产品的进出口基地。三是做大台湾农产品集散规模。依托台湾农产品集散中心和闽台渔港,建设台湾水果、蔬菜、水产品、花卉物流集散基地,扩大台湾农产品进入大陆规模。

2.争取设立对台航运发展综合实验区

加快先行先试步伐,发挥对台优势,探索建立对台航运发展综合实验区。积极争取国家有关部门支持,创新监管模式,拓展区内功能。借鉴国际经验和惯例,通过改革和创新的先行先试,按照"境内关外"的模式,探索实施类似自由贸易区的政策体系和管理运作体制,争取逐步与台湾高雄自由港全面对接,密切对台联系和合作,使东南国际航运中心成为促进两岸关系发展、推进祖国和平统一进程的一支重要力量。

3.推动两岸客运枢纽建设

在港口客运方面,加大力度完善对台客运基础设施,积极发展厦台海上客运航线，提升厦台海上客运服务能力，不断壮大客运市场。扩大厦金航线功能，培育厦澎航线，吸引更多两岸同胞来厦旅游或经厦往来两岸旅游。大力开展海上邮轮业务，争取开辟以厦门为母港的台湾海峡邮轮航线。

在航空客运方面，推动金门到厦门及至内地可通过海空联运，实现"一票到底"的全程连续运输。在厦门、台湾两地机场开展"无缝隙通关"，实现两岸往来一路畅通。

（四）产业带动功能

发挥国际集装箱航运枢纽港的带动作用，促进临港地区、周边地区以及东南区域的出口加工业、先进制造业和现代服务业发展，辐射带动经济腹地的产业资源优化配置，推进海峡西岸重要先进制造业基地和现代服务业基地形成。

1.带动现代服务业发展

重点推进国际航运中心带动国际贸易业、旅游业等相关现代服务业发展。加快推进建设国际商品的交易中心、结算中心、贸易营运与控制中心和采购中心，积极促进形成高度开放、便利、符合国际惯例的贸易发展环境和贸易运行机制，使厦门成为国际采购商、供应商和消费者的首选目的地、必经之地和消费天堂，提升厦门国际贸易中心服务功能和地位。依托港湾资源，利用沙滩、空气、阳光优势，大力推进休闲观光旅游发展。依托香山、五缘湾游艇码头等设施，鼓励发展游艇、帆船等海上休闲项目。加快建设公用游艇码头，发挥游艇保税仓库的作用，延伸发展游艇休闲、展示、销售和维修以及驾驶培训等，促进游艇经济发展；依托"海峡杯"帆船赛，引进国际性帆船比赛，带动帆船旅游发展。

2.带动先进制造业发展

发挥港口优势，依托海沧保税港、火炬（翔安）产业区、集美机械工业集中区等载体，发挥友达光电、宸鸿科技、金龙汽车、厦船重工等龙头企业的带动作用，重点推动电子信息、汽车制造、船舶制造、生物医药、新能源、新材料等制造业发展,持续推动港口机械、航运设备制造、船舶制造等航运制造业发展。

3.带动邮轮产业发展

发挥邮轮码头的作用,加快推进国际邮轮母港建设,建设集购物、餐饮、休闲、娱乐于一体的邮轮休闲区,着力打造邮轮物资配送、游客到港消费、旅游客源组织、旅游线路推介等邮轮产业链。

(五)管理协调功能

通过资源的整合,提高管理手段的现代化水平,提升管理功能。提高港口的开放度和中转能力,增强港口的国际竞争力。协调腹地辐射半径内的港口资源配置,形成有序的一体化管理,提高管理功能的协调能力。

1.推动航运行政管理资源整合

积极协调"海铁联动"各方的利益,共同探索新的管理体制,建立有效的协调机制,发挥更广泛的协调作用,促进管理机构重新组合。以产权为纽带,通过资本、技术和管理输出,与东南沿海各港口紧密合作,形成厦门航运企业与东南沿海各港口航运企业的联合合作经营机制。完善口岸大通关体系,提高口岸查验能力和水平。支持在中西部主要城市建设陆地港,拓展属地申报、口岸验放和检验检疫直通放行业务,扩大大通关适用范围。

2.推动港口资源的整合利用

鼓励厦门港务集团在东南沿海的区域范围内对港口进行投资、参股控股、分享利益,更好地发挥港航资源的整体功能,建立内部分工与协作的机制。各港在突出重点前提下,做到既有明确分工,又有相互配合,实施错位发展,避免重复建设和过度竞争,以市场为导向,通过股权置换、合资合作等多种方式,整合各港口资源,促进港口间融合,加快形成港口群规模效应和竞争合力。

第五节　建设区域性金融中心

特区建设以来，厦门金融业稳步发展，在促进社会资源有效配置和宏观经济调节中发挥了重要作用，极大支持、推动了厦门经济快速增长和经济结构的优化。随着福建全方位高质量发展超越和厦门高素质高颜值现代化国际化城市建设的深入发展，需要金融业提供更大规模的资金支持和更广泛、更深入的金融服务。

一、厦门金融业发展的现状与问题

近年来，厦门金融业加快发展，成效显著，2021年实现增加值865.50亿元，占第三产业增加值和全市地区生产总值的比重分别为21.0％和12.3％，为厦门经济发展和社会进步提供了重要的金融服务支持。

（一）发展的现状

1.金融行业稳健发展，多元化金融体系基本形成

在经济快速发展的基础上，厦门金融业也取得了长足的进步，形成了以银行业为主导，证券、保险、信托等业逐步发展，其他相关金融配套行业作为补充，各类功能完备、运行稳健的多元化金融体系。

银行业：作为厦门金融业的优势行业，银行业取得较快发展。一是银行机构的类别和数量多。至2021年末，全市各类银行业金融机构主体48家，其中，法人银行业金融机构12家。二是经营规模不断扩大。2021年底，中外资金融机构本外币各项存款余额14767亿元，比上年末增长12.6％；中外资金融机构本外币各项贷款余额15316.67亿元，

比上年末增长 14.1％。三是银行资产质量逐渐改善,经营效益不断攀升。2020 年底,全市银行业金融机构本外币不良贷款余额 111.53 亿元,比年初减少 18.58 亿元;不良贷款率 0.8％,比年初下降 0.27 个百分点。实现税后利润 132 亿元。

表 5-7　2021 年厦门与福州、泉州金融业发展比较

城市	银行存款(亿元)	银行贷款(亿元)	银行存款/ 地区生产总值(％)
厦门	14767	15317	2.10
福州	19117	21484	1.69
泉州	9653	8862	0.85

资料来源:各地市统计公报(2021 年)。

证券业:证券业规范发展。至 2021 年底,全市法人证券公司 2 家,证券公司分公司 34 家,证券营业部 108 家,法人期货公司 2 家;期货分公司 23 家,期货营业部 18 家。全市证券投资者开立资金账户数 269.51 万户,客户交易结算资金余额 212.14 亿元,全年证券交易额 8.25 万亿元。期货投资者开立资金账户数 7.35 万户,客户保证金余额 188.93 亿元,全年期货交易额 10.09 万亿元。2021 年末,厦门共有境内上市公司 62 家,其中,主板 43 家、科创板 3 家、创业板 16 家,上市公司总股本 388.50 亿股、总市值 7081.62 亿元。全年上市公司从资本市场融资 114.92 亿元,其中首发融资 37.98 亿元、再融资 76.94 亿元。2020 年,辖区已登记备案的私募基金管理人共 353 家,共管理基金 1274 只,管理基金规模 906 亿元,成为国内投资基金最为密集地区之一。

保险业:保险业发展势头良好。至 2021 年底,全市共有保险公司主体 39 家,其中,财产保险公司 21 家,人身保险公司 18 家;保险专业中介机构 87 家。全年实现保费收入 242.70 亿元,其中,财产险实现保费收入 71.25 亿元,人身险实现保费收入 171.45 亿元。全年提供保险保障金额 27.43 万亿元。赔付支出 81.91 亿元,其中,财产险赔付支出

50.56 亿元，人身险赔付支出 31.35 亿元。2020 年，保险密度 4579 元，是全国平均水平的 1.4 倍。

综上所述，厦门金融业已经初步形成了门类比较齐全、市场规模不断扩大、市场层次不断细化、运作日趋规范的金融体系，为进一步发展奠定了坚实的基础。

2.金融服务水平稳步提高，金融科技加快进展

厦门金融服务水平稳步提高，银行信贷结构不断优化，有力地支持地铁、机场、港口等重大基础设施建设，支持平板显示、计算机和通信设备、机械装备等千亿级产业链发展，支持集成电路、生物医药、软件信息等战略性新兴产业发展，推动厦门产业转型升级，有力地推动高素质高颜值现代化国际化城市建设。

金融科技加快发展。厦门充分发挥软件信息产业优势和金融科技赋能作用，积极运用现代科技成果改造或创新金融产品、经营模式、业务流程等，推动金融发展提质增效，支持各金融机构总部将数据中心落户厦门，培育发展信用数据服务和应用市场。全面提升金融科技应用水平，支持金融科技研发成果落地。

3.金融监管体系不断完善和健全，金融稳定成效显著

在人民银行和其他有关监管部门的共同努力、各金融机构的密切配合和地方政府的大力支持下，厦门金融安全区创建工作取得明显成效：一是全市金融机构资产质量良好，2020 年不良贷款率降到 1％以下；二是全市中小金融机构的潜在金融风险在一定程度上得到有效控制和化解；三是地方金融市场秩序得到进一步维护，地方金融机构经营管理规范化程度明显提高，从而促进了厦门金融业的健康发展。

4.金融业对外开放逐步深化，外向型金融进一步发展

从 1983 年汇丰银行在厦门设立分行起，厦门开始稳步引进外资金融机构。截至 2020 年底，有外资银行分行（含代表处）15 家，其中总部设在厦门的 2 家外资银行为厦门国际银行和新联商业银行。在厦外资银行经过多年的发展，资产份额逐年上升，业务不断扩大。厦

门和台湾地区金融机构人员交流和互访来往,对台交流与合作日益
密切。随着金融业对外开放逐步深化,厦门与全球金融市场的联系
更加密切。

（二）发展中存在的主要问题

1.金融业规模不大,金融产业竞争力不强

厦门金融业规模较小,金融业增加值仅为深圳的1/5。与上海、深
圳等国内金融发达城市相比,厦门金融产业竞争力不强,在一定程度上
是受到厦门经济腹地不大、经济总量较小等因素的限制,但也是由于厦
门金融业在自身资产质量、业务结构、创新能力、服务水平、经营效益和
监督机制等方面存在不足,制约了金融业规模的扩张和金融发展程度
的提高。

表 5-8　2020 年厦门与部分城市金融竞争力相关指标比较

评价指标	厦门	宁波	大连	青岛	深圳
存款余额(亿元)	13117.08	23988.20	16003.80	20507.10	101897.31
贷款余额(亿元)	13424.72	25451.60	12952.40	21064.80	68020.54
保费收入(亿元)	236.46	390.70	368.70	511.00	1453.51
证券市场总成交金额(万亿元)	7.06	9.50	3.47	5.99	162.22
地区生产总值(亿元)	6384.02	12408.70	7030.40	12400.56	27670.24
金融业增加值(亿元)	783.73	994.60	652.20	861.80	4189.60
金融业增加值占地区生产总值比重(%)	12.30	8.00	9.30	6.90	15.10
人口(万人)	516.40	760.60	745.07	1007.17	1756.01

注:表中人口数为 2020 年第七次全国人口普查数。
资料来源:厦门市发展研究中心整理。

2.金融业内部结构不合理，金融市场发育不足

银行在厦门金融业中占有主导地位，证券、保险、信托等其他金融行业发展都较为滞后，比重偏小，金融业内部结构不尽合理。同时，目前厦门市金融业务和金融资产主要集中于存贷款市场，其他市场如证券市场、保险市场、票据市场、租赁市场和期货市场等规模都较小。厦门金融市场发育明显不足，有效竞争局面未能形成。而且目前厦门金融市场各主体在服务对象、服务效率和服务规范化等方面还有待进一步完善和加强。

3.地方金融业实力较弱，总部经济效应不大

厦门本地金融业实力较弱。从机构数量来看，目前在厦注册的法人银行机构主要是厦门国际银行、厦门银行、厦门农商银行等少数几家；信托公司全市仅有一家。从经营情况来看，大多数的地方性金融机构都存在资本实力较弱、业务规模不大、抵御风险能力不足等问题。此外，与国内发达地区相比，厦门吸引金融机构总部入驻的步伐较慢，金融对外辐射功能有限，金融总部经济效应较小。在当前的"银政壁垒"下，金融机构经营尚无法突破行政区划界限，在厦门经济总量不大、发展腹地小的情况下，只有做大做强本地金融业，吸引更多的金融机构总部入驻，才能形成对周边地区金融资源的集聚和辐射效应，拓展厦门金融市场空间。

4.金融创新步伐缓慢，金融产品和服务有待改善

近年来，厦门金融创新步伐缓慢。首先表现在创新意识不足，发展趋于保守。例如，近几年厦门外资银行引进步伐趋缓，改革开放以来对台资金融机构的引进进展缓慢。其次，金融工具少，业务单一，金融各业业务呈同质化现象。目前，厦门银行业务主要集中在资产负债业务，高附加值的中间业务所占比重较小；证券业主要集中在经纪、自营和委托理财三项业务，受证券市场波动的影响较大，且存在过度竞争现象；保险公司主要业务为寿险和普通产险，风险过于集中，信用保险、保证保险、责任保险等相关险种有待拓展；而信托公司也面对着自身没有专

属业务和品牌,竞争力不足的难题。此外,目前厦门金融业所提供的产品和服务难以满足活跃的市场需求。

【专栏】

厦门离区域性金融中心到底有多远?

区域性金融中心是资金集散的中心,资金在这里汇集,在这里发散,是资金的中转地。

如何评价一个城市是不是金融中心,存贷款规模、金融机构数、货币结算量、证券交易量等是很重要的指标。

从存贷款规模来看,2021 年厦门全市金融机构本外币各项存款余额约达 1.48 万亿元,贷款余额约达 1.53 万亿元,在 15 个副省级城市排名靠后,在省内也仅处于第二位。

从金融机构数来看,金融机构总部数量最为重要,厦门目前只有厦门银行、厦门农商银行、厦门国际银行、厦门信托、厦门证券等一些地方性金融机构,规模较小,实力较弱。与福州相比,差距也较大,兴业银行总部在福州,对福州金融中心建设贡献大。

从货币结算来看,厦门算是区域性清算中心。资金流入和流出主要是通过贸易结算,厦门外贸发达,2021 年厦门外贸进出口总额 8876.5 亿元,约占福建省一半,位居全国第八位,国际结算规模巨大,有力地支撑国际金融中心建设。

从证券交易规模来看,由于没有证券交易所,这部分资金其实是被上海、深圳等城市吸附走了。

从以上主要指标来看,厦门其实离两岸区域性金融中心还有很长的一段路要走。金融中心建设任重道远,需要有政策上的重大突破,需要有远见卓识,需要政府、银行、社会各方齐心协力。

二、厦门金融业发展环境分析

(一)国际经济金融形势

当前,国际投资和贸易深入发展,金融业作为服务贸易体系的重要组成部分,在推动经济发展和社会进步中的地位日益突出。同时,随着国际资本在全球范围内的流动日趋活跃和全球金融业混业经营趋势的不断加强,金融服务竞争将进一步加剧,金融业的重新整合不可避免。此外,新业务、新技术不断涌现,尤其是数字化、网络化环境的构建,使金融服务突破了原有的时空观念,服务范围大大延伸。总之,全球金融行业的运营环境正经历着市场化、全球化、信息化的巨大变革。对厦门而言,只有在竞争中逐步形成核心竞争优势,在开放中增强抵御和防范风险的能力,在发展中掌握先进的经营管理经验,才能不断提升金融业的效率,提高金融业的整体竞争实力。

(二)国家金融改革和对外开放不断深化

近年来,随着国家金融改革的不断深化,各种金融法律法规不断健全和完善,金融管制进一步放松,金融开放领域逐渐扩大,为厦门金融业改革和发展创造了良好的条件。如全面推进股票发行注册制,北京证券交易所设立,大力推动高精特新企业上市,为厦门加快证券业发展、充分发挥资本市场的作用、扶强做大优势企业提供了良好的政策环境。

(三)福建省全方位高质量发展超越和厦门市高素质高颜值现代化国际化城市建设逐步深入

福建省全方位高质量发展超越的战略举措和厦门市高素质高颜值现代化国际化城市的功能定位,为厦门金融业的大发展创造了重要机遇,将带动大规模的资金流汇集,从而促进厦门金融业进一步发展和区域性金融中心的形成;同时按照战略部署,有利于发展区域金融合作的政策和制度环境将逐步形成。厦门作为东南沿海重要中心城市,具有先行先发优势,其金融业发展也将进一步活跃;此外,东南沿海重要中心城市的功能定位,有利于厦门金融业依托区域经济金融的互动,充分利用特色基础优势,实行与周边两大发达经济板块——长三角和珠三角互补共荣的"错位竞争",获取自身发展的新拉动力,促成厦门经济和金融新一轮的快速发展。

与此同时,我们也应认识到厦门金融业将面临诸多的挑战。在区域经济发展过程中,厦门面临着泉州、福州等省内重要中心城市的竞争,一定程度上淡化了厦门作为经济龙头的作用,使厦门经济金融面临非核心化的威胁;同时,在全球金融市场一体化、融资证券化和资产证券化的趋势下,企业对银行贷款的依赖性相对下降,银行业信贷市场的相对规模将逐渐萎缩。此外,厦门金融业发展还受到台海局势变动、特区政策优势减弱、投资环境优势逐渐变小等因素的影响。

三、总体思路

深入贯彻落实更高水平建设高素质高颜值现代化国际化城市的总体部署,以深化金融改革、推动金融创新为动力,以扩大金融开放、加强对台金融合作、加大金融招商引资为重点,大力发展金融科技,促进金融机构总部集聚,大力发展金融市场,建设投资基金集聚地,打造财富管理中心,优化金融产业结构,提高金融产业素质,增强金融产业的辐射带动功能,全面推进厦门金融业的跨越式发展,加快建成区域性金融中心。

四、发展目标

充分发挥特区先行先试的优势、港口优势、对台优势、外向型经济优势,转变经营机制,扩大辐射范围,巩固提升银行业,拓展证券业,发展保险业,开拓信托业,培育扶持担保业、风险投资业和中介服务业的发展。促进银行业、证券业、保险业、信托业和其他金融业的有序发展,取长补短,优势互补,形成国有金融机构、地方金融机构和外资金融机构共同繁荣的金融体系,推动厦门金融业的较快发展,进一步提高其在地区经济中的地位和作用,形成产业规模较大、竞争实力较强、服务功能较完善、辐射带动作用较明显的金融发展新格局,为加快建设高素质高颜值现代化国际化城市提供高水平的金融服务。

银行业。银行业在金融业中的地位和作用继续巩固和提升,按照"国有提升,外资深入,股份扩张,地方壮大"的思路,形成结构合理、竞争充分、运行高效、有力支持经济建设和对外辐射能力扩大的银行体系,继续保持对地方经济持续投入,不断增强资金实力,扩大信贷规模,以满足地方经济发展所需的资金。

保险业。保费收入保持稳定增长。财产保险、人寿保险业务加快发展。保险深度、保险密度将进一步提高,保险市场主体将逐年增多,形成由保险公司、保险代理、保险公估（精算）、保险经纪公司等构成的完整体系。

证券期货业。证券期货市场加快发展,成为全国资本市场资本聚集、机构集中、运行规范、投资回报好的最发达地区之一。上市公司数量持续增加,市场融资额不断扩大。

五、主要任务

（一）做大厦门金融业规模

围绕建设对台深度融合发展示范区和区域技术创新中心、国际航运中心、区域消费中心、旅游会展中心的战略目标,积极为厦门重点建设项目提供金融服务,实现经济发展和金融发展良性循环。加大力度引进国内外金融机构在厦门设立区域总部,支持厦门银行、厦门国际银行等地方法人机构做大做强。支持金融机构和互联网新经济领军企业设立金融科技企业、金融研发中心和实验室,扶持培育金融科技细分领域的新锐企业和底层技术创新企业,加快建设金融科技产业园,形成创新融合发展的总部集聚区,建设区域性金融开放创新中心。探索建设供应链金融创新平台、供应链金融创新试点的非现场监管系统和服务平台,促进供应链产融资源整合与产品创新。创新绿色金融信贷产品,探索开发"生态产品信贷通"产品,开发生态产品权益、收益与信用相结合的专项金融产品。

(二)促进资本市场加快发展

一是加强培育拟上市企业,加快厦门企业发行上市的步伐。优化政务环境,加大组织、协调和推动力度,为企业上市提供全方位、高效率的服务。按照"优选一批,培育一批,申报一批,上市一批"的要求,采取相应的政策措施,促进拟上市后备资源的培育。同时,积极推进外资企业、高新技术企业、民营企业、优势企业等的上市工作,给予必要的政策扶持,引入风险投资机制,使其发育壮大。二是扶持上市公司发展,促进其做强做大。加快完善上市公司的现代企业制度,提高其治理水平,加快其资产重组步伐,促使社会优质资源和重点项目向符合厦门产业政策和具有龙头支柱作用的上市公司集中,提高其竞争力。三是积极发展企业债、公司债和地方项目债等,大力扩展债券融资。四是积极组建和引进综合类证券机构,为本地企业上市服务。按照市场法规,引导和调动国有资产或外资通过参股或控股厦门证券公司支持证券业发展,或通过各种优惠政策措施吸引外地综合券商来厦筑巢,推动厦门资本市场的发展。五是发挥产业引导基金作用,做大私募基金规模,建设国内有影响力的基金集聚高地,建设财富管理中心。

(三)完善现代金融企业制度

进一步充实银行资本金,转换经营机制,完善公司治理结构,提高综合服务水平和经营效益。狠抓银行资产质量,严格执行贷款五级分类和拨备充足,降低不良贷款余额和比例;完善政策性银行功能,支持中小股份制商业银行发展;推动社会资金特别是外资(包括台资)参股信托投资公司,完善其公司治理结构和治理机制,促进竞争和服务,努力实现投资主体、金融机构和消费者"三赢"的局面。

(四)壮大地方金融实力

要根据更高水平建设高素质高颜值现代化国际化城市的总体部署和构建区域性金融中心的具体要求,对厦门地方性金融资源进行整体布局,强化金融资源经营理念,发挥政府在地方金融发展过程中的引导、组织、协调和服务作用,充分发挥市场机制的作用,促使地方金融高效安全运作,逐步壮大地方金融实力。根据厦门经济社会发展战略和金融发展战略的需要,通过股权的持有和退出,整合现有金融机构,引进和发展新的金融机构,在金融机构之间实行合理配置,形成合理的地方性金融机构体系。

第六节　建设区域性消费中心

区域性消费中心城市是在特定的区域范围内消费集聚的经济中心城市,能够将区域内周边消费区域有效地衔接起来,形成密集的人流、物流、资金流、信息流,以充分发挥其带动效应、集聚效应和辐射效应,能够引导人们的消费,成为大众消费力导向性释放地。建设区域性消费中心对于厦门扩大消费规模、提升消费发展水平、提高城市集聚辐射力,加快建设高素质高颜值现代化国际化城市具有重要意义。

一、厦门区域性消费中心建设的现状与问题

厦门作为全国首批实行对外开放的 5 个经济特区之一和全国 5 个计划单列市之一,具有多种政策优势。作为区域中心城市,厦门交通枢纽作用日益凸显,具有良好的建设区域性消费中心的条件。2021 年,厦门努力扩大消费规模,提高消费水平,大力提升商圈,强化区域合作,提高消费的集聚、辐射和带动能力,区域性消费中心建设取得较好成效。

(一)建设的现状

1.消费规模持续增长

面对新冠肺炎疫情的不利影响,厦门加大力度优化消费环境,激发消费潜力,促进商业繁荣,商业消费得到高质量发展,社会消费品零售额保持增长。2021 年,实现社会消费品零售总额 2584.07 亿元,增长12.7%,增幅始终保持全省首位。政策环境不断完善,优质商品供给有效增加,消费者购物意愿释放出积极动能,商品零售高质量提升。岛内零售发挥主力军作用,岛内两个区社会消费品零售额占据较高比重。

2.消费业态进一步优化

一是电商企业持续高速增长。电商行业发展势头良好,零售产品涵盖日用品、衣着和汽车等,多方位服务消费者,构建高效率消费新模式。厦门京东东和贸易有限公司、厦门朴朴电子商务有限公司、厦门安踏电子商务有限公司等企业领跑厦门电商新零售。二是绿色智能产品迅猛增长。全市限额以上新能源汽车、家用电器和音像制品类中能效等级为 1 级和 2 级的商品以及智能手机等销售增长迅猛。三是首店经济加快集聚。厦门依托火车站商圈、中山路商圈、会展北商圈优质的硬

件设施和超高人气,吸引多家品牌首店入驻,成为厦门辖区最大的"首店集聚地"。

3.商圈吸引力进一步增强

按照"一岛一带多中心"城市空间格局,着力提品质促转型,持续推动中山路、火车站、会展北等岛内商圈建设,集美、海沧、同安、翔安等岛外各区的商圈加快发展,商业竞争优势不断提升。火车站商圈目前囊括万象城、罗宾森、中闽等购物中心,特别是体量15万平方米的万象城,42%进驻品牌为首进厦门,超30个国际一线品牌进驻,成为厦门乃至福建奢侈品和时尚潮流的新地标,火车站商圈已成为厦门最具主导性、体验性的海西黄金商业带。中山路商圈拥有中华城、华联商厦等商业设施,依托老旧骑楼街区建筑群,吸引名店、名品、特色店、特色商品入驻商圈,形成集聚效应,已成为集厦门城市历史、商业、休闲、时尚、艺术文化五大元素于一体的商圈。会展北商圈通过引导建发JFC品尚中心、天虹君尚等新兴商业综合体设置艺术中心、阅读体验区等新颖体验空间,以丰富的业态配比、良好的消费环境和体验性要素营造新的消费体验,现已发展成厦门具有国际范的新天地。

4.旅游消费带动作用持续增强

旅游业努力克服新冠肺炎疫情影响,人均消费稳步提升,境内外游客消费支出中交通、住宿、餐饮、购物占比较高,餐饮、购物、游览和娱乐支出有所增长,旅游消费带动作用稳步上升。会展业加快发展,带动商务旅游发展。五缘湾游艇帆船消费快速增长,举办新年帆船赛、海峡两岸高校帆船赛、"海峡杯"帆船赛、"中国俱乐部杯"帆船赛等,带动了帆船运动及消费的发展。诚毅科技探索中心、灵玲国际马戏城、老院子、方特梦幻王国等岛外景区人气持续攀升,"空中看厦门"、厦鼓过渡豪华游船等高端项目呈现良好发展势头。

5.消费实力进一步增强

2021年,厦门居民人均可支配收入64362元,比上年同期名义增长10.7%。其中,城镇居民人均可支配收入67197元,农村居民人均可支配收入 29894 元。居民收入水平的持续提高和消费观念的转变，预示着居民消费从注重量的满足逐步转向追求质的提升。

(二)建设中存在的主要问题

1.消费带动能力有待提升

商品零售规模较小，与厦门腹地较小和人口偏少因素相关。厦门是 15 个副省级城市中面积最小、人口最少的一个，面积仅为 1701 平方千米，2020 年底，常住人口仅有 518 万人。厦门商品零售总额发展水平偏低主要表现在总量偏低，社会消费品零售总额长期位列福建省的第三位。总量规模较小，制约着消费集聚、带动、辐射能力的提升，对建设区域性消费中心产生制约作用。

表 5-9　2021 年厦门与福州、泉州社会消费规模比较

城市	社会消费品零售总额(亿元)	增长率(%)
厦门	2584.10	12.7
福州	4549.40	7.7
泉州	5819.72	18.7

资料来源:各地市统计公报(2021 年)。

2.商业业态有待提升

一是传统商业比重过大。传统商业的经营方式和商业模式单一，新兴消费手段应用缺失，购物业态多于体验业态，物质消费多于文化消费，一般的大卖场、购物中心和低层次的零售商店所占比重较大。二是商业设施较为老旧。商业片区基础设施老化，普遍缺乏公共活动空间、街头绿地、停车场地，交通拥堵和停车难等问题较为突出，商业片区和网点间的联通性也较差，很大程度制约了厦门消费业态的升级。三是高端业态较为缺失。现阶段改善型、享受型商品和服务有效供给不足，国际化商品和服务资源不丰富，高端商业规模较小，高端业态集聚度较低，商品和服务价格没有优势，高端消费竞争力不足，时尚消费、特色服

务优势不明显，导致大量中高端商品和新兴服务消费外流。四是业态同质化现象普遍。核心商圈主力店不强，配套街区层次不高、特色不突出，同质化现象较为严重，百货、商业综合体品牌交叉重复，商品特色不明显，对外地游客没有足够的吸引力。

3.商圈有待提升

一是主力商圈量级较弱。从核心商圈量级来看，百亿级商圈缺失，厦门现有的发展水平最高的中山路、火车站商圈单位面积零售额与国内其他商圈平均水平相比有较大差距。二是传统商业空间亟须升级。随着城市人口增长、产业重心转移与商业中心扩张，新城市地标不断涌现，传统核心商圈的重要性已不复存在，面临着流量下降、成本上升与吸引力减弱等诸多问题，例如中山路商圈配套设施、空间无法延展以及停车场布局不合理弊端日益凸显，已满足不了现代需求。三是区域不平衡现象非常突出。总体来看，经过多年的发展，岛内思明区与湖里区发展依然不平衡，亟需促进湖里区快速增长。在岛外方面，商品零售增速较快，但总量偏低，需要进一步扩大服务旅游及周边区域的能力。

4.旅游消费水平有待提升

厦门境内外游客人均消费仅比福建省人均略高，说明厦门在吸引外来消费上有待提升。据携程网相关数据，厦门与北京、上海、杭州、南京、青岛等旅游发达城市相比，人均消费差距较大。境内外游客消费支出中交通、住宿、餐饮、购物占比较大，其中弹性消费包括餐饮、购物、游览和娱乐支出等还存在较大的空间，旅游消费结构有待进一步优化。据调查，游客所购的商品也大都是有一定特色的厦门食品如馅饼、鱼干等，说明当前旅游 IP 开发水平还有待提升。

二、总体思路

主动在新时代坐标系中、消费升级大趋势下系统谋划消费创新发展，坚持消费升级与产业提质一体谋划、市场优势与时尚特质一体发掘、供给创新与需求创造一体推进、区域协同与要素联动一体统筹,着力发展中高端消费,培育消费新模式新业态,提高旅游品质化和国际化水平,努力挖掘消费新热点,加快推动传统商圈创新转型,精心谋划商业集聚活力策略,促进综合消费,拉动人气,提升商气,推动厦门市消费供给体系、需求结构、发展环境实现根本性重构,加快建成立足闽西南、服务两岸、辐射全球的区域性消费中心城市。

消费创新加快发展。消费领域创新制度、创新技术、创新平台、创新人才等新动能不断涌现,平台商业、智慧零售、跨界消费等消费新模式新业态加快发展,文化娱乐、休闲旅游、大众餐饮、教育培训、医疗卫生、健康养生等成为新的消费热点,体验消费快速发展。

国际品牌加快入驻。统筹引进国际知名品牌、集聚国际消费资源、营造国际标准环境,对国际消费资源要素的吸引力进一步增强,形成具有较强影响力的高端商圈、特色商业街区,国际知名一线品牌入驻显著增加。

两岸制造品牌集聚。两岸知名商业企业品牌、商品品牌和服务品牌在厦门市设立全球性、全国性和区域性的品牌首店、旗舰店渐成趋势,成为向全国乃至世界全面展示两岸制造品牌、质量、标准、信誉的重要窗口。

智慧消费加快推进。数字产业化、产业数字化、城市数字化"三化融合"行动全面推进,数字经济与智慧消费加快发展,"互联网+"、大数据、人工智能与实体经济、消费深入融合,实现"人产城""数产城"的深度融合。

三、对策建议

(一)提升商贸发展水平

一是鼓励全球性、国际化商业品牌尤其是具有国际影响力的奢侈品牌入驻厦门,拉升商圈人气,带动其他知名品牌进入。积极支持人流量大、购买力强的核心商圈内商业主体,引入国内外知名企业首店在厦门开业,鼓励知名品牌在厦建立全国性或者区域性的旗舰店、品牌店、体验店。二是打造"区域名品橱窗"。依托福建省尤其是泉州、漳州等地市的制造业优势,充分发挥厦门营商环境综合优势、产业链优势和市场优势,大力引进福建及全国一线品牌,支持上述知名商业企业品牌、商品品牌和服务品牌在厦门设立全国性和区域性的品牌首店、旗舰店,将厦门打造成为"区域名品橱窗"。三是依托电子信息行业的综合优势,积极引进消费类电子产品展览会,建设消费电子产品发布、展示、交易平台。依托厦门电子特色一条街,设置专门的电子新品发布空间,培育一批新品发布专业服务机构,引进消费电子国际国内知名品牌在厦门首发新品,打造消费电子新品首发地。

(二)发展新模式新业态

一是推动百货企业加快向融合销售、体验、休闲、娱乐等多业态集聚的综合性消费场所转型,推进场景化、体验式和互动性的打造。引导购物中心、百货、商超进行差异化主题定位,增加体验式、个性化、主题化业态。探索发展体验型购物中心、品牌集成店、主题概念店、会员制商店、个人定制商店等具有市场潜力的新型业态。引导传统商超改变"引厂进店、出租柜台"的传统经营方式,实行深度联营和买断经营,发展集"网上商城、微信营销、App应用、线下商店"于一体的全渠道经营模式,实现线上线下业务、品牌、渠道、客户等多方面资源整合。二是大力发展电子商务。围绕安踏、特步总部企业和现有电商骨干企业,培育壮大商贸业龙头,鼓励商贸龙头企业供应链向行业电商平台规模化发展。推动沃尔玛、新华都等传统零售企业开拓电子商务发展模式、线上线下齐发展(online to offline,O2O),拓展销售渠道。三是鼓励商贸企业发展新零售,支持企业发展以设计、定制、体验为特点的个性化商业模式,打造服务型、体验型、主题型消费新业态。四是鼓励骨干商贸企业发挥对消费的引领和支撑作用,发展连锁经营,鼓励发展智慧型社区便利商业,推广"智慧＋零售""零售＋便利""线上＋线下"等懒人消费模式。五是加强新零售市场主体引进和培育,加强与消费领域知名创新型企业对接,引导其在厦门布局新零售、无人零售、跨界零售等消费项目,加快推进建立24小时无人值守货柜、无人便利店等。

(三)提升商圈发展水平

进一步完善城市商业网点规划,高标准布局具有品牌影响力的大型消费商圈,开展中山路高品位步行街、筼筜咖啡一条街等改造提升,推动高品位步行街建设,布局多点式免税消费区,精细定制免税特色商品,支持布局"商旅文"特色街区,建设特色旅游休闲街区,促进休闲街区旅游购物和游憩功能的充分结合。

一是打造都市地标性商业中心带。结合"一岛一带多中心"的布局与火车站、中山路、SM城市广场商圈的升级改造,面向福建及全国,发展目的性消费,高标准布局具有品牌影响力的大型消费商圈,促进百货、超市、专卖店、便利店、大型商业综合体、网络购物等多种业态并存,以特色化和差异化经营满足消费者多元化需求。二是以轨道等交通为引导,统筹岛内外商圈协调发展,重点在岛外培育几处能与岛内市级商业中心互补的商业中心,将东部翔安商业中心、西部马銮湾商业中心、海沧国际航运商业中心、大嶝国际航空港商业中心打造成新的城市地标,更好地服务本地消费和旅游消费。三是着力改造升级振兴传统商圈。改造升级消费设施,整合商业业态。重点开展停车导流、街景美化、开放空间等公共设施的建设与改造。积极引入国际潮流品牌,实现品牌置换升级,增强商圈引流能力。四是围绕交通尤其是轨道交通规划优化城市功能,借助地铁经济带动传统商圈升级换代。借助地铁建设中的上盖综合体和地下空间、出口设置等抓手,借助"公益性设施＋公共交通空间＋经营性设施"拓展传统商圈的物理空间,扩大传统商圈服务范围。在地铁沿线引入与当地消费水平相匹配的餐饮、休闲娱乐、大型购物中心，充分挖掘区域消费潜力，实现岛内外商圈互动，有效分流消费需求。

（四）进一步丰富旅游新业态

推进"旅游＋"高渗透融合发展，进一步丰富海峡旅游、商贸会展、休闲旅游、滨海旅游、闽南文化旅游等五大特色产品内涵。开发夜间旅游项目，打造胡里山炮台等景区的夜间文化演艺项目，增加游客在厦消费项目，延长在厦停留时间。培育和规范游艇、帆船、房车、自驾车、露营地等特色旅游新业态。做强做大邮轮旅游产品和品牌，推动"邮轮＋目的地"运营管理模式创新，打造"一带一路"等独具厦门特色的邮轮线路。积极开发跨区域的国内外、中远程、闽西南144小时过境免签等专属旅游线路。

大力发展和完善高端会议型酒店、目的地度假酒店、精品文化酒店、特色民宿等适合不同消费群体的多层次、多元化旅游住宿体系。加快红树林度假世界、波特曼、华尔道夫等22个高端酒店建设，着力引进安缦、悦榕庄、四季等国际顶级品牌酒店。鼓励乡村民宿有序发展，试点开展登记备案制度，强化事中事后监管。

发挥体育赛事带动作用。继续做好厦门马拉松赛、铁人三项公开赛、世界杯攀岩赛、摩托艇世界锦标赛、厦金海峡横渡、"海峡杯"帆船赛等赛事组织和品牌建设。积极引进和培育符合厦门经济特区优势和城市特质的国际高水平品牌赛事，构建多层次赛事体系，培育体育赛事产业链，打造区域赛事中心城市。继续支持举办全国电子竞技大赛（National Electronic Sports Tournament，NEST）和中国电子竞技大会（China Internet Gaming，CIG）项目，积极引进知名电子竞技商业活动。推动体育与文化、旅游、健身、休闲等产业融合发展，推动"互联网＋体育"建设，加快建设"智慧体育"，提高体育智慧化服务的水平。

第六章　空间发展

　　厦门特区建设以来,城市空间从向内、封闭发展到向外、开放发展转变,岛内大提升岛外大发展加快推进,统筹城乡加快发展,"产城人"融合发展加快深化,中心城市功能显著提升,"一岛一带多中心"城市空间格局加快形成。

第一节　城市空间发展

一、城市空间发展理论和模式

　　城市空间结构是城市范围内经济的和社会的物质实体在空间形成的普遍联系的体系,是城市经济结构、社会结构的空间投影,是城市经济、社会存在和发展的空间形式。城市空间结构的形式主要包括城市范围内各种物质实体的密度、位置(布局)和城市形态三个方面。城市物质实体的密度在理论上存在一个最佳值,在达到这个最佳值以前,城市的经济效益与经济密度成正比例关系。城市空间布局决定城市的经济网络和人文网络,合理的布局和网络带来较高的经济效益。城市形态是城市空间结构的整体形式,是城市内部空间布局和密度的综合反映,是城市平面的和立体的形状和外观的表现。

（一）区域空间发展理论

1.增长极理论

法国经济学家佩鲁（Fransois Perroux）在 20 世纪 50 年代初提出了增长极理论,其基本观点是经济的增长并非完全相同地出现在所有的地方,而是出现在某些具体的点上,这些点被称为增长点或是增长极,并且由这些增长极向外扩散,影响整个经济的发展。法国经济学家布代维尔（J. B. Boudeville）将增长极这一概念从经济空间引入地理空间,并提出"区域发展极"的概念,提出城市的增长中心就是增长极,真正实现了增长极理论与城市发展的结合。

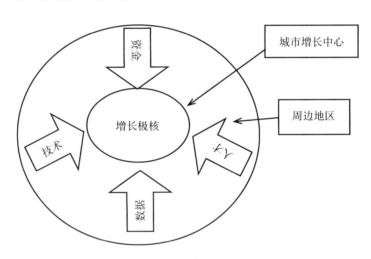

图 6-1　增长极模式图

中心—外围理论也被称为核心—边缘理论,是集合了多位学者智慧的区域发展战略理论的结晶。中心—外围理论源于美国学者波尔洛夫（H. Perloff）对 19 世纪以来的美国经济空间组织的分析,他把 20 世纪中叶的美国分为中心区和外围区两大部分,前者是工业和市场的中心区,人均收入高,是大规模服务业的聚焦点,是新兴工业建立的温床;而后者则是专门从事资源型和中间产品生产,以满足中心区材料需求的地区。在中心—外围理论中贡献最大的经济学家弗里德曼(J. R. Friedman)在缪尔达尔(G. Myrdal)和赫希曼(A. O. Hirschman)等人研究的基础上,把重点指向了城市经济系统的空间形式和经济增长相应阶段的关系。城市中心主要是一个由各种经济活动、高层次的金融服务、技术密集型企业和知识机构构成的聚类体。这样导致不可避免的城乡差距,成为目前急需解决的问题。

2.点—轴系统理论

点—轴系统理论是我国学者陆大道在20世纪80年代提出的一种区域发展战略理论。其结合我国区域经济的发展,提炼出对我国区域发展具有推动作用的部分,并结合国外发展经验,提出了适合我国现阶段区域发展的"点—轴系统理论"。点—轴系统理论的中心包括重点开发的发展轴、发展轴上的中心城市、不同等级的点轴系统和发展轴的延伸等。点—轴系统理论的提出对我国区域经济的发展产生了巨大的意义,一度成为我国区域经济发展的模板。

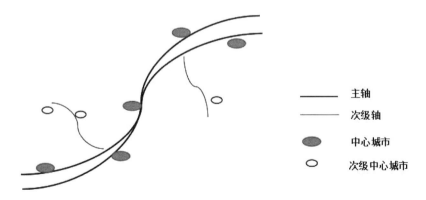

图 6-2　点—轴系统理论示意图

（二）城市空间发展模式

城市空间发展主要有摊大饼式和组团式发展模式，分别是增长极理论和点—轴系统理论在城市空间发展的运用。

摊大饼式发展模式是以核心区为中心，依次由内向外环线发展，如北京的城市发展就是典型的摊大饼式发展模式。摊大饼式发展模式有利于集中优势资源，推动核心区域发展，由核心区域带动周边发展，但是这种模式由于城市功能和人口规模过于集中，容易产生交通拥挤、环境污染等"城市病"问题。

组团式发展模式是以组团发展为重点，城区由若干组团组成，每个组团功能相对齐全，如重庆的城市发展就是典型的组团式发展模式。组团式发展模式能够有效推动城市均衡发展，推动城市功能和人口规模协调发展，但是容易产生资源不够集中，出现"撒胡椒面"现象，进而无法集中优势资源，形成增长极。

二、厦门城市空间格局回顾

特区建设以来，厦门城市空间格局从"一环数片、众星拱月"到"一岛一带多中心"转变。特区建设之初，为了集中资源发展岛内，提出构建以厦门岛为中心，"一环数片、众星拱月"的城市空间格局。"月"是指本岛，"星"是指岛外的卫星城镇，通过岛内优先发展来带动岛外发展，推动城市空间拓展，促进产业和人口集聚。随着岛内人口密度的不断提升，发展空间受限，岛内外发展不平衡加剧，厦门提出构建"一岛一带多中心"的城市空间格局，"一岛"指厦门本岛，"一带"是指沿湾发展带，"多中心"是指本岛中心、岛外新中心，集美新城、马銮湾新城为城市副中心，海沧、同安、翔安新城为城市次中心。就是要通过加快岛外新城建设，促进岛外产业和人口集聚，推动城市组团式发展，进一步做大城市规模，提高中心城市的集聚辐射力。

三、厦门推动城市空间统筹协调发展的成就

(一)"一岛一带多中心"城市空间格局加快形成

特区建设以来,跨岛发展战略持续深入推进,按照统一规划、协调推进、集约紧凑、疏密有致、环境优先的原则,优化岛内,拓展岛外,岛内中心城区功能显著提升,岛外海沧、集美、同安、翔安4个区级中心加快建设,推进环东海域东部新城、马銮湾新城、翔安南部新城、集美新城、同安新城建设,形成"一岛一带多中心"城市空间格局。城市建成区由特区建设初期的38.5平方千米增长到2020年的397.84平方千米,城市空间利用效率显著提高,城市人居环境进一步改善,实现了城市均衡发展和品质提升。

1.岛内功能进一步提升

特区建设之初,实施岛内优先发展战略,岛内得到快速发展。针对当时特区底子薄的情况,市委、市政府集中力量发展岛内,1981年厦门特区成立,着手建设湖里出口加工区,实施优惠政策,大力吸引外资,有力地推动厦门经济发展。1984年,厦门经济特区从湖里2.5平方千米扩大到厦门全岛131平方千米,为岛内发展提供政策支持。特区建设之初,组织编制了《厦门市城市总体规划(1980—2000)》,城市建设由思明厦港、湖里工业区、筼筜新区、东区、火炬高科技园区到航空城,并由岛内向集美、杏林、海沧呈扇面拓展。后来,聘请专家编制城市总体发展规划,成为此后20多年厦门城市建设发展的规划蓝本,明确了以厦门岛为中心,"一环数片、众星拱月"的城市空间格局。岛内得到重点发展,重点建设行政中心、商业中心、商务区、湖里工业区、火炬高技术产业开发区等。进入2004年跨越式发展阶段以来,重点开发建设本岛东部,观音山商务区、五缘湾商务区、软件园二期等建成,推动岛内功能进一步提升。2009年岛内外一体化发展阶段和2013年美丽厦门发展阶

段,大力实施片区改造优化提升,厦港、曾厝垵、西郭、自行车厂、枋湖等旧城片区改造稳步推进,沙波尾渔港改造后成为国内知名旅游景点,曾厝垵片区由"城中村"变成"中国最文艺渔村"。岛内产业转移加快推动,东渡港区物流功能调整步伐加快,坚持"退二优三",龙头山、湖里老工业区逐步转型;两岸金融中心、国际邮轮母港等重大片区开发顺利推进,五缘湾游艇综合体、中航紫金广场、厦门国际中心等高端商业项目加快建设,推动岛内功能进一步提升。

2.岛外新城建设加快推进

随着综合实力的提升,厦门持续加大岛外开发力度,1991 年厦门大桥通车,1999 年海沧大桥通车,有力地推动岛外发展。随着岛内开发强度的加大,产生了空间不足、交通拥挤、环境恶化等问题,市委、市政府审时度势,做出加快岛外开发的决策,特别是 2000 年以后,厦门市委、市政府提出海湾型城市发展战略,岛外得到优先发展。2003 年,厦门实施区划调整,设立思明、湖里、集美、海沧、同安和翔安区,为加快岛外开发提供制度保障。2004 年跨越式发展以来,岛外海沧、集美、同安、翔安新城建设稳步推进,集美大桥、杏林大桥、BRT 专用车道、翔安隧道的建成通车,便捷了岛内外交通联系。进入岛内外一体化发展阶段以来,持续推动岛外发展。2011—2014 年,岛外新城累计投资1796.9 亿元,年均增速达到 27%,超过全市全社会固定资产年均增速21.5 个百分点。先进制造业加快集聚,各区产业特色愈加明显,产业规模不断扩大,为新城提供了较为有力的产业支撑,岛外已建成工业用地面积占全市 87.5%,工业总产值占全市 66%。进入美丽厦门发展阶段以来,岛外加大承接岛内功能分流力度,海沧港区吞吐量超过东渡港区,厦门北站建成投用,翔安国际机场加快建设,有力地推动了岛外快速发展。

3.城市交通便捷圈加快构建

特区建设之初,厦门进出岛通道只有集美海堤,进入 20 世纪 90 年代以来,厦门加快岛内外交通联系建设,1991 年厦门大桥通车,1999 年海沧大桥通车,2008年BRT专用车道正式投入使用,是中国首个采取高架桥模式的BRT系统。翔安海底隧道2010年正式通车,全长8.695千米,是中国大陆第一条海底隧道,它的建成通车使厦门出入岛形成了从海上到海底的全天候立体交通格局。全面推进"两环八射"快速路网建设,全市道路网络系统承载力和运行效率进一步提升。按照"一区一枢纽"的规划目标,岛外各区交通枢纽建设持续推进,岛内外"半小时交通圈"加快构建。加快建设轨道交通,地铁交通线网由6条线路组成,总长约246.2千米,设车站138座,其中换乘车站19座,线网密度厦门本岛0.65千米/千米^2,岛外0.29千米/千米^2。

4.生态环境建设成效明显

始终按照国务院批复的厦门城市发展定位,把生态环境保护和建设的具体目标落实到经济和社会发展的总体规划之中。特区建设之初,厦门就明确地提出不以牺牲环境来求得经济的一时发展,十分注意正确处理经济发展与人口资源环境的关系,坚持发展速度、质量和效益相协调,通过节能降耗,发展循环经济,提高单位土地的投资强度和产出效率等举措,走出了一条具有厦门特色的内涵型、效益型、集约化的经济发展路子。进入新一轮跨越式发展阶段,更加重视节约资源和保护环境,增强可持续发展能力,自觉进行生态修复,开展西海域禁止水产养殖综合整治工作,全面启动总面积114.28平方千米的环东海域整治建设工程,有力提升厦门海域的生态环境质量,厦门海岸带综合管理被联合国开发计划署作为示范工程在全球推广示范。进入美丽厦门发展阶段以来,通过实施"多规合一",厦门在全市划定面积为981平方千米的生态控制线,占厦门陆域面积的57.6%。同时,细化生态控制线内容,将全市981平方千米生态控制线细分为基本农田103平方千米,生态林地682平方千米,水源保护区等75平方千米,其他用地121平方千米。同时,为加强生态控制线保护和管理,出台《厦门市生态控制线管理实施规定》,进一步细化生态控制线划定与管理工作。

(二)交通枢纽城市加快形成

改革开放以来,厦门加快构建岛内外交通连接网络和对外综合交通体系,轨道交通、新机场、港口、铁路客货运场站等重大交通设施布局在全市拉开框架,中心城市对外辐射能力显著提升,交通枢纽城市加快形成。

1.海港中心枢纽地位得到强化

特区建设以来,厦门港加速发展,20世纪90年代至21世纪初为港口建设和发展高峰。1974年启动东渡港区一期工程,1984年建成投产;1989年,使用世行贷款建设东渡港区二期工程;20世纪90年代,利用外资建设象屿码头、国际货柜码头、博坦码头和东渡港区三期工程;1992年设立漳州招商局经济开发区,建设招银港区。推动港口整合,2006年,原漳州港招银、后石、石码港区并入厦门港,港政、航政、水运实行统一管理,厦漳两地港口资源整合从此开启。2010年,东山湾内古雷、东山、云霄和诏安四港区整合到厦门港,厦门港"环两湾辖十区"的新格局正式形成。2013年,厦门、漳州港口一体化整合完成。港口货物吞吐量从20世纪80年代初的200多万吨,至2000年达到1965万吨(其中集装箱货物吞吐量108万标箱),2008年吞吐量达到9702万吨(其中集装箱货物吞吐量503万标箱),2010年达到1.27亿吨(其中集装箱货物吞吐量582万标箱),至2020年达到2.07亿吨(其中集装箱货物吞吐量1140.53万标箱),集装箱货物吞吐量全国排名第七位,世界排名第十四位。在港口基础设施方面,截止到2020年底,厦门港有生产性泊位176个(含漳州),其中万吨级以上泊位78个。

2.空港中心枢纽地位得到强化

厦门在全国率先由地方利用科威特政府贷款2100万美元修建高崎国际机场,于1983年建成通航。1996年11月,机场3号候机楼投入使用。2014年12月,4号候机楼正式启用,机场年旅客吞吐能力上升至2700万人次。目前,正在加快建设翔安国际机场,近期规划到2025年,将建设2条近距平行跑道,航站楼面积约55万平方米,陆侧配套设施约 45 万平方米,总建筑面积约 100 万平方米,设计年旅客吞吐量 4500 万人次、货邮吞吐量 70 万～80 万吨,将成为我国最大的单体航站楼之一。厦门高崎国际机场拥有 1 条 3400 米长跑道和 2 条平行滑行道及 10 条联络道;停机坪总面积 77 万平方米,停机位 89 个;候机楼总建筑面积为 23.78 万平方米。截止到 2020 年底,厦门空港开通运营城市航线 175 条,含国际(地区)航线 36 条,其中洲际航线 13 条。在厦门机场通航运营的外国(地区)航空公司 11 家,与 17 个国际及境外城市(含香港、澳门、台北、高雄)通航。2020 年,空港旅客吞吐量 1671.02 万人次,比上年下降 39.0%,其中,国际(地区)航线旅客吞吐量 63.87 万人次,下降 86.6%;空港货邮吞吐量 27.83 万吨,下降 15.8%。厦门高崎国际机场为全国第十四大国内机场、第五大口岸机场。

3.建成区域性铁路枢纽

特区建设之初,厦门只有 1 条鹰厦铁路。近年来,厦门加快铁路建设,现有鹰厦线 1 条电气化铁路和福厦、龙厦、厦深线 3 条客专高速铁路,4 条在营铁路干线总长 139 千米(其中鹰厦线 41.4 千米,福厦线 57.2 千米,龙厦线与厦深线分别 20.2 千米);还有东渡港区、海沧和前场铁路 3 条支线,厦门站、厦门北站 2 个客运站,前场站、杏林站、海沧站、高崎一场、高崎二场等 5 个货运站。2020 年,铁路旅客发送量达到 1501.70 万人,铁路完成货物发送量 754.08 万吨。厦门已从原来的铁路"末梢"城市变成东南沿海重要的铁路枢纽城市,基本形成"一横两纵"的铁路线网空间格局。

4.对外高速公路通道进一步完善

特区建设之初,厦门对外公路等级低,对外交通不便,随着国道 324 线、319 线,福厦高速、厦成高速、厦沙高速等重点项目建成通车,有力地改善了对外公路联系。目前,形成"两横四纵"高速公路系统(两横:沈海高速、沈海高速复线—同南高速;四纵:厦蓉高速、沈海复线连接线、厦沙高速、机场高速),并将国省干线公路体系与城市快速路网络对接,全面融入国家和区域网络。

（三）新型城镇化建设成效显著

推进以人为核心的城镇化，以全域城镇化为目标，统筹推进重点领域和关键环节改革，基本形成具有厦门特色的城乡一体、产城融合、集约节约、美丽宜居、和谐发展的新型城镇化模式。2020年底常住人口518万人，户籍人口273.18万人，户籍人口城镇化率达87%。

1.城镇化水平显著提高

城镇化率稳步提升，城市建成区持续扩大，持续推进"镇改街""村改居"，2021年农村居民人均可支配收入达到29894元，比1981年增长了112倍。出台《关于开展特色小镇规划建设的意见》，持续推进灌口、汀溪、新圩等3个省级小城镇综合改革建设试点和新圩镇建制镇综合改革工作，灌口镇被评为全省首批特色小镇。培育打造一批市级试点，积极申报省级试点，以点带面，推进全市特色小镇建设。

2.乡村建设成效明显

特区建设以来，厦门先后大力推进社会主义新农村建设、统筹城乡发展、美丽乡村建设、乡村振兴战略，乡村建设成效明显。集美区城内社、海沧区院前社、同安区军营村、翔安区云头村等被福建省住建厅列为美丽乡村建设示范典型村庄。因地制宜、实施一村一策，引导发展乡村特色旅游，大力发展乡村名宿、文化创意、观光旅游、休闲农业等，实现农村环境与农村转产增收同步提升。厦门农村传统文化得到挖掘，民间文艺、手工技艺、乡土民俗得到传承发展，呈现历史与现实交汇的独特韵味。

3.基础设施和公共服务加快向农村延伸

扎实推进旧村改造新村建设，加快老区山区重点村项目建设。建设农村分散式污水处理设施，推动自然村纳入市政污水系统，农村污水设施不断完善。发展设施农业，实施农业基础设施建设。加快农村电网改造力度，提高农村供电能力。全面提升农村公路通达深度和通畅水平，推进城乡道路客运一体化。加快农村信息通信基础设施建设，农村家庭宽带接入能力不断提高,4G 网络实现了农村全覆盖。

加快发展农村社会事业。落实农村教师全员培训计划,推进优秀教师到农村学校支教。扩充农村学前教育资源,基本实现户籍儿童学前入园全覆盖。加大对农村文化活动室的扶持力度,提高文体产品和服务的有效供给能力。

4.农村一、二、三产业加快融合发展

推动重点产业融合发展。依托北部休闲观光农业产业带、中部特色现代种养产业带、南部现代农业服务产业带,推动蔬菜、水果、花卉、食用菌、中药材、畜禽、水产等七大优势特色农业产业融合发展,推动特色农业发展。

培育多元化农业产业融合主体。加大力度培育壮大农业产业化龙头企业,省级农业产业化龙头企业不断发展,农业产业集群加快发展。龙头企业通过提供优质种苗、与农户签订保护价合同等多种形式,带动生产基地发展。引导专业大户、青年大学生、职业农民创办家庭农场,支持农业龙头企业通过直接投资、参股经营、签订长期合同等方式,带动农民发展多种形式的适度规模经营。鼓励农民兴办专业合作、股份合作等多元化、多类型的合作社。

完善农村产业融合服务。积极搭建农村一、二、三产业融合发展综合性信息服务平台,主要提供电子商务、乡村旅游、农业物联网等服务。创新农村金融服务,鼓励金融机构围绕农村一、二、三产业融合发展创新产品和服务方式。鼓励金融机构与新型农业经营主体建立紧密合作关系,推广产业链金融模式。

(四)城市保障能力进一步提升

特区建设以来,厦门大力建设市政设施,实施一批防灾重大工程,全面增强抵御气象、水文、地震、地质、海洋等自然灾害的综合防范能力,完善城市内涝防治体系,提升城市排水管渠整体排水能力,城市公共设施保障能力稳步增强,持续推进智慧城市建设,城市管理信息化水平显著提升。

1.市政基础设施保障能力逐步提高

特区建设之初,厦门建设万门程控电话,建设装机容量7.5万千瓦的燃气电厂和跨海进岛的高压输电线路,建设九龙江北溪引水工程、高殿水厂一期工程和穿越厦鼓海底的输水管道等市政基础设施,有力地保障了特区建设需要。随着特区建设发展,加大对市政设施的投入力度,陆续建成一批重要基础设施,供水、供电、供气能力显著提高,长泰枋洋水利枢纽工程、莲花水库建设有序推进,厦门抽水蓄能电站前期工作加快推进。制定水资源战略规划,推动供水能力进一步增强。污水、垃圾处理能力提升,全市生活垃圾无害化处理率达99.5%。

2.城乡防灾减灾体系更加完善

完善海域、高层建筑消防设施,加强地震应急避难场所的管理,消防应急反应能力进一步提高。加强安全生产突发事故应急救援体系建设,开展快速公交(BRT)、大型商场、轨道交通突发事故救援演练。完善岛外新城沿海护堤及其防潮排涝系统,加快水库水闸加固和河流湖泊治理,推进东西溪、深青溪、瑶山溪、后溪、九溪、过芸溪等岛外九大溪流综合整治,全面构建截污治污、生态修复、河湖健康的水生态文明体系。各区农林水土统筹发展规划编制完成,流域治理项目加快建设,溪流养护长效机制巩固落实,治理流域水质明显改善,河道生态有效修复,流域沿线景观不断提升,小流域综合治理取得阶段性成果。

3.智慧城市加快建设

电子政务云、社区信息化、社区网格化管理等信息化水平不断提升,智能交通系统进入实施阶段,荣获"宽带中国"示范城市称号,获批国家信息消费试点城市。建成公路路网管理与应急处置平台、公路智能预警系统、厦门市客货运驾驶人信息管理平台、厦门市物流配送智能化综合服务平台、公交车辆智能调度管理系统、厦门快速公交(BRT)智能系统、出租车智能监控报警调度管理系统等智能交通系统,公路管理、道路运输管理等的信息化水平不断提升。

四、厦门推动城市空间统筹协调发展的经验

(一)科学战略规划指导

特区建设以来的经验表明,科学制定正确发展战略,高起点、高标准、高水平规划建设,同时,适应新的环境和形势变化,适时调整发展战略,对于城市建设发展具有重要的指导作用。

坚持发展战略正确指导。坚持正确的城市定位,特区建设以来,市委、市政府始终坚持按照国务院对厦门经济特区的批复精神,紧密结合厦门实践,从"东南沿海重要中心城市"到"港口及风景旅游城市"再到"一带一路"国际合作重要支点城市,城市定位核心始终不变。在厦门经济特区建设初期,习近平总书记曾直接参与和领导制定了《1985—2000年厦门经济社会发展战略》,为特区发展描绘了十分具有前瞻性的蓝图,为特区现代化进程做出了重大贡献,至今仍有重要实践指导价值。2002年6月时任福建省省长习近平来厦门调研,做出了厦门要加快跨岛发展的重要指示,明确了"四个结合"的战略思路。市委、市政府通过调整行政区划,大力推进岛内外一体化建设,推进美丽厦门战略,实行"多规合一",在岛内大力推进服务业发展,在岛外推进工业化、城市化进程,厦门作为经济特区和福建省重要中心城市的定位更加凸显。

坚持高水平规划统筹发展。特区建设之初,市委、市政府组织编制了《厦门市城市总体规划(1980—2000)》,城市性质定位为社会主义的海港风景城市,确定了市区围绕厦门港组成"一环六片"的组团式布局。聘请专家编制城市总体发展规划,成为此后20多年厦门城市建设发展的规划蓝本,确定以厦门岛为中心,"一环数片、众星拱月"的城市空间格局。在新一轮城市总体规划中,提出"一岛一带多中心"的城市空间格局,推动形成山、海、城相融的城市格局,基本建成"大海湾""大山海"

201

"大花园"城市。高水平、高起点、高层次的城市规划有力地推动了城市统筹协调发展。

大力推动"多规合一"。近年来，厦门以"多规合一"为平台，一张蓝图严格管控，一个平台协同管理，变过去串联式审批为并联式审批，由被动式服务转变为主动式服务，再造了审批流程，提高了管理效率。整合各方利益，打破部门藩篱，实现规划、发改、国土、环保等多部门的横向协同创新，实现发展目标、空间坐标、用地指标"三标衔接"，释放了城市发展空间。

（二）大力推进跨岛发展

特区建设以来的经验表明，必须坚持跨岛发展，提升岛内、拓展岛外，不断提升集聚辐射功能，努力建设东南沿海重要中心城市。

坚持全市"一盘棋"。坚持提升本岛与拓展海湾相结合，不断增强中心城市集聚效应。树立全市"一盘棋"的思想，把眼光向岛外延伸，把岛内岛外放到一起来统筹规划，把厦门做大做强。以厦门本岛为中心，在本岛以外的大陆沿海湾建设不同功能的组团，形成层次分明、规模适度、功能合理的城镇体系，促进内外一体、城乡一体，共同发展。

推动重点突破。持续推进岛内基础设施的配套完善，重点推动岛内工业外迁，开发岛内东部，推动商圈建设，有力地促进岛内产业转型升级。重点建设火炬（翔安）产业区、同安工业集中区、集美机械工业集中区等，拓展岛外产业发展空间。推动东渡港区功能转移，建设翔安国际机场、厦门北站等重要交通枢纽，促进岛内外功能优化。通过重大片区建设、重点项目建设、重要功能调整，以点带面，发挥龙头作用，带动城市建设整体协调推进。

大力拓展发展空间。加大岛外开发力度，大力推进岛外新城建设，推动岛外工业区、商务区、居住区的建设，有效地拓展了城市发展空间。加大旧城、旧村、旧厂房改造力度，推动城市更新改造，向存量要发展空间。整合工业园区用地，盘活建设用地存量，积极探索工业用地租赁制,尝试工业用地"先租后让、租让结合"的供地方式,最大限度地提高土地资源的利用率。

(三)基础设施建设先行

特区建设以来的经验表明,必须坚持交通先行,加大市政设施建设力度,完善公共服务设施,为城市统筹协调发展提供支撑。

实施交通先行战略。大力推进交通先行战略,构建高效便捷的对外交通网络。持续加大港口建设力度,推动集装箱码头泊位、堆场、物流园区等建设,确保港口高效运行。超前建设机场,构建联系国内外快速通道。加大力度建设高速铁路、高速公路,加强与腹地的交通联系,构建海陆空立体现代化交通体系,促进区域统筹协调发展。

加大市政设施建设力度。加大供水设施建设力度,建设北溪饮水工程,建成汀溪水库、坂头水库等,规划建设莲花水库、枋洋水库等,保障生产生活用水需要。加大供电设施建设力度,持续推进污水处理设施建设,加快建设市政道路,为城市统筹协调发展提供市政设施保障。

完善公共服务设施。以改善民生为重点,千方百计解决好人民群众最关心最直接最现实的利益问题,解决好中低收入群众和困难群体在生产生活方面的突出问题,努力让广大群众学有所教、劳有所得、病有所医、老有所养、住有所居。

(四)促进城乡一体化发展

特区建设以来的经验表明,必须坚持城市转型与经济转型相结合,切实提升城市竞争力。坚持农村工业化与城市化相结合,促进城乡经济社会协调发展。坚持统筹城乡发展,大力推进城乡公共服务水平提升。

提高农民收入。推动现代农业发展,提高种植业、畜牧业、养殖业等产业化水平,发挥龙头企业带动作用,大力发展乡村旅游,提供就业机会,千方百计增加农民收入。

推动教育均衡。统筹城乡义务教育资源均衡配置,优化基础教育学校布局,加快优质教育资源向岛外延伸。统一城乡义务教育学校质量评价标准。采取联合办学、委托管理等方式,实现城乡优质校和薄弱校之间教师和教学资源共享。

促进城乡社会保障统一。健全促进就业创业体制机制,完善农村转移劳动力就业机制,完善城乡均等的公共就业创业服务体系,实现岛内外公共就业服务均等化。推进城乡低保标准统一。进一步提高城乡居民基本医疗保险筹资标准。采用参保补助或贷款贴息方式,实现符合最低生活保障条件的被征地农民和海域退养渔民的应保尽保。

五、厦门推动城市空间统筹协调发展的启示

(一)加强规划引导

推动统筹规划。坚持以战略思维着眼全局谋划地区发展,合理规划布局,广泛听取各方意见,科学制定战略规划、五年规划,明确发展愿景、城市定位和发展战略,谋划未来发展具体目标,凝聚广泛共识,汇聚强大合力,绘就事业蓝图。

依据"战略规划—五年规划—年度计划"规划体系,依托"多规合一"平台,以规划统筹生产、生活、生态布局,在统一的空间布局下,进一步统筹土地、人力、资本、创新等多种资源要素,提升政府管理能力,提高资源配置效率,有效推动转型发展。

(二)进一步提升岛内

推动城市更新。针对厦门老城区危旧房分布实际,结合风貌建筑与生态环境保护,以小规模渐进式有机更新为主,大力推进危旧房综合治理改造和旧城业态布局优化调整,适度控制改建增容。

推进重点片区建设。提升完善两岸金融中心片区、观音山片区、五

缘湾片区功能,有序推进城中村、危旧房、棚户区改造,加快推进五缘湾北片区、湖里体育公园片区以及何厝、岭兜等岛内旧村整村改造。加快旧厂房改造,打造创新产业发展新空间。

完善基础设施。对标完整社区,推进岛内老旧住宅小区改造,整治建筑物及周边环境,修缮水、电、气、路等基础设施,完善社区综合服务站、幼儿园、社会养老设施、室外活动场地、防灾减灾避灾点等公共服务设施。

(三)进一步拓展岛外

加快岛外新城建设。围绕"四高"标准,推进岛外新城空间拓展、配套完善、功能提升。完善集美新城医院、学校、文体等公共配套,进一步集聚人气。加快马銮湾新城生态修复、环境整治和主干路网等建设。加快环东海域新城基础设施和公建配套建设。加快同翔高新技术产业基地建设。

推进重点项目建设。建成投用滨海东大道等市政基础设施,加快双十中学翔安校区、翔安妇幼保健院等公共服务配套建设,促进中烟二期等重点产业项目建成投产,确保集美新城、环东海域新城和现代服务业基地、马銮湾新城、同翔高新技术产业基地等重点项目建设,加快集聚人气商气。

(四)大力实施乡村振兴战略

强化农村产业支撑。推动农村一、二、三产业融合发展。推进农业标准化生产,培育农业品牌。大力发展设施农业,建设现代农业园区,推动大帽山农场等休闲农业示范项目。支持和鼓励农民就业创业,多渠道增加农民收入。

推进宜居美丽乡村建设。推动农村基础设施提档升级,加大力度建设美丽乡村,推动自然村污水集中纳管和污水分散式处理。

深化农村集体产权制度改革。落实农村土地所有权、承包权、经营权"三权分置"制度,稳定土地承包关系,大力推动经营权向农业龙头企业、农民专业合作社等流转。

第二节　统筹空间发展

　　坚持以人为本,生产、生态、生活融合,根据高质量发展的需求,全面摸清并分析国土空间本底条件,优化城乡空间开发格局,深化落实主体功能区战略,合理调整建设用地比例结构,促进人口集中、产业集聚、用地集约,引导城市建设向组团式、串联式、卫星城式发展。

一、构建"一岛一带多中心"城市空间格局

　　优化城乡空间格局。以土地利用总体规划调整完善为契机,科学划定"三区三线"①,进一步优化城镇、农业、生态空间结构,促进形成科学适度有序的国土空间布局体系,实现生产空间集约高效、生活空间宜居适度、生态空间山清水秀。
　　一是形成更加合理的城镇空间格局。依托海陆空间、山水格局,合理布局、优化城镇空间格局,严格管控城镇开发边界。城镇开发边界以内,各项城市建设应符合城市总体规划确定的空间结构、主导功能及各项强制性内容要求。严格控制城镇开发边界以外新增建设项目。落实城市战略定位,加强与城市总体规划的协调对接,构建"一岛一带多中心"的城市空间格局,重点实现本岛提升、岛外拓展,构建功能清晰、分工合理、主副结合的格局。

---

　　① "三区三线":根据城镇空间、农业空间、生态空间三种类型的空间,分别对应划定的城镇开发边界、永久基本农田保护红线、生态保护红线三条控制线。

一岛：厦门岛。持续优化提升厦门岛，适度推动减量发展，降低开发强度和建设密度，加快城市更新。结合高崎国际机场、东渡港部分货运功能搬迁，逐步退出一般性制造业，承载金融商务、科技创新、文化旅游、休闲娱乐、行政办公、公共服务等高端服务功能。

一带：环厦门湾区城镇发展带。加快海沧、集美、同安、翔安城镇组团建设，并向东西两翼延伸，串联泉州、漳州沿湾城镇群。立足海湾型城市特色，统筹发展环湾海陆空间，促进环湾地区高价值空间的高效利用。统筹开发滨海岸线、滩涂、海岛、近海海域和海岸带资源，退出环湾地区的一般制造业，承载面向区域及全市的高端服务功能。

多中心：厦门岛和厦门东部中心两个市级中心；马銮湾、集美、翔安航空新城三个城市副中心；海沧、同安、翔安等三个区级中心。优化本岛的城市中心，在岛外建设服务区域和全市的高等级的中心以及服务各区的区级中心，构建多层次、专业化的多中心体系，促进岛内外一体化发展。

二是有效保障农业空间格局。从城市功能、生态、景观等方面综合考虑农业空间的选择布局，因地制宜发展都市现代农业、特色农业、观光休闲农业。落实最严格的耕地保护制度，坚守耕地规模底线，实现耕地和基本农田集中连片保护，将流域两侧、山海通廊范围内的优质耕地优先划入永久基本农田，将基本农田全部上图入库、落地到户，确保实有耕地总量基本稳定、质量有提高、布局有优化。划定农村居民点建设用地红线，控制农村居民点建设用地开发强度，逐步引导农村人口向城镇集聚，腾退后的集体建设用地优先用于生态建设。

三是构建山海相连的生态空间格局。以持续建设高颜值的生态花园之城为目标，落实城市生态控制线，衔接生态保护红线，严格控制各类开发活动，优化生态用地功能和结构，保障城市生态安全。加强自然山水格局保护，坚守北部生态屏障，串联海沧湾、马銮湾、杏林湾、同安湾、东坑湾、大嶝海域等东、西两湾，依托溪流、湖泊、内湾形成山海交融的生态廊道。全岛式整体保护鼓浪屿世界文化遗产，重点保护中山路和集美学村历史文化街区。充分发挥耕地、园地等农业生产和生态屏障功能，拓展绿色空间，确保生态保护红线区面积只增不减、生态功能不断提升。

【专栏】

厦门该如何突破现有城市空间格局？

厦门城市很美，城在海上，海在城中。城市如画，四季如春，面朝大海，春暖花开。

从空间来看，厦门是海湾型城市，呈现组团式发展特点。近年来，厦门大力推进跨岛发展，初步形成了"一岛一带多中心"城市空间格局。岛内城市功能加快提升，集美、海沧、翔安、同安等岛外新城加快发展，呈现组团式发展模式，跟国内北京、上海、广州、成都等城市摊大饼式发展模式是不一样的。

从产业来看，岛内重点发展现代服务业和高新技术产业。鹭江道商务区、两岸金融中心商务区、五缘湾商务区发展势头不错；软件园二期、火炬高技术产业开发区、湖里创新园支撑高新技术产业发展；戴尔电脑、宸鸿科技、厦门航空等企业知名度较高。岛外重点发展先进制造业，火炬（翔安）开发区、海沧信息产业园、集美机械工业集中区、同安工业集中区的制造业企业云集，友达光电、金龙汽车、天马微、三安光电等企业实力较强。生态农业主要布局在同安和翔安的北部山区。

厦门现有的城市空间格局基本上适应了发展的需要，但也存在着岛内外发展不平衡的问题，岛内外差距较大。岛内人口密度过高，中心城区拥挤不堪，房价高企，岛外人口密度过低，无法集聚人气，需要在未来发展中加以克服，推动岛内外一体化发展，加大对岛外的扶持力度，撑大岛外的经济规模。毕竟岛外面积相当于岛内的 11 倍多，经济总量不到全市的一半，还是有不少发展空间。

二、建设主体功能区

深化落实主体功能区战略,根据不同区域的资源环境承载能力、现有开发强度和发展潜力等,确定优化开发区、重点开发区、协调开发区和生态功能区四类主体功能空间分布,明确用地主导功能,实现全域空间差异化管控。

优化开发区主要包括本岛思明、湖里以及岛外海沧新城、集美新城和同安、翔安两个区的部分地区,土地主导用途为城市建设发展空间。着力高质量发展,优化产业结构和空间布局,减少工矿建设空间和农村生活空间,适当扩大商贸、商务、交通、居住、公共设施空间,扩大绿色生态空间。合理控制开发强度,控制城市蔓延扩张、工业遍地开花和园区过度分散,加快城中村整体拆迁和改造提升,提高城市建设品质。

重点开发区主要包括岛内东北部,海沧南部临港新城、马銮湾新城、同安新城、集美软件园三期、同安工业集中区、高新技术产业基地、现代服务业基地,以及翔安环东海域东部新城和大嶝临空产业片区,土地主导用途为城市建设发展空间。着重优化结构、提升效益、保护环境,提高创新能力,促进产业集聚,适度扩大先进制造业空间,扩大服务业、交通和城市居住等建设空间,减少农村生活空间,扩大绿色生态空间,打造未来支持全市经济发展的重要增长极。

协调开发区主要包括岛外四区建制镇的部分地区,土地主导用途为农业生产和生态保护。着重优化改造,控制开发速度,避免大拆大建,逐步引导人口向重点开发区转移。

生态功能区大部分用地位于生态控制线内,土地主导用途为布局生态建设与环境保护空间。按照"保护为主、合理开发、严控强度"的原则推动自然保育,适度发展旅游休闲、生态农业等,严禁大规模高强度工业化城镇化开发。

三、优化建设用地结构

根据"控制生产用地、保障生活用地、提高生态用地比例"原则,在城镇空间范围内,明确居住用地、工业用地、商业商务用地、公共服务用地、交通设施用地等主导功能,实现各类主导功能用地结构平衡,有效保障全市经济社会发展用地需求。在供需平衡的基础上,除继续满足居住用地的刚性需求外,还要为产业结构调整转型储备一定规模的工业用地和商业商务用地,优先保障重点产业项目和重点基础设施项目用地,促进"居住向城镇集中,产业向园区集中",为厦门打造高素质高颜值现代化国际化城市提供支持。

坚持"房住不炒"定位,保障居住用地有效供给。城市居住用地开发以成片开发多层和高层住宅小区为主,在高效集约用地的基础上,注重居住环境的营造,完善各种配套设施。控制岛内新增居住用地规模,增加各类租赁住房、保障性住房土地供应。减少岛内城中村用地面积,拆迁整理土地优先用于建设公共服务设施、租赁房和保障性住房。合理引导岛内旧工业区改造为租赁住房。岛外居住用地供给采用新增和存量并举的方式,优先布局在轨道交通站点、大容量公共交通廊道节点周边,推进地铁社区建设,加大租赁住房和人才房供给。加快岛外城市中心地区的城中村更新改造,提高新增土地供应效率。

合理控制工业用地规模。坚持以挖掘存量用地潜力为主,拓展一定数量的新增建设用地。积极鼓励工业企业利用现有的旧工业园区进行产业更新和替代,逐步清退占地大、产出低、高污染、高耗能的低水平产业用地。完善全市工业园区产业规划,沿海湾形成临港产业、生物医药、机械制造、软件信息、轻工食品、平板显示、集成电路、新能源和新材料、临空产业的产业用地新格局,重点支持产业园区功能提升及与周边地区整合发展用地需求,注重完善公共服务设施配套,发展邻里中心,推进产业社区建设,促进"产城人"融合发展。新建工业建设项目必须进入各专业化工业园区。针对电子制造、纺织轻工、食品加工等劳动密集型产业，注重提高工业用地产出效率。针对机械装备、临港临空等土地密集型产业，宜远离城市中心区单独设置。

集约商业商务用地。瞄准国际航运中心、国际贸易中心、国际旅游会展中心、区域创新中心、区域性金融中心和金砖国家新工业革命伙伴关系创新基地的区域定位，保障各区域、城市中心和区级中心的商业商务用地，促进高价值土地资源的高效利用。大力疏解岛内非核心功能，降低工业用地比重，优先保障两岸金融服务中心、国际商务中心用地。优化提升国际航运中心，集中发展与航运相关的商务服务、信息服务、金融服务等生产服务功能。依托翔安国际机场建设国际航空港，发展商务办公、商业服务和旅游服务职能。促进岛外新城的功能培育，配置商业服务、商务办公设施。将商业、办公、酒店、住宅等多项功能进行综合开发。

保障公共服务用地。新增建设用地供应重点向公共服务、民生保障类用地倾斜，适度提高公共服务设施用地、绿化用地比例，改善人居环境。按照远期 800 万人口规模配置公共服务设施，保障教育、文化、体育、卫生、养老用地，保障污水和垃圾处理设施，工业固体废弃物收集、清运和处理工程以及危险废物处理设施等工程用地。

确保交通设施用地。促进交通建设与城市用地开发协同发展，交通设施分区布局、均衡组织。优先保障机场、港口、铁路、城际、地铁枢纽等重大基础设施用地，简化审批流程，支撑完善交通体系建设。支持轨道交通导向的城市结构优化和土地效率提高，重点优化轨道交通沿线用地功能，强化居住用地紧凑布局与就业岗位集中安排。

【专栏】

厦门土地该如何科学利用？

　　土地是重要的生产要素,是农业、制造业、服务业的重要依托,是各种生产要素的基础,是生产生活的重要载体。没有土地,很多东西就成了无本之源。

　　厦门土地似乎是短缺的。厦门土地面积是1700.61平方千米,在国内城市里属于袖珍型。有不少不可开发的土地,如山地等,生态保护用地981平方千米,可供建设用地有限。按照1万人建设用地1平方千米的黄奇帆拇指法则,厦门可以承载的适度人口在700万左右。

　　厦门土地似乎还有不少。岛内的旧城旧村可以通过改造,增加容积率,提供建设用地。岛外还有大片用地,面积大约是岛内的11倍,人口密度却只是岛内的1/11,还是有开发的空间。岛外农村的宅基地规模也不小,也可以通过整理成为可以开垦的用地。

　　土地该如何科学利用?一是科学规划。借鉴国内外城市建设经验,根据产业发展需要,按照统筹协调、以人为本、生态优先等原则进行科学规划,促进人与自然协调发展。二是结构优化。优化用地结构,促进资源合理配置。根据高质量发展的需要,对于居住用地、工业用地、服务用地、交通用地、市政设施用地等进行进一步优化,推动城市组团式发展。三是集约用地。合理利用地上地下空间,保持适当容积率,提高开发区投资强度。加大对现有用地存量的调整力度。拆并乡村,推动农村土地集约使用。四是深化改革。深化城市建设用地制度改革,推动农村集体用地流转制度改革,创新宅基地使用制度,促进土地使用效率提高。

第三节　推进产城融合

一、厦门产城融合发展的现状与问题

(一)发展的现状

近年来,厦门全面落实产城融合发展理念,按照生产空间集约高效、生活空间宜居适度、生态空间山清水秀的原则,建立健全产城融合发展的有关体制机制,促进产业转型升级,提升城市综合服务功能,推动厦门产业发展、城市建设和人口集聚相互促进、融合发展。

1.产业支撑城区拓展进一步加强

产业加快转型升级。2021 年,厦门平板显示、机械装备、计算机和通信设备、新材料、金融服务、旅游会展、航运物流、软件信息、文化创意、都市现代农业等 10 条产业链产值均突破 1000 亿元,高新技术企业突破 2800 家,现代服务业成为主导产业,占地区生产总值比重达到58％,有力地支撑了城区拓展。如思明龙山文创园通过实施主导产业升级、创新人才提质、创新平台增效、公共交通优化、文创氛围营造、生活设施完善、园区社区融合、政务服务提升八大行动计划,打造一个适合时尚设计发展的完整产业生态系统。软件园二期及周边围绕应用软件、游戏动漫、移动互联 3 个产业主导方向,综合考虑企业、创新创业者的工作、学习、生活、消费等需求,调整园区空间形态,实现生产生活空间的高度融合。湖里高新技术园围绕移动互联、创意设计、研发结算 3 个主导产业,加大龙头企业招商,加强重点企业扶持服务,做到做大增量和做优存量并举。厦门自贸试验区海沧园区按照创新园、创业广场、产业园等 3 个功能板块,打造高品质的创业空间、生活空间、公共空间。集美软件园三期及周边以项目建设为抓手,以创新产业和城区建设为主线,以更高标准和要求,打造产业特色更加突出、创新生态更加完整、城市建设功能更加完善、社会治理结构更加合理的新型城区。火炬(翔安)产业区以完善的交通网络串联起产业园邻里中心、育成中心、何厝社区和火炬(翔安)产业区里的龙头企业,产城融合更加紧密。同安工业集中区通过空间优化、产业转型、服务下沉、"产城人"融合,着力推动园区从简单、分割的传统工业厂房向配套完善、功能齐备的完整创新社区转变。

2.城市功能提升完善产业配套

岛内加快两岸金融中心、五缘湾、国际邮轮中心等片区的开发建设,为岛内现代服务业的加快发展提供了支撑。岛外环东海域东部新城、翔安南部新城、马銮湾新城、集美新城加快发展,拓展了厦门产城融合的空间载体。加快岛外基础设施的建设步伐,重点建设了同安大道、翔安南路、海翔大道、国道 324 改线、翔安机场快速路、马青路快速路改造、同集路提升改造工程、杏滨路提升改造、集灌路、灌新路等项目。加快建设集美新城、翔安新城、环东海域东部新城、马銮湾新城基础设施及配套项目等。大力引导中心城区优质公共服务资源向岛外辐射,厦门一中在马銮湾新城设立分校,科技中学在翔安设立分校,厦门第一医院在马銮湾新城设立分院,岛外公共服务设施供给水平不断提高。

3.产城融合的体制机制不断完善

规范居住证申领条件和发放范围,不断扩大向居住证持有人提供公共服务和便利的范围,加快建立与城乡户口统一登记制相适应的教育、卫生计生、就业、社保、住房、土地及人口统计等制度,合理控制岛内人口规模,有序推动人口在岛外集聚发展。深入推进"放管服"改革,实现市、区、镇(街)三级权责清单全覆盖。按照事权与支出责任相适应的原则,合理确定市、区政府在教育、基本医疗、社会保障等公共服务方面的事权,建立健全产城融合的基本公共服务支出分担机制。放宽准入、完善监管、提供资金支持和税收优惠等激励政策,分类推动社会资本参与市政基础设施领域市场化建设。依法放开经营性领域开发建设和经营市场,以政府和社会资本合作(public-private partnership,PPP)模式、股权合作等方式,通过建立投资、补贴与价格的协同机制,推动准经营性领域向社会资本开放。

4.产城融合的要素保障不断加强

科学调控土地开发总量与结构,严格控制新增城镇建设用地规模,实行了增量供给与存量挖潜相结合的供地、用地政策;有效控制岛内新增建设用地规模,适度增加岛外新城和小城镇的用地供给。适当提高工业项目容积率、土地产出率门槛,探索实行长期租赁、先租后让、租让结合的工业用地供应制度,有效保障了科技含量高、经济效益好、资源消耗低、环保生态型的产城融合项目的用地需求。厦门以国有投资为牵引,广泛吸引社会资本进入,通过信托投资、银企合作等多种方式拓宽投融资渠道,积极探索多元化的融资新模式,为厦门产城融合提供了资金保障。厦门围绕产业、科技、教育、卫生、党政等各重点领域,加强人才队伍建设,致力打造厦门人才特区,不断提高人才资源总量和人才集聚能力,逐步优化人才结构,为厦门产城融合提供了人才保障。

(二)发展中存在的主要问题

1.产业支撑不足

岛内中心城区有相关产业做支撑,以服务业为主,但服务业发展层次不高。岛外以工业为主,主要集中于几个大的工业园区,缺少服务业支撑。厦门岛外每个区至少都有一个新城,导致新城出现"数量过多、标准过高"的问题,各个新城同质化明显,产业竞争激烈,都存在产业支撑不足的问题,普遍存在聚焦人气不足,对中心城区人口疏导能力较弱,未能发挥"反磁场"作用。

2.城市功能不完善

岛内中心城区核心功能不突出,高端服务业发展滞后,服务功能和消费功能还有待提高。岛外差不多集中了全市的主要生产功能,但服务功能有待进一步加强,如翔安区有产无城;集美区有城无产;海沧区有产业有城区,但产城融合不够;同安区产业基础和城区基础都较弱。岛内旧城区建筑太多、太密,使得原来的道路交通和基础设施处于超负荷运行的状态。同时,岛内东部区域推进产城融合的基础设施还有较大的提升空间。岛外各区间联系不通畅的问题较突出,需要集中力量加大基础设施的投资力度。虽然全市公共服务供给能力明显提高,但在空间分布上不够协调,岛内公共服务设施需求日益向高级发展,大部分商业设施、学校、医院主要集中在岛内中心城区,特别在一些高峰时段,交通压力大。而在新城、工业园区,生产生活服务配套能力不足,生活及公共服务便利化程度不高,缺乏基本的居住和服务配套,对产城融合影响较大。

3.体制机制不顺

由于目前条块分割的乡镇行政管理体制的存在,土地利用、项目审批、财政等权力都集中于市(区)主管部门,镇级政府独立管理公共事务的能力有限。此外,行政执法权也属于市(区)级行政机关,等级化的行政管理体制增加了厦门产城融合推进工作的难度。以前,都是城镇户口比农村户口值钱,现在不一样了,对于农民来说,附加于农村户口上的村集体经济收益、土地和宅基地更具吸引力,由于厦门产城融合的征地拆迁任务较重,户籍制度改革滞后制约了厦门产城融合的发展。基于创业创新的教育、医疗、养老、住房等社会保障与公共服务新型供给机制不健全,制约厦门产城融合的人口集聚。由于厦门投融资体制机制不健全,厦门产城融合的基础设施建设资金大部分由财政负担,社会资本进入较少。

4.要素保障不充分

随着厦门产城融合的快速推进,用地需求量很大,厦门用地需求将处于高位,保障用地困难很大,土地资源空间的硬约束越来越明显。厦门岛内中心城区寸土寸金,其开发已接近饱和程度。岛内中心城区存量低效空间受到政策与机制等因素的限制难以释放,产业空间供给受到挑战。岛外尽管有大量的土地资源可供开发,但受基本农田政策和生态保护红线限制的影响,产业增量空间开发也非常有限。占厦门全市面积9%的岛内中心城区集聚了全市接近50%的常住人口,致使人口集聚和人口拥挤同时出现,但高端服务业人才严重不足。而岛外大部区域人口密度低,经常出现教育、医疗、住房、政府服务、社会服务行业等跟不上经济发展形势的需求,人力资源配套存在不足。总体上,厦门产城融合发展对人口的增长将释放大的需求,但随着厦门劳动力、土地、商务成本的提升,厦门对中高端人才的吸引力在下降,中高端人才的供给不足将会制约厦门产城融合的可持续发展。另外,由于厦门地方财力有限、金融支持厦门产城融合的力度不够,推动厦门产城融合的建设资金缺口较大。

二、国内产城融合的发展情况

近年来,我国大力推进新型城镇化,推动产业与城市功能融合、空间整合,走出一条以产促城、以城兴产、产城融合的新型产业和城市融合发展的道路。

(一)加强规划引领

坚持规划统领,严格按照"多规合一"要求下的产城融合总体规划,引导优化未来的人口分布、产业布局、土地利用和城镇格局。努力做到产业布局与各功能区布局的科学性以及规划的完善性,做好产业规划与城市规划、土地规划和园区规划等多种规划相衔接,做到规划有据,严格实施。加强区域统筹,既要优化全市的功能布局和产业布局,也要促进市区、开发区、城镇、乡村之间的功能互补和融合。加强资源统筹,创新财政资金、人口集聚、项目招引、土地管理等工作方式方法，促进集约高效发展。

(二)促进产业集聚发展

产业是支撑一个城市发展最基本的要素之一，是产城融合发展的基础。新型城镇化和新型工业化有机融合的必经途径是通过促进产业集聚发展，提升产业集聚水平，构建现代产业体系。一是以新产业、新业态为导向，着力发展现代工业新兴产业。以新产业、新业态为导向，大力发展现代工业以及新一代信息技术、生物、高端装备制造、高端服务、现代物流等战略性新兴产业和高技术产业，不断优化产业结构，提升区域产业竞争力。二是发展壮大主导产业群，提升产业集聚效应。依托现有的开发区，因地制宜，突出特色，加强产业引导，加快淘汰落后产能，推动产业集聚，逐步壮大园区经济规模。三是集聚创新资源，加快创新创业服务体系建设。集聚创新资源，壮大创新创业人才队伍，搭建人才创新发展平台，加快创新创业服务体系建设。如苏州工业园区在创新创业人才的引进、培养和集聚方面做了积极的努力。独墅湖科教创新区已经形成了职业教育、高等教育、高新技术产业一体化发展格局，壮大创新创业人才队伍，搭建人才创新发展平台，有力地支撑着苏州工业园区制造向园区"智造"的转型升级。

(三)加强基础设施建设

完善的基础设施(包括市政设施、公共服务设施、生活配套设施等)既有利于城市功能的提升，也有利于城市功能区之间的联系沟通，是推动产城融合发展的重要保障。一是进一步完善基础设施，促进各类基础设施互联互通，加快推进对外联系的跨区域重大基础设施建设。加强城乡基础设施连接，推动水电路气等基础设施城乡联网、共建共享。改善物流基础设施，完善交通运输网络体系。二是合理布局文教公共服务设施。民生问题是产城融合发展的核心问题。各地合理布局文教公共服务设施,解决务工人员进城以后的就业、教育、医疗、保障性住房、养老等基本公共服务问题,让进城人员真正融入城市,实现根本的城镇化。三是提升生活配套设施。着力推动产业园区从单一工业区向集生产、生活、休闲、娱乐于一体的产业社区转型。加快引入城市社区化管理理念,强化园区产业、生活与服务三元融合的空间格局,调整园区内部功能结构,完善各类公共服务设施,提升生活配套设施,倡导功能混合的组团布局模式,为人们创造舒适、安全、方便的活动与交流条件,不断增强人们的社区归属感,最终形成一个与城市相容的宜居宜业,充满人情味和开放、民主的新型社区。

苏州工业园区优化城区功能,有力地推进了产城融合的发展。园区确定了城市中心、片区中心、邻里中心和居住小区中心四级公共服务体系,满足了不同层级和不同人群的功能需求。其中城市中心不仅是园区的公共服务中心,也是整个苏州市的商业商务中心;片区中心为本地 20 万~30 万人进行服务,服务各自的功能片区;邻里中心服务人群为 2 万~4 万人,主要为居民提供较为综合、全面的日常生活服务项目;居住小区中心服务人群为 1 万~1.5 万人,满足居民最基本的日常生活需求。工业园区集中建设生活配套设施,借鉴新加坡公共管理先进理念之一的邻里中心,集商业服务和社会服务于一体,将所有社区服务设施(农贸市场、邮政所、银行、阅览室、卫生服务站、理发室、洗衣房、修理铺等)合理集中,组合发展,实现了便民服务与区容区貌、城市交通、人居环境的高度统一,有效解决了居民生活质量和城市环境的协调问题,而且对园区集聚和提升人气起到重要的保障作用。

(四)完善城镇化体制机制

加快制度创新。重点围绕"构建人口自由流动与有效集聚机制""强化产业发展推进机制""创新财税金融服务机制""深化土地制度改革""严格生态保护制度""健全空间优化管理机制"等六个方面的机制创新重点任务,先行先试、敢闯敢试,完善、制定、出台一系列配套管用的政策措施,促进管理运行科学有序、资源配置开放高效、产业推进联动协作、投资建设多方参与。

三、总体思路

深入实施国家区域发展总体战略、主体功能区战略和新型城镇化战略,进一步深化改革、先行先试,依托现有各类开发区,充分发挥市场配置资源的决定性作用,更好发挥政府规划和政策的引导作用,全面落实产城融合发展理念,着力优化发展环境,不断深化开放合作和改革创新,走以产兴城、以城带产、产城融合、城乡一体的发展道路。加快构建产城融合发展的产业体系,进一步提升城市功能,进一步优化生态环境,促进居民生活质量明显提高,加快创新体制机制,强化要素保障,加快推进厦门产城融合发展,努力建设经济社会全面发展、产业和城市深度融合、城乡环境优美、居民生活更加殷实安康的区域中心城市。

四、对策建议

按照城镇统一规划建设,科学布局一批产业示范园区,推动建立现代产业与城镇化紧密融合、协同发展的体制机制,形成以产带城、以城促产、产城互动、融合发展的新格局。

(一)进一步构建产城融合发展的产业体系

依托现有国家级和省级经济技术开发区、高新技术产业园区、海关特殊监管区域等,发挥产业集聚优势,提高产业综合竞争力和企业经济效益,着力打造平板显示、计算机和通信设备、机械装备、生物医药、新材料、旅游会展、航运物流、软件信息、金融服务、文化创意等十余条千亿级产业链(群),建设海峡西岸强大的先进制造业基地和最具竞争力的现代服务业集聚区。以新产业、新业态为导向，大力发展生物与新医药、新材料、海洋高新等战略性新兴产业，不断优化产业结构。集聚创新资源，壮大创新创业人才队伍，搭建人才创新发展平台，加快创新创业服务体系建设。

坚持现代服务业与战略性新兴产业同步倍增、存量调优与增量带动并驾齐驱、信息化与城市化深度融合，通过加大投入、科技创新，积极培育优势产业集群和战略性新兴产业，改造提升传统产业，同时大力发展现代服务业，特别是要促进生产性服务业与先进制造业融合发展，不断提高服务经济的比重，推动城市产业价值链向高端攀升，不断增强城市经济整体竞争力。重点推进火炬（翔安）产业区、软件园二期、龙山文创园、湖里高新技术园、同安工业集中区、厦门自贸试验区海沧园区等产业优化升级。

火炬（翔安）产业区要依托友达光电、电气硝子、联芯集成电路等重点龙头企业，大力发展平板显示、半导体和集成电路、机械装备等产业，率先发展新材料、临空产业、高端服务业，加快推进信息化与工业化深度融合，推动传统优势产业转型升级，加快形成厦门东部重大产业平台，打造海西先进制造业基地。

软件园二期要加快产业链的垂直整合。围绕应用软件、游戏动漫、移动互联三个产业主导方向，优化企业结构，打造由领军企业、成长企业、小微企业、初创企业等各层次的产业单元组成的创新产业集群，营造以市场需求为引导的创新创业生态圈。推动以咪咕动漫为代表的游戏动漫企业，以美亚柏科为代表的"互联网＋"行业应用软件企业，以美图公司为代表的移动互联网企业加快发展，进一步明确园区的产业发展重点和企业梯队结构，构建集群式结构，实现集聚式发展。构建领军企业引领产业发展、成长企业提升产业潜能、小微企业完善产业链条、初创企业激发产业生机的完善的产业集群发展结构。

龙山文创园要大力发展文化创意和设计服务，通过对标国内外先进文创园区，学习借鉴英国哈德斯菲尔德的创新案例，进一步明晰园区产业定位,以时尚设计为龙头,以文化交流、品牌传播为支撑,借助专业化产业运营商的优势,引入 WeWork 先进理念,运用"互联网＋",促进时装设计、工业设计、平面设计、环境设计以及关联产业集聚,打造一个融培训孵化、创意设计、展览展示、交流推广、专业服务、商业配套及公共服务等功能于一体的综合性时尚文创园。完善以时尚设计为核心的文创产业体系。要根据园区的资源禀赋,紧紧围绕时尚设计产业的发展定位,细化分析产业链,积极弥补产业链的缺失环节,引进和扶持一批品牌企业、大师工作室,强化创意设计、文化交流、品牌传播三大核心功能,形成上下游产业链闭合的产业体系。

湖里高新技术园要围绕移动互联、创意设计、研发结算三个主导产业,加大龙头企业招商,加强重点企业扶持服务,做到做大增量和做优存量并举。一是强化生根型企业培育。加大对市级重点培育的生根型企业(欣贺、亿联、乔丹)的扶持服务,并结合园区实际,对区级重点培育的企业进行梳理筛选,给予重点跟踪服务,促进企业做强做大。二是突出龙头企业招商。大力推动园区主导产业招商,将符合产业导向的企业引导落户到园区,尽快形成规模效应,并通过这些龙头企业带动形成产业链、产业集群。

同安工业集中区要做大主导产业。明确以水暖厨卫和健身器材等两大主导产业作为工业区重点发展的产业集群,围绕这两大产业,通过龙头带动,做强产业链。一是打造发展新高地。推动百路达、金牌橱柜、金宝艺等定标龙头企业增资扩产、拓展市场,打造水暖厨卫国家级产业基地;引导蒙发利、康乐佳、群鑫机械等企业打造自主品牌,推动企业技术改造,建设智能工厂、数字化车间,打造国家级健康产业基地。开辟上市绿色通道,实施项目资金扶持及上市专项扶持,加强上市综合服务,支持龙头企业在沪深证券交易所、新三板等资本市场上市、挂牌融资和再融资,壮大企业实力。推动水暖厨卫、原木门、伞具等一批国家级行业(商)协会落地同安,发挥百路达、金牌厨柜等企业作为同行业定标单位的作用,打造百路达中国卫浴工业设计中心、金牌厨柜国家级厨房工业设计中心等,引导园区企业协同发展。

厦门自贸试验区海沧园区要依托出口加工区一期及周边区域,加快培育和发展跨境电商、创新金融、文化创意、软件信息等新兴业态,实现园区业态更新和模式转变。加大行业龙头企业的招商力度,签订战略合作协议,设立区域总部、实验室和创新创业孵化器等。

(二)进一步完善产城融合发展的城市功能

全面落实产城融合发展理念,按照生产空间集约高效、生活空间宜居适度、生态空间山清水秀的原则,科学规划空间发展布局,统筹规划包括产业集聚区、人口集聚区、综合服务区、生态保护区等在内的功能分区,加快构建"一岛一带多中心"和"山、海、城"相融的城市空间格局。提升生产生活环境品质,持续优化服务体系、平台资源、公共配套,不断完善园区公共交通体系、文体设施和餐饮服务等生活配套,提高医疗、教育服务水平和覆盖面,不断满足工作、生活、娱乐、学习多样化需求,真正走向"产城一体化"。

在以现代居住为主导功能的单元,重点是强化服务水平和提高指标,在居住区公共服务设施的基础上新增设施。完善医院、养老院、商业中心、体育综合健身馆等公共服务设施。在以制造研发等产业为主导功能的单元,在完善生活服务配套的同时,重视现代生产服务功能的引入,增配商务办公、会议酒店等生产性服务设施。而社区级的公共服务设施,则是有针对性地加强小型服务的配套,如农贸市场、学校、商业休闲等,提高产业工人的日常生活水平,便于吸引高素质人才,加快产业发展。

持续完善基础设施。推进以路网建设、网络信息、供水供电、污水处理、环境美化为重点的基础设施建设。提升市政管养水平。建立规范化市政工程管理工作制度,使市政设施道路平坦、排水畅通、路灯明亮,设施完善,管理有序。提升园区交通服务水平。增加公交线路,进一步加强园区内外交通衔接,完善整体交通体系,方便园区出行。改善园区绿化景观水平。推动景观提升工程建设，同时鼓励企业认建认养公共绿地，建设带状公园，美化园区和企业环境。

健全医疗、教育、文体等公共服务设施，丰富公共产品和公共服务供给，实现各类公共服务配套的有机结合。一是丰富教育资源。加快公办中小学、幼儿园建设，提供更多学位，满足居民需求。二是丰富医疗供给。构建以三级甲等综合性医院为龙头，其他医院为骨干，基层医疗卫生机构为基础的权责明晰、科学合理的分级诊疗体系。坚持公立医疗机构为主导、非公立医疗机构共同发展。科学制定、合理调整区域医疗卫生规划和医疗机构设置规划。着力提升岛外医疗水平，新建医疗机构重点向岛外新城区布局。三是丰富文体设施。建立自助图书馆，方便社区群众借阅图书。实施文体活动中心运动场提升改造工程，新建篮球场、健身设施等，满足社区群众文体活动需求。

配套建设居住、商业、娱乐、休闲等设施，提升宜居宜业水平。结合社区群众不断提升的各项需求，不断改善园区商业环境。加强园区及周边商业配套，吸引企业出资建设或参与共同缔造，包括邻里中心、商贸文化中心、特色餐饮服务、小型超市、影剧院、咖啡屋等，满足产业园区企业商务需求和企业员工生活需求。

（三）进一步创新产城融合发展的体制机制

全面推进新老厦门人融合，完善外来人口融合发展和农村人口跨越发展的体制机制，推进城乡发展一体化。按照政府主导、社会参与、市场运作的原则，进一步完善城乡建设投融资体制。加快建立城乡统一的户籍管理制度，加快推动农业转移人口市民化。探索农村土地管理制度改革，加快建立城乡统一的建设用地市场，保障农民公平分享土地增值收益。建立健全城乡一体的社会保障体系，加快形成政府主导、覆盖城乡、可持续的基本公共服务体系，提高城乡基本公共服务均等化水平，打造新老厦门人和两岸居民共同的新家园。

创新土地制度。探索农村土地管理制度改革，加快建立城乡统一的建设用地市场,保障农民公平分享土地增值收益。一是要增加土地来源。扎实开展城乡建设用地增减挂钩,以及农村宅基地整理和利用,鼓励进城落户农民自愿有偿退出承包地和宅基地。运用好土地征收标准提高以及农村集体经营性建设用地允许出让、租赁、入股的政策,盘活土地资源,完善建设用地市场,增加建设用地来源。二是要严格用地控制。做好土地利用的综合平衡,积极探索农村宅基地集约节约利用模式,规范用地指标,建立健全常态化管理机制,引导节约集约用地。三是要推进"三旧"改造。将土地利用效率低和不符合安全生产、生态环保要求的工业用地以及布局分散、条件落后、配套不完善、不适应发展要求的城镇和村庄建设用地列入"三旧"改造范围,开展科学规划和深度开发,提高土地的利用效率和产出效率。

创新社会治理。创新社会治理机制,坚持产业转型与城区转型同步推进,实现政府治理和社会自我调节、居民自治良性互动,推动产城融合走向新的高度。一要创新基层治理体制、服务机制和工作方法,加强村(居)党组织、村(居)委会、工作站"三位一体"建设,强化镇的社会服务和村(居)的自我管理、自我服务职能,建立民主评议村(居)工作制度,构建多元主体参与村(居)共治的基层社会治理体系。二要探索外来员工、失地农民、退养渔民的管理办法,积极引导这些人员进行职业培训和普法教育,充分发挥社会组织和民间社团的作用,消除社会治安隐患。三是完善矛盾纠纷源头治理机制和"大调解"体系,完善社会稳定风险评估制度,健全信访工作机制,加大社会面"打防管控"力度,加强安全生产、食品药品、道路交通、消防安全等领域的安全监督管理,健全公共突发事件应急救援处置机制。

完善工业社区议事协商机制。一是成立工业社区社会事务协商中心。由社区代表组成议事机构,参与园区日常事务的管理协调。中心下设工业社区多元化矛盾调解委员会、商事调解委员会、社区公共事务协商委员会和社企同驻共建理事会,共同处理和管理工业社区事务;组建成立事务协商顾问团,根据不同事务分别成立若干个顾问小组，主要有党派顾问小组、法律顾问小组、社区贤达顾问小组、产业发展顾问小组、媒体和网络宣传顾问小组等。二是成立产业发展顾问委员会。由各产业代表性企业的董事长或总经理组成工业社区发展顾问委员会，对园区转型升级和产业提升提出建设性意见和建议，供政府决策参考。

（四）进一步加强产城融合发展的要素保障

要加强土地、资金、人才等发展要素的保障，并不断提升对发展要素资源的集约利用水平。

拓展发展新空间。清理园区空置厂房、低效土地、边角地块，通过股权交易或转让，重新招商引资，为园区内增资扩产项目提供空间，引导企业通过厂房改造、项目提升、技术革新等方式转产转业。

提升金融服务。充分发挥金融在推动产业发展方面的杠杆作用，构建由银行、担保、券商、基金、投资机构组成的园区产业金融服务体系。特别要发挥基金公司的作用，推动火炬众创孵化等引导基金，爱特、隆领、英诺、两岸青年、星云智能硬件等天使基金，弘信移动互联、坚果互联、信息安全等产业基金，京道科创等新三板基金对园区产业发展的作用。

强化员工培训。针对园区劳动力培训不足的实际，着力打造工业社区大学，强化对园区人力资本的开发、培训、提升和服务引导，全面提升园区人力资本素质，为员工的成长打下基础、提供空间，不断增强新厦门人的归属感。

第四节　推动岛内大提升和岛外大发展

一、推动岛内大提升

强化本岛金融商务、科技创新、文化教育、旅游休闲、对外交流等高端服务功能,加快一般公共服务功能向岛外疏解,推动一般制造业有序转移退出。有序推进本岛东部、北部开发,加快本岛西部邮轮母港建设,打造对外交流城市形象展示窗口。推动本岛有机更新,加快岛内旧村整村改造,不断提升城市功能和品位。

(一)提升中心城区功能

坚持对标一流、聚焦高端、突出特色,着力补齐城区短板,提升城区功能品质和服务能级,努力建设活力、多元、智慧的高素质高颜值现代化国际化中心城区。

1.加快重点片区建设

推进开元创新社区、滨北超级总部基地、湖里区东部新城、两岸金融中心区、机场片区等重点片区开发、改造,形成区域经济新增长点。制定相关政策措施,促进优质企业参与重点片区建设,加快高端产业和高端业态集聚,力促每个片区建成精品。加快改造开元创新社区,着力打造生态科技创新城。加快建设滨北超级总部基地,着力打造国际一流高端中央商务区。加快建设湖里区东部新城,加快东部旧村整村拆迁,有序推动45万平方米(建筑面积)以上的产业用地和商住用地挂牌出让。加快建设东部新城基础设施和市政配套。开工建设安置房和发展用地项目。加快中山路片区景观改造、业态提升和空间开发,着力打造最具闽南特色与南洋风情的全国高品位步行街。加快建设东山、东坪山片区，着力打造品质一流的生态旅游新村。做好机场片区谋划。把握"十四五"期间新旧机场过渡切换期，提前做好机场片区的区域定位和空间布局，留足产业发展空间，为下一个五年规划启动大规模建设做好准备。

2.着力城区有机更新

推进旧城更新。在城市更新中，注重城市精神、文化传承和历史记忆的保留以及活力再现。采取保护性开发模式，推动中华、营平、沙坡尾、百家村等片区有机更新，打造具有老厦门历史韵味的特色街区。持续推进老旧小区改造提升，扩大改造提升范围，以小区环境、区间道路、供水、供气、照明、环卫等为重点，有效提升居住环境。推进园区提升。依托现有火炬高新园、创业园等成熟的产业发展基础，整合提升龙头山等片区，积极承接火炬片区发展溢出和产业转移，用城市更新的方式，有序推动湖里老工业区、港区和城区提升改造，推动产业园区、商业街区、居住社区"三区"联动发展，打造集特区文化、高端制造、港航服务等多功能于一体的特色城区。加快旧村改造。借鉴杭州先进经验，实施"一村一规划"。推进曾厝垵、黄厝等整村保留的城中村进行综合整治提升，完善村庄基础设施，因地制宜培育特色产业，持续打造滨海文创小镇，实现旧貌换新颜。盘活老旧厂房。加快建设龙山文创园，打造海峡两岸最具影响力的文创园区，同步谋划浦南工业区、海燕橡胶厂、夏商小商品批发市场等旧厂区改造，构建特色鲜明、具有比较优势的产业园区。

（二）推动产业升级发展

以高端、智能、融合为目标，大力发展高端制造业，提升现代服务业能级，推动产业向高端化、智能化、集群化发展，带动区域综合实力、竞争力不断提升，努力建设具有较强竞争力的现代服务业高地。

智能经济。重点布局云计算、人工智能、信息安全、智能服务等产业，支持智能技术领域的软硬件自主研发，加快引进和培育一批头部企业、创新企业。聚焦机器人制造、语义、视觉识别感知等前沿，推动科研成果转化和场景应用。加快区域、行业工业互联网标识解析节点建设，加速推动制造业智能化升级。开展智能制造试点示范，推进5G、人工智能、工业互联网与制造企业融合发展，培育一批应用示范项目。打造协同发展的智能经济模式，推动智能技术与传统服务行业融合创新，创造新的服务供给方式，推动传统互联网产业向智能化、高端化迈进，促进服务业内部结构优化升级。优化智慧城区管理系统，建立服务企业智能信息沟通机制，实现社会管理统一有序。

总部经济。充分发挥中心城区的区位优势，依托高水平商务环境与产业支撑，引进培育一批国际化、领军型、创新型企业总部，持续壮大总部经济，全力打造总部经济示范区。坚持总部经济与优势产业相结合，支持"三高"企业、细分领域领先企业提升总部管理职能。积极引进高成长型新兴产业企业总部，吸引一批独角兽企业、新锐企业设立全国总部。着力培养本土企业总部，加大对中小企业创新支持力度，全周期培育一批瞪羚企业、独角兽企业、生根型企业。优化总部经济发展生态，打造金融、专业服务业、新一代信息技术等若干产业集聚区和专业楼宇。

现代金融。大力推动金融对外开放，建设金融科技发展高地，提升金融服务实体经济水平。推动金融要素持续集聚，积极争取持牌金融机构资产管理子公司、外资持牌金融机构和国际知名财富管理机构落户。吸引专业机构人才，引进国内外专业财富与资产管理机构在岛内设立分支机构，大力发展财富管理，强化财富管理类机构的集聚态势。做大私募基金规模，建设国内有影响力的基金集聚区。吸引金融机构和互联网新经济领军企业设立金融科技企业、研发中心、实验室。引进培育金融科技领军企业和独角兽企业，扶持培育金融科技细分领域的新锐企业和底层技术创新企业。

软件和信息服务。以跨界融合和智能化为主攻方向，大力引进龙头项目和高端项目，推动纵向成链、横向成群，打造国内领先、具有全球竞争力的软件信息产业集群，成为全市打造电子信息万亿级产业集群的重要支撑。以互联网、大数据、物联网、云计算为主攻方向，以"软件＋硬件""应用＋服务""平台＋内容"为主要发展路径，不断提升产品与服务价值。培育动漫游戏、信息安全、移动互联等细分领域"单项冠军"，打造厦门游戏出口产业基地，争设"国家级互联网骨干直联点"。聚焦线上医疗、云服务、远程教育、远程会议等新兴细分行业领域，鼓励企业加强研发创新，提升核心竞争力。

旅游会展。抓好世界文化遗产鼓浪屿的保护和活化利用，推动环岛路旅游经济带完善提升，引进知名科技娱乐、旅游度假项目，形成目的性消费聚集区。开发研学游、商务会展游、会展奖励游及体育赛事游等新产品，推动文化旅游会展相融合。发展邮轮游、帆船游、游艇游、婚纱旅拍等旅游项目，规范提升街巷游、亲子游等旅游路线。对接国际会展平台和资源，引进国际先进办展办会理念和模式，提高自主品牌展会国际化营运水平。不断培育引进大型展会，积极招揽境内外高端会展主体和国家级行业协会办展办会，支持厦大举办更多有影响力的国际会议，加大对总部企业办会办展扶持力度，提升会展业的品质与产出贡献。

商贸业。着力发展中高端消费，培育消费新模式新业态，努力挖掘消费新热点，精心谋划商业集聚活力策略，促进综合消费，拉动人气，提升商气，加快建成区域性消费中心城区。大力发展新零售、品牌连锁便利店，积极发展首店经济，鼓励全球性、国际化高端知名商业品牌入驻。打造大型供应链 B2B(business to business)、B2C(business to customer)、O2O 等类型综合服务平台，培育跨境电商综合服务平台企业，大力发展"海丝电商"。鼓励商贸龙头企业供应链向行业电商平台规模化发展。

高端制造业。一是电子信息产业。依托湖里火炬园，在现有电子信息产业基础上，推动产业创新升级，注重产业链核心关键技术配套，形成"芯屏器核网"全产业链。二是新型电子元器件。依托玉晶光电、立达信等企业发展基础,鼓励企业加大自主知识产权的培育,逐步向高端技术环节升级。积极引进光学镜头、微投影、智能芯片、智能传感器等电子元器件企业,加快形成产业集聚。三是新型显示。重点关注以宸鸿科技为代表的龙头企业及其技术发展方向,推动以触控技术为依托的触控屏及上下游配套产业发展。四是新型计算机和通信终端设备。在新型计算机设备相关领域,做强服务器业务,关注存储器、信息安全设备领域,紧抓国家国产化战略机遇,积极争取计算机核心技术型企业进驻。在新型通信终端相关领域,积极支持5G通信网络设备及配件的研发与生产,择机引进射频、天线等核心技术类企业。五是航空产业。紧抓金砖国家新工业革命伙伴关系创新基地建设契机,推动建立与国际接轨的产业发展制度体系,建设金砖国家航空产业国际合作区,支持航空维修、航材交易配送、航空金融、航空零部件及耗材制造等产业集聚发展,增强国际经济合作和竞争优势,抓住高崎国际机场的运营存续期,做大做强航空产业,积极保留并发展发动机维修等不依赖于跑道功能的业务板块,打造与翔安国际机场功能错位、业务互补、协同发展的航空服务产业集群。加大配置产业发展所需的核心竞争要素与资源,鼓励航空产业扩大市场、全方位全链条提升技术水平。加强与中航工业、中国航发、中国商飞等国内航空央企对接合作,增强服务国产民机发展战略的能力。

(三)促进民生幸福

坚持以人民为中心的发展思想,找准差距、补齐短板,切实加强普惠性、基础性、兜底性民生建设,全面增进民生福祉,着力推进高水平民生幸福建设。

推动教育优先优质发展。加强优质教育资源建设。加强普惠性幼儿园规范管理,开展小区配套幼儿园治理工作,稳妥应对适龄儿童入园入学高峰,完善规划设点布局,提升教育设施功能。实施学区化、集团化办学，扩大优质教育辐射面。完善教育资源合作共享机制，着力解决学区间、学校间、学段间发展不平衡问题。建设一流师资队伍，大力引进高水平教师，加强人才培养，努力提高教师水平。进一步深化师德师风综合治理，推动师德建设工作的常态化制度化长效化。完善学校、学生、家长和社会多方参与的教师评价机制

打造高品质健康城区。加快基层医疗卫生机构建设。巩固提升社区卫生服务综合优势，完善区公共卫生大楼建设。加快建设街道社区卫生服务中心，完善基本社区卫生资源布局。完善和改进基本医疗体系。深化医联体内涵建设，推进医联体提质增效。坚持特色、融合、借势、错位发展，强化区属医院重点专科和特色专科建设。推进"一键式"家庭医生服务，推广"智慧家医"服务模式。加强智慧医疗建设，开展互联网医疗服务。支持兴办非营利性高端医疗机构，加快颐和医疗城项目建设。改革和完善疾控体系。强化以疾控中心—医疗机构—街道社区卫生服务中心组成的区级疾病防控体系，加大疾控中心实验室的财政投入，提高区疾控中心检测能力，完善疾病预防控制机构业务用车、应急用车和特种专业技术用车的配置，加强重大传染病防控和突发公共卫生事件应急处置。完善健康素养体系。深入推进慢性病综合防控示范区建设，深入推进"健康单位""健康餐厅""健康食堂"建设。健全康复医疗服务体系，建立覆盖综合性医院、专业康复机构、社区的康复体系。

大力发展文体事业。发挥文化场馆作用，加强文化馆、图书馆、街道和社区文化服务保障能力。推动文旅融合。积极利用老旧厂房拓展文化空间。提升文化创意产业园区专业化、特色化发展水平。推进文化与金融、科技、旅游等深度融合，加快文化和科技融合基地建设。加快推进影视产业和影视小镇建设。加快体育事业发展。加快布局中小型体育主题公园，积极打造体育主题社区。利用疏解腾退空间、城市公园、绿地等场所，因地制宜建设更多体育场地设施。大力发展绿地体育，实现体育设施与绿地、园林结合，积极促进滨海绿地等重大项目的

体育功能开发。推动"体教融合""体社融合",鼓励支持俱乐部发展,完善青少年体育训练体系,丰富体育后备人才。举办马拉松、铁人三项、帆船、游艇、水上摩托艇、鼓浪屿特色旅游创意跑、穿越城市定向挑战赛等体育休闲项目。保障文体事业发展。推进建立文体事业介入城市更新规划建设的常态机制,扩大文体事业在城市更新项目规划评审中的指标比重,增强文体事业与城市建设的融合度。

二、加快岛外大发展

推动岛外新城基地建设提速提质提效,促进城乡建设统一规划、产业合理布局、基础设施互联互通。按照以产带城、以城促产、产城互动、融合发展理念,统筹推进岛外大开发、大发展,提升城镇综合服务功能,推动产业集聚和人口集聚,建设"产城人"深度融合示范区。

(一)建设国际一流海湾城区

坚持高起点规划、高标准建设、高层次定位、高水平治理"四高"标准,对标国际一流海湾城区规划建设,着力拓展城区发展空间,构建功能完善、交通畅达、宜居宜业的魅力城区。

1.大力推进重点片区建设

坚持"四高"标准,大力推进产城融合,推动重点片区提速发展,构建支撑高质量发展和实现赶超目标的重要增长极。

翔安国际机场片区重点加快主体工程建设,配套"两高两快"快速路网、市政管网等基础设施,开发建设临空经济区,发展航空工业、空港物流等临空产业,完善商务、会展、酒店等设施。

马銮湾新城片区重点加快公共基础设施、公共服务配套设施、公共环境设施建设,重点发展生物医药与健康、智能科技、高端服务等产业,建设国际一流的"大厦门湾西翼核心引擎、产城融合的科创生态海湾新城"。

环东海域新城片区重点承接同安城区功能转移，为周边区域提供服务功能完善的区级新中心，发展信息研发、总部经济、文化体育、旅游度假等产业，完善公建及基础设施配套。

集美新城片区重点加快建设软件园三期软件研发产业基地、动漫教育产业基地，打造国际一流的高端化、智慧化、生态化产城融合新城。

东部体育会展新城片区重点规划建设新会展中心、新体育中心、地铁社区及公共服务、商业等配套设施，打造成为配套服务完善、功能复合的岛外市级中心城区。

同翔高新技术产业基地片区重点围绕电子信息、高端装备制造、新能源、新材料、微电子和集成电路产业进行招商，打造宜居宜业、产城融合的现代化产业创新基地。

2.推进城区管理精细化

实施科学化智慧化管理。强化系统治理、综合治理，建立科学管理体系，形成高效的"大城管"治理格局，实现"纵向到底、横向到边，管理无缝隙、责任全覆盖"。推行网格化管理，建立区、镇街、社区、责任网格四级体系，确保巡查管理全覆盖。综合运用物联网、云技术、大数据、人工智能等现代技术，创新推进智慧城市建设，构建城市管理"超级大脑"。强化信息资源整合，打通公安、交通、市政、城管等部门平台数据通路，形成全区智慧化管理"一张网"，提升城市管理科学化、精细化水平。加强城中村市容整治，营造整洁、有序、文明的市容环境。

加快城市立体发展建设。深化空中线缆、建筑立面、市政道路、公园绿地、地下管网等综合整治，加快构建城市立体化建设格局。规范街区、商业区管理，营造良好的招商环境。坚持城市管理综合执法资源重心下移，保持拆违高压态势，抓好拆后利用、新增"两违"治理，采取土地还耕复垦、项目建设、生态绿化、收储等多种方式，促进"两违"拆后土地有效管理和利用。

(二)推动产业升级

发挥优势,突出特色,推动岛外各区产业差异化发展,大力发展先进制造业,壮大发展现代服务业,建设现代化产业体系。

1.集美区

高端装备制造。推动新一代信息技术与制造技术深度融合,促进机械装备制造智能化、高端化发展。鼓励大金龙与境内外领先企业合作,加快发展新能源客车、无人驾驶汽车。推进厦工"工程机械智能化高效电液控系统开发及产业化"项目建设。推动路达、ABB和思尔特机器人应用整体方案建设,支持快速制造国家工程研究中心,推广3D打印技术。

特色工业等传统优势产业。支持建霖与德国西门子合作建设"4.0工厂"。鼓励宝姿提升高级时装设计水平,向时尚设计和时尚产业领域进一步延伸。扶持际诺思纺织扩大高端寝具用品生产规模。

软件信息业。全力推进软件园三期开发建设,重点培育大数据、云计算等8类细分领域,打造"龙头企业+成长企业+小微企业"的产业集群体系。推动网宿科技、中控智慧、云知芯等规模企业加速发展。推进吉比特科技、罗普特软件信息中心等项目投产,加速电子城、易尔通等项目建设,加快金云科技、汇医慧影等一批优质项目落地。建设软件信息业中试基地,扶持物联网、汽车电子等软硬件融合发展。

文创旅游业。构建影视产业链群,建设国内一流的厦门影视拍摄基地。加快打造城市演艺中心,加快中国音乐产业基地、罗普特仿真体验中心及海峡出版物流中心等项目挂牌出让,推动海丝版权基地等项目落地。依托北京快乐工场加快集聚动漫产业,建设动漫小镇。推进大社文创街区、高浦文化街区建设。争创全国首个以"嘉庚故里、百年学村"为主题的 AAAAA 级景区及灵玲国际马戏城 AAAA 级景区。推进白虎岩山地休闲农业等项目建设。

2.海沧区

集成电路、生物医药、新材料三大主导产业。推动形成比较完备的集成电路产业生态,建设成为国家集成电路产业发展布局中的重要承载区,形成以特色工艺技术路线为主的产业链布局,特别是在先进封装、特色封装产业链上形成比较优势和区域特色。进一步强化创新小分子药、改良型新药、抗病毒药物、新型疫苗、基因工程蛋白药物、体外诊断等优势细分领域,加快高潜力技术和大品种产品的引进和转化,在细分领域打造比较优势、价值链优势。围绕厦钨新能源、厦顺铝箔、长塑等企业,深耕电池正极材料、铝箔加工、薄膜等优势产业,培育国际领先的新材料企业,布局医用包装新材料领域,有效延伸产业链。

智能家居、汽车及零配件、食品等传统优势产业。以智能化和信息化为导向,鼓励企业加强核心技术研发、加快自有品牌的建立,支持智能家居、汽车及零配件、食品等传统优势产业转型升级和增资扩产,努力提升传统优势产业智能制造和信息化水平。

航运服务业。推动整合港区码头资源,重点发展多式联运,推动前场物流园区建设成为厦门陆路物流核心园;做大做强中欧班列,扩大台湾地区商品经国际海铁联运向中亚和欧洲市场输出。加快发展仓储物流、粮油加工等临港产业。

商贸服务业。加快推动地铁商圈布局和建设,加快大型购物广场落地开业,出台区级总部经济相关扶持政策,引进大体量龙头总部项目。

旅游会展业。重点推动天竺山景区及嵩屿码头片区改造提升等项目建设,加快源宿、豪华精选酒店、松霖生活空间酒店等酒店建设,建成海沧湾高端酒店集群。

3.同安区

新一代信息技术产业。引导发挥三安光电、趣店科技、信泰思科技等龙头企业作用,完善上下游产业链配套,培育"软件＋硬件＋应用＋服务"一体化生态体系,打造技术高端、应用广泛、区域协同、持续迭代的新一代信息技术产业集群。

高端家居智造(智能家居)产业。推动水暖厨卫、健身器材、现代照明等家居产业智能化、高端化发展,支持智能传感、物联网等技术在智能家居产品中的应用,鼓励企业发展面向定制化应用场景的智能家居"产品＋服务"模式,发展智能安防、智能照明、智能洁具等产品,构建"智能设备制造＋互联网服务平台"的一体化产业链生态圈。

食品加工。推动同安食品工业园转型升级,加快培育果蔬加工、畜禽产品加工、水产加工、饮料制造、饲料加工、茶叶加工等农产品精深加工产业集群。

新材料和新能源产业。重点发展新型显示材料、合金材料、第三代半导体材料、石墨烯、碳纤维复合材料等新材料产业,推动新材料在下游产业的示范应用,加快发展锂电池、充电储能装置、生物质能、抽水蓄能电站开发等新能源产业,推动海辰锂电池、金鹭特种合金、宸鸿科技纳米银、百路达石墨烯等产业项目落地建设。

4.翔安区

平板显示。重点发展手机及车用面板所需偏光片、导光板、玻璃基板等材料;AMOLED 面板所需的偏光片、塑料基板、PI 材料、有机发光材料、金属靶材等材料;相关蒸镀与封装设备,以及设备所需关键零组件和耗材。加快宸鸿科技手机触控项目、友达液晶面板模组技改项目、冠捷生产设备升级改造项目、宸美光电 SNW 导电触控薄膜生产项目等重点在建项目的建设。做强做大翔安区首条千亿级产业链。

半导体和集成电路。重点发展大硅片(8 寸及 12 寸)、光刻胶、电子化学品等晶圆制造材料;PCB/IC 载板、框线导架、键合丝、模封材料等封装材料;探针、研磨垫、砂轮片等晶圆制造和封装测试设备所需关键零组件和耗材。

机械装备。大力发展电力电工汽车、智能制造等领域。加快推进ABB 工业中心二期建设,发挥其龙头效应,发展智能电网、高压和超高压直流输配电产品,扶持培育高压开关零部件配套企业。推进许继智能电力设备增产多销，欣机"共享充电桩"计划落地量产。拓展智能制造领域，培育发展数控装备、自动控制系统、智能仪表、工业机器人等。

新材料。依托第七二五研究所厦门双瑞新材料产业园，培育发展先进高分子材料、高性能复合材料、纳米材料；加快厦门能源材料与石墨烯产业协同中心建设，重点突破石墨烯等关键技术，实现工业化、规模化生产。

（三）着力民生幸福，建设生态宜居花园

以提升城区宜居度、共享品质生活为目标，聚焦薄弱环节，加强优质公共配套服务，提升城区生态环境，加快建设高颜值幸福城区。

1.加强优质公共配套服务

推动教育提质增量。持续推进名校跨岛发展。继续支持厦门一中、双十中学、厦门外国语学校、厦门六中、科技中学等岛内优质名校在岛外设立分校，提高岛外教育供给水平。持续增加学位供给。补足现状学位紧缺和近期学位需求突增两类教育缺口，大力增加普惠性学前教育和义务教育资源供给。推动教育改革。大力实施课程和课堂教学改革，加快构建具有地方特色的新型课堂模式。加强师资力量。推进教师培养供给侧结构性改革，扩大幼儿园教师、义务教育紧缺学科教师、高中新课改对应学科教师培养规模。推动教育国际化。加快建设国际学校，大力推进国际友好学校结对计划。

提升医疗保障服务。优化医疗供给。持续落实名院出岛战略，加快环东海域医院、马銮湾医院、华西医院等一批岛外医疗卫生重点项目建设，优化区域医疗资源布局配置，发挥岛外各区医院的作用，努力提高岛外医疗供给水平。提高医疗水平。进一步深化"社区—医院"分级诊疗经验，提升综合医院服务能力，以项目化的形式扶持儿科、妇产科、康复科等一批重点特色专科建设。推动医疗人才集聚。推动海沧医院、长庚医院扩大规模，以高层次团队、紧缺型人才和全科医生为重点，加大医疗卫生人才引进力度。

深化发展文体事业。完善公共文体服务网络。加快区老年人活动中心与一批街道文体(体育)中心项目建设。推动学校体育设施向社会开放,进一步满足公众健身需求。推动文化建设。坚持"文艺走基层",培育"一村一品"文化活动,丰富群众文化生活,挖掘闽南文化。发展品牌赛事。发挥亚洲杯赛事的带动作用,促进体育产业发展,继续办好海沧国际半马、万人徒步大会、环东海域半马等品牌赛事,推动全民健身发展。

2.提升城区生态环境

加强环境治理。加强工业废气、汽车尾气、工地扬尘整治,确保空气质量全市领先。落实"河(湖)长制",坚持陆海统筹、河海共治,巩固提升黑臭水体和小流域整治成果,持续改善近岸海域水质。推动生态修复工程等项目建设,严格危险废物综合监管,实现生活垃圾分类城乡全覆盖、原生垃圾"零填埋"。

美化提升景观形象。全力推进重点道路、重要节点绿化提升,以城区主要道路及两侧区域、市民集中居住区域为重点,实现和保持街面净化、两侧绿化、立面美化、环境优化、夜景靓化。加快建设一批公园,大力推进社区公园建设,加快构建森林公园、公园绿地、社区公园组成的全区绿网。优化生态景观,加强山体、湿地的保护和生态修复,大力开展植树造林,加强现有生态景观林等林地的封育管护工作。推广新的花色品种,打造重点区域及主要道路景观带。充分利用城中村、闲置地开展绿化工作,改善提升城区绿化水平。全力推进立体绿化建设,多渠道拓展城市绿化空间,打造立体绿化示范区,深入推进垂直绿化和屋顶绿化。

加快建设低碳城区。发展低碳建筑,探索既有公共建筑低碳化改造,推行办公流程低碳化、屋顶绿化、照明系统节能改造。推动绿色出行,推进慢行系统建设,构建人行道、自行车道与公交便捷接驳系统,提供多样化的绿色公共活动场所。

第七章　开放发展

随着深入实施开放发展战略，国家自贸试验区及"一带一路"建设持续推进，区域合作加快推进，厦漳泉大都市区加快建设，厦门日益成为外商投资重要集聚地、对外投资的重要基地、对外贸易中心和区域中心城市。

第一节　构建双循环重要枢纽

当前，我国加快构建以国内大循环为主体、国内国际双循环相互促进的新发展格局，立足国内大循环，发挥比较优势，协同推进强大国内市场和贸易强国建设，以国内大循环吸引全球资源要素，充分利用国内国际两个市场两种资源，积极促进内需和外需、进口和出口、引进外资和对外投资协调发展。厦门作为对外开放前沿阵地，在链接内外循环方面发挥着重要作用，面对新发展格局，厦门要抢抓机遇，主动作为，加快构建国内国际双循环的重要枢纽，逐步打造成为具有较强全球资源配置能力的中心城市。

一、新发展格局的内涵

针对新发展格局,学术界进行了一系列的理论探讨。王昌林(2020)在《新发展格局》一书中指出,要深刻认识新发展格局的理论逻辑、核心要义、基本要求,促进更深层次改革、更高水平开放和更有质量创新,着力打通生产、分配、流通、消费等国际经济循环中的堵点和梗阻,把握主攻方向和主要着力点,推动形成新发展格局。国内国际双循环相互促进是指国内生产和国际生产、内需和外需、引进外资和对外投资等协调发展,国际收支基本平衡,形成相得益彰、相辅相成、取长补短的关系(见图7-1)。重点要处理好供给和需求、国内和国际、自主和开放、发展和安全等重要关系,立足国内大循环,发挥比较优势,充分利用两个市场、两种资源,畅通生产、分配、流通、消费各环节的循环,同时积极创新参与国际分工与合作的方式,深度融入全球经济,不断拓展经济发展新空间。黄群慧(2021)《新发展格局的理论逻辑、战略内涵与政策体系:基于经济现代化的视角》一文提出了"阶段—模式—动力"的三维理论解释,认为构建新发展格局是与现代化新阶段相适应的经济现代化路径,是中国基于自身资源禀赋和发展路径而探索的、以自立自强为本质特征的、突破"依附性"、具有"替代性"的一种经济现代化模式,是一种充分利用大国经济优势、围绕自主创新驱动经济循环畅通无阻的经济现代化战略。刘志彪(2020)《重塑中国经济内外循环的新逻辑》一文指出,"双循环"战略的基本逻辑为:扩大内需—虹吸全球资源—发展创新经济—以基础产业高级化、产业链现代化为目标,构建国内经济为主体的大循环格局—促进形成国内国际双循环相互促进的新发展格局。倪红福(2020)《构建新发展格局,保障经济行稳致远》一文对国内大循环、国际大循环和双循环进行了初步的探讨。"国内大循环"是指在生产活动的每一个环节,即投资、生产、分配、流通、消费的有机过程的周而复始所形成的循环,且是以满足国内需求为出发点,也以此作为落脚点。与此相对应的"国际大循环"是指在改革开放初期,外部需求旺盛,中国存在以富余劳动力禀赋参与国际循环的条件,市场和需求"两头在外",从事劳动密集型的低端制造业,以外部需求拉动国内经济增长。"双循环"是指国内大循环与国际大循环之间有机的交互联系与沟通,构建以国内大循环为主体、国内国际双循环相互促进的新发展格局。

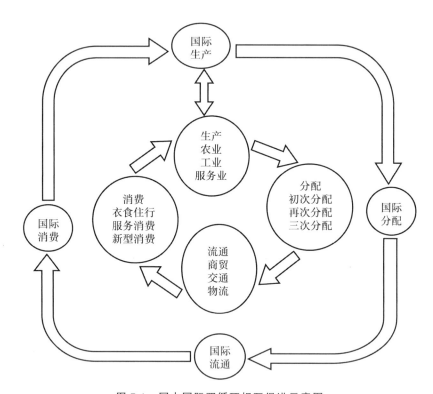

图 7-1　国内国际双循环相互促进示意图

资料来源：王昌林.新发展格局［M］.北京：中信出版集团,2020.

理论界提出了构建"大循环、双循环"新发展格局的政策建议。如王昌林(2020)提出,加快构建新发展格局,必须集中力量办好自己的事,重点要从实施扩大内需战略、提升科技创新能力、推动产业链供应链现代化、加快农业农村现代化、推动区域协调发展、建设现代流通体系、改善人民生活品质、实行高水平对外开放、牢牢守住安全底线等九大方面发力,打造未来发展新优势。黄群慧(2020)《从当前形势看我国"双循环"新发展格局》一文指出,"主动型"的"双循环"新发展格局不是一蹴而就的。加快形成"双循环"新发展格局,从需求侧着手,扩大有效投资和促进消费,重点是加快"两新一重"(新基建、新型城镇化和重大工程建设)的投资和积极出台一系列促进居民消费的方案;从供给侧着手,深化供给侧结构性改革,通过技术创新和制度创新解决中国面临的"卡脖子"问题,提高经济供给质量。

二、厦门构建双循环重要枢纽的基础和优势

厦门是国内重要的外资企业聚集区,也是我国对外投资的重要基地,直接投资枢纽地位不断提升。外贸综合实力位居全国前列,进出口额占全省一半以上,内贸发展持续加快,贸易枢纽作用明显。以港口为核心的国际航运中心加快建设,区域航空枢纽加快形成,交通枢纽地位不断凸显。

(一)直接投资方面

1.外资规模质量快速提高

厦门发挥外向型经济优势,吸收外资规模显著扩大,实际利用外资稳中提质。2021年,全年实际使用外资186.4亿元,增长12.2%,较全省高6.1个百分点,增幅居全省第五;总量占全省50.5%,居全省首位,较上年末提高2.8个百分点;增量占全省95.6%。大项目带动作用明显,引进千万美元以上项目进一步增加。外资(含港澳台)来源渠道拓宽,从港台为主要资金来源地逐渐发展到欧美日韩等先进国家和地区投资者。跨国公司投资规模扩大,截至2021年底,历年累计共有14个国家(地区)63个全球500强公司在厦投资。

2.高端产业引资步伐加快

外资持续向高端产业集聚,高科技含量、高附加值的高端产业吸引外资的步伐加快。外资企业的引进推动了厦门高新技术产业发展,有力地推动厦门计算机和通信设备、平板显示、集成电路等千亿级产业链群发展。服务业利用外资加快发展,主要集中在租赁和商务服务等行业,建筑设计、会计等高端服务业外资准入限制放宽。

3.对外投资兴业全国领先

厦门对外投资加快发展,是我国对外投资重要基地。2021年,备案对外投资项目127个,投资分布于23个国家。协议投资额44.07亿美元,其中中方协议投资额14.77亿美元,实际投资额13.53亿美元,分别比增210.9%、39.2%和32.9%。其中,对"一带一路"沿线国家投资项目30个(主要集中在东盟),总协议投资额7833.8万美元,其中中方协议投资额7740.6万美元,产业主要为制造业、批发和零售业。股权置换、小股权投资等多元化投资合作进一步显现,基金投资公司及合伙企业成为对外投资的新兴力量。截至2021年底,全市备案对外投资项目1708个,协议投资额264.89亿美元,其中中方协议投资额179.33亿美元。

(二)贸易往来方面

1.外贸综合竞争力有所提高

厦门外贸形势快速回稳、持续向好,外贸依存度和综合竞争力分别位列全国第四、第五。2021年,厦门市外贸进出口8876.5亿元,比上年增长27.7%(同期全国增长21.4%);其中进口4569.2亿元,增长35.3%,出口4307.3亿元,增长20.6%。东盟、美国和欧盟是前三大贸易伙伴,对东盟、美国和欧盟分别进出口1629.3亿元、1132.9亿元和982.8亿元,均增长二成以上。同期,对金砖国家进出口增长20.7%;对RCEP成员进出口增长22%。机电产品、劳动密集型产品是占比最高的出口商品,进口铁矿砂、煤炭等大宗商品和乳品、肉类等农产品增速大幅提升。贸易新业态不断涌现,服务外包、跨境电商进出口、文化贸易出口增长较快。

2.内贸流通加速发展

厦门积极促进消费拉动内需,引进高端优质商业品牌,扩大国内市场,推进商贸流通现代化。2021年,厦门实现社会消费品零售总额2584.1亿元,同比增长12.7%,增幅居全省第一。传统消费提质升级,首店经济、夜间经济加快发展。数字消费、新能源汽车、必需品消费表现良好,旅游、会展、住宿、餐饮业复苏发展。商贸流通网络加快构建,厦门跨境电商产业园新增为国家电商基地,元初新入选全国线上线下数字商务企业,供应链创新与应用、城乡高效配送等试点示范作用明显。出台支持外贸产品出口转内销若干措施等利好政策,通过办展会、办集市、强品牌、强电商等多元形式,引导和服务企业拓展国内市场,实现转型突围。

3.两岸贸易合作不断深化

厦门充分发挥地缘优势,推动成为两岸经贸合作的前沿阵地。2021年,对台贸易额为77.8亿美元,增长33.9%,进口台湾水果位居大陆首位,厦台海运快件快速发展,台湾商品集散中心地位更加巩固。口岸通关更加便利,海翔码头"大嶝—刘五店—金门料罗湾"对台航线开通运行,推动大嶝对台小额交易市场盘活和"厦金通关合作试验区"构筑。拓展两岸海关经认证的经营者(authorized economic operator, AEO)互认试点,创新台湾食品、农产品、化妆品"源头管理、口岸验放"机制,推广台企进口工业品快验快放模式,实施台湾输大陆水果等快速通关"绿色通道",完善厦台海运快件监管流程,实行企业分级管理。

(三)货物往来方面

1.交通枢纽地位不断提升

2021年,厦门港集装箱吞吐量完成1205万标箱,位居全球第十四位、全国第七位,110条外贸航线通达55个国家和地区,成为国家重点规划建设的四大国际航运中心之一。厦门高崎国际机场已成为东南沿海区域性航空枢纽,国际航线36条,旅客国际中转量排名全国第五。中欧(厦门)班列通达亚欧12个国家和34个城市,揽货范围已辐射至中国台湾地区、东盟等区域,实现了"海丝"与"陆丝"在厦门无缝对接,被列入中欧安全智能贸易航线试点计划,成为该计划的首条铁路运输试点线路。开辟"一带一路"航线共计66条,途经21个沿线国家(地区)、47座港口。

2.海铁联运加快发展

厦门陆续开通了至南昌、赣州、吉安、新余、萍乡、鹰潭、上饶、景德镇等城市的海铁联运线路,覆盖江西和福建的大部分区域,并逐步向湖南、四川等纵深陆域挺进。目前,厦门港海铁联运的主要货源来自江西省及闽西地区,形成了四条特色鲜明的海铁联运线路——"海丝"木材家具特色线路、欧美非进口稀贵金属特色线路、东北内贸特色线路、对台贸易特色线路,货种主要是木制品、家具、机电产品、服装鞋帽、食品、饮料、建材及钴、钨、稀土、铜、金属制品等。

3.政策环境持续优化

减税降费持续推进,厦门口岸通过降低港口政府定价经营性收费标准,每年为航商和货主减负约1.6亿元成本,免征货物港务费、港口设施保安费和港口建设费。通关效率显著提高,通过引导提前报关和两步申报、优化通关流程和作业方式、提升口岸管理信息化智能化水平等,通关时间提前超额完成国家要求,在中国十大海运集装箱口岸营商环境测评中蝉联第一。智慧港口加快建设,厦门远海码头落地全国首个、全球领先的5G全场景应用智慧港口项目,交通运输部"自动化码头技术交通运输行业研发中心"落户厦门港,海润码头启动全智能化升级改造,全国首创港口收费无纸化结算平台,实施集装箱货物提货单和设备交接单电子化。

三、存在的问题

(一)直接投资有待提升

受新冠肺炎疫情、逆全球化趋势抬头等外部因素影响,世界经济严重衰退,全球资本流动放缓,各国吸引外资竞争加剧,厦门利用外资规模稳中趋缓,尤其对高端外资和高能级总部吸引力不足,高技术服务业引资占比有待提升。对外投资有所减缓,企业精准获取投资目的地投资环境、政策规定等信息的渠道较少,中介机构、出口信用保险等服务不能满足对外投资形式更加多样复杂的要求。投资领域有待拓宽,境外投资以贸易型为主,制造业、软件和信息技术服务业项目占比偏低。

(二)贸易往来有待拓展

对外贸易有待转型升级,受订单萎缩、产能转移及中美贸易摩擦等不利因素影响,加工贸易进出口持续低迷。出口商品仍以传统劳动密集型产品为主,机电产品出口、高新产品占比有待提升。出口市场集中度较高,对东盟、美国、欧盟 3 个主要市场进出口占比过高,多元化市场格局有待拓展。对内贸易规模较小,社会消费品零售总额仅是深圳的 1/4,网络销售水平不高。传统外贸企业需要重新开拓国内市场、树立品牌,出口转内销难度较大。

(三)货物往来有待扩大

航运服务有待提升,港口服务业多集中在基础航运服务业,航运企业总部、国际贸易、航运金融等高端服务业发展明显滞后。货源腹地有待拓展,厦门城市规模与经济规模仍然较小,不及深圳的 1/4,甚至落后于省内的泉州、福州。东南沿海区域及腹地经济发展水平相比长三角、珠三角较弱,腹地经济总量相对较小,区域经济协作水平较低,物流需求增长空间有限,未能充分释放枢纽的集聚辐射能力。国际中转规模较小,厦门港口物流业大部分仍然停留在传统的仓储运输业,国际中转、配送、采购、转口贸易等高端价值链缺失,厦门港国际中转量占比不到 10%,与国际枢纽港普遍为 40% 以上的水平存在较大差距,使得港口效益较低。

(四)开放环境有待完善

一是重要枢纽平台有待培育。金砖国家新工业革命伙伴关系创新基地处于起步阶段,核心区建设有待加快。与"一带一路"国家的产能合作、直接投资、贸易往来等需要进一步拓展。自贸试验区的产业带动作用有待发挥,需要在吸引外资、促进贸易、人才引进等方面发挥更加重要的作用。二是内外贸一体化有待拓展。由于内外贸产品标准认证、销售渠道、检验程序不同,加工贸易企业进入国内产业链供应链难度较大,外贸企业与国内企业合作的渠道有待打通。三是贸易便利化有待提升。保税区、保税物流园区、保税港区的政策有所弱化,特殊监管区有待转型发展。与国内发达港口相比,厦门港口通关时间较长,中转业务监管手续有待简化,通关效率有待提升。

四、总体思路

(一)指导思想

坚持以习近平新时代中国特色社会主义思想为指导,深入学习贯彻习近平总书记重要讲话重要指示批示精神,贯彻落实更高水平建设高素质高颜值现代化国际化城市的总体部署,坚持更好统筹国内国际两个市场、两种资源,积极促进内需与外需、进口与出口、引进外资和对外投资协调发展,深化国际产业链供应链合作,推动投资贸易便利化,提高全球资源配置能力,建设内联外通的双循环战略通道,提升国际枢纽的平台功能、通道功能和配置功能,把厦门打造成为国际国内双循环的重要枢纽。

(二)功能定位

1.联通国际和国内市场的新平台

坚持用平台思维整合全球优质要素资源,推动金砖国家新工业革命伙伴关系创新基地、中国(福建)自由贸易试验区厦门片区等高水平开放平台形成更多首创式、差异化、集成式创新成果,打造联通国际和国内市场的新平台。

2.内联外通的国际性综合交通枢纽

构筑互联互通开放大通道,统筹海陆空铁"四港联动",构建以厦门为核心节点的海上丝绸之路和国际陆海联运"双走廊",打造依托闽西南、服务两岸、链接全世界的国际性综合交通枢纽,推动形成内联外通的开放网络体系。

3.全球资源配置能力较强中心城市

抢抓区域全面经济伙伴关系协定机遇,深入研究和积极参与全面与进步跨太平洋伙伴关系协定,充分利用国内国际两个市场、两种资源,推动贸易和投资自由化便利化,深化国际产业链供应链合作,增强"引进来"的吸引力和"走出去"的竞争力,提高全球资源配置能力,建设具有较强全球资源配置能力的中心城市。

五、对策建议

全方位拓展开放的广度和深度,以厦门自贸试验区[中国(福建)自由贸易试验区厦门片区的简称]和国家"一带一路"建设为引领,积极探索以开放促改革、促发展的新路径,加快形成开放型经济新优势,打造开放发展新高地。

(一)建设直接投资中心,提升国际投资枢纽功能

深化与重点区域交流合作,深度参与全球产业链重构,开展国际产能合作,推进高质量引进来和高水平走出去,打造国际直接投资往来的重要枢纽。

1.搭建重要枢纽平台

坚持用平台思维整合全球优质要素资源,推动金砖国家新工业革命伙伴关系创新基地、厦门自贸试验区等高水平开放平台形成更多首创式、差异化、集成式创新成果。

一是加快建设创新基地。加强与金砖和"金砖＋"国家、"一带一路"沿线国家、区域全面经济伙伴关系协定成员地方经贸合作,推动贸易投资规模和质量"双提升"。完善金砖国家新工业革命伙伴关系创新基地功能,在科技创新、工业和数字经济、贸易投资、政策协调等重点领域率先突破,加快形成"1 个核心区＋N 个联动区"布局,建设金砖和"金砖＋"国家的重要桥梁和纽带,争取更多的国家级合作项目、政策、试点在厦门落地。

二是推动自贸试验区先行先试。推动厦门自贸试验区在贸易、投资、跨境资金流动、人员进出便利化自由化等方面先行先试,打造国际大宗商品交易中心、国际供应链重要枢纽、集成电路创新基地。

2.推进高质量"引进来"

一是突破"卡脖子"技术。坚持引资引技引智并举,提升利用外资的技术溢出效应,推动产业转型升级。大力引进高新技术企业,根据厦门产业转型升级需求,着力引进新一代信息技术、生物医药、新能源、新材料、海洋高新、数字化产业等战略性新兴产业的外资企业,推动技术引进,着力突破"卡脖子"技术,促进创新发展。

二是着力补链强链扩链。针对厦门电子信息、航运金融贸易、文化旅游会展三大万亿级产业集群的产业链供应链的不足和短板,加大与目标企业的招商引资的力度,大力吸引世界 500 强等高能级企业来

厦投资,推动产业链群补链、强链、扩链,做大产业规模,提高产业竞争力。

三是提高资源配置能力。推动一批在全球范围内配置资源要素、具备跨国经营能力的外资企业来厦设立企业总部、区域总部或研发中心、投资中心、财务中心、结算中心等职能型总部,推动跨国公司全球布局,稳定产业链供应链。鼓励外资企业以厦门为基地,到周边地区投资设厂,向外拓展业务。

四是强化招商工作。优化国际招商网络布局,推行产业链招商、基金投资招商、网络招商等新型招商方式,提升外资招引质效。以购买服务方式拓展投资促进渠道,借鉴深圳"境外直通车"模式,推动火炬高技术产业开发区等产业园区与美国、德国、以色列等地区专业机构,以市场化模式建立"一对一"资源流通渠道。

3.打造区域性"走出去"的重要窗口城市

一是引导优势企业全球布局产业链条。以"一带一路"建设为契机,与沿线国家建立友好城市关系,以政府力量做好"走出去"和"引进来"双向工作,引导厦门码头、船舶、交通、建筑等基建相关企业走出去,拓展进出口渠道。鼓励建发、国贸、象屿等国有企业集团到国外开展资源性投资,鼓励厦门企业开展境外投资,拓展石材、铁矿、木材等资源进口。加快推进象盛镍业印尼经贸合作区等建设,推动盛屯矿业境外投资项目建设。推动市场占领型企业对外投资,鼓励企业从国内进口原材料,利用当地劳动力优势,在国外加工销售。

三是拓展对外投资合作方式。有序引导企业通过跨国并购、海外上市、证券投资、联合投资、绿地投资、设立分支机构等开展跨国经营活动,深度参与全球产业链重构。规范海外经营行为,引导企业遵守东道国法律法规、保护环境、履行社会责任,遏制恶性竞争。

四是健全"走出去"服务保障。健全服务保障,搭建"走出去"服务便利平台,完善境外投资贸易联络点服务功能。加强对企业对外投资的政策宣导、投资监管、风险预警、法律辅导等服务。加强资金支持,对海外投资的企业提供金融信贷支持、财政支持、商业信用保险、股权投资基金等一系列促进服务体系。加强税收支持，实施海外投资赋税抵免、纳税延期、转结亏损等税收优惠。

（二）建设国际贸易中心，提升国际贸易枢纽功能

优化国内国际市场布局，推进贸易转型升级，培育外贸竞争新优势，推动贸易自由便利、货物贸易与服务贸易同步发展，打造联动闽西南、服务两岸、辐射亚太的进出口商品集散地，建设具有较强国际资源配置能力的国际贸易中心。

1.推进内外贸一体化

一是吸引海外消费回流。支持外贸企业对接国内消费需求，推动国际国内标准接轨，大力进口国内消费升级产品。借鉴海南免税岛建设，推动大嶝对台小额贸易市场转型升级发展，把免税商品从台湾商品拓展到境外商品，提高免税额度，建立免税购物中心，加大市场营销力度，吸引海外消费回流，推动游客在厦门购买国外免税商品。

二是推动内外贸企业合作。鼓励重点外贸企业与国内优质品牌商、批发商、知名零售企业和电商企业对接合作，通过产品联合开发等方式开展订单直采。鼓励出口企业与国内大型商贸流通企业对接，多渠道搭建内销平台，扩大内外销产品"同线同标同质"实施范围，降低出口产品内销成本。

三是融入国内产业链供应链。支持符合条件的工业品出口企业以及原材料、中间产品等出口企业融入国内产业链供应链，增强配套服务能力。打造本地零售消费供应链平台，引进国内大型供应链企业进驻，打通本地区域内产品流通渠道。

四是加强政策扶持。深化综合保税区增值税一般纳税人资格试点和内销选择性征收关税试点，支持加工贸易企业扩大国内销售，提升加工贸易内销便利化水平。在内外贸、投融资、财政税务、金融创新、出入境等方面探索更加灵活的政策体系、更加科学的管理体制。

2.推进国际贸易高质量发展

一是培育壮大国际性贸易主体。深化国际产业链供应链合作,支持本地企业聚焦价值链中高端环节开展跨国经营。支持建发、国贸、象屿等世界 500 强企业大力发展供应链服务,进一步做大国际贸易规模,提高国际市场竞争力。

二是拓展进口空间。重点推动资源型大宗商品、先进技术设备、关键零部件及优质消费品进口。引导企业扩大粮食、铁矿石、化工原料、石材等紧缺的资源型大宗商品和重要生产资料进口。大力培育大宗商品交易市场、期货交易交割市场和生产资料交易市场,支持厦门企业获得原油等进口资质和配额。

三是稳定出口规模。推动出口市场多元拓展,加大力度拓展东盟市场,稳定欧美出口市场,积极拓展对金砖国家、RCEP 成员的出口。积极应对市场采购贸易的不利影响,加大力度拓展省外的江西、湖南和省内的龙岩、三明外贸货源。提升高技术、高附加值产品出口比重。深入推进外贸转型升级基地、贸易平台、国际营销网络建设。大力发展软件信息、动漫游戏等数字服务出口。

3.大力发展外贸新模式新业态

全面深化国家服务贸易创新发展试点,加快服务贸易数字化转型,推动供应链创新发展,大力发展跨境电商、数字贸易、融资租赁等新模式新业态,推动现代贸易提质增效,建设国家进口贸易促进创新示范区。

一是打造亚太地区供应链创新发展标杆城市。引导传统流通企业向供应链服务企业转型,大力培育新型供应链服务企业。鼓励批发、零售、物流企业整合供应链资源,建设采购、分销、仓储、配送供应链协同平台。支持引导外贸综合服务企业建设跨国供应链体系,鼓励企业建立重要资源和产品全球供应链风险预警系统。以科技创新赋能供应链,打造数字化供应链服务平台,拓展质量管理、追溯服务、金融服务、研发设计等功能,提供采购执行、物流服务、融资结算、口岸通关等一体化服务。

二是发展跨境电商。推进厦门跨境电商综合试验区建设,创新与跨境电商发展相适应的监管机制和政策体系,完善线上平台和线下园区建设,拓展服务功能和数据互通,推动产业要素集聚。实施跨境电商倍增计划,定向引进国内外垂直跨境电商平台和综合服务企业,构建一流跨境电商产业生态。依托厦门跨境电商产业园区,加快跨境电子商务、物流配送、金融服务等企业发展,实现跨境电商企业集聚和规模效应。

三是发展数字贸易。依托厦门软件园,发挥细分领域领军企业的带动作用,加快建设国家数字服务出口基地,重点面向"一带一路"国家输出信息安全、线上医疗、在线教育、数字文娱等智能化、智慧化的产品和服务。依托厦门自贸试验区国家文化出口基地,大力发展数字出版、数字影视等重点产业,推进文化产品和服务"走出去"。

四是发展融资租赁。支持融资租赁公司创新经营模式,做大做强飞机融资租赁业务,拓展船舶融资租赁业务,扩大医疗设备、高端生产设备的融资租赁进口规模。

（三）建设国际航运中心,提升货物往来枢纽功能

推进交通强国试点城市建设,建设国际集装箱干线枢纽和邮轮母港,打造通达全球的国际航空枢纽,构建国际综合运输大通道,形成全球化互联互通网络,建设与国际接轨、高效便捷的国际航运中心。

1.建设港口型国家物流枢纽

一是建设国际集装箱枢纽港。加快与高雄、马来西亚巴生港等港口"多港联动",畅通与"一带一路"国家的"海上高速公路",大力拓展省外货源,用好启运港退税政策,推动港口向枢纽港、贸易港转型升级。围绕"一流设施、一流技术、一流管理、一流服务"目标,加快海沧、翔安等深水港区基础设施建设,提升港航服务智能化水平,全面增强厦门港"硬核"力量,推动打造国际集装箱枢纽港。

二是加强港口合作。支持厦门港与"一带一路"沿线港口、沿海港口和中西部地区合作,提升多式联运服务,大力发展海铁联运,依托中欧班列,参与打通中西部陆海新通道,积极开拓沿海捎带业务,加快打造依托闽西南、服务两岸、链接全世界的港口型国家物流枢纽。

三是做大做强港航企业。大力引进世界级航运集团、物流企业、供应链企业,发展壮大航运金融、船舶租赁、船舶交易等港航服务业,推进港口货物集聚区和航运服务集聚区建设,打造国际航运服务高地。

2.建设国际航空枢纽

一是加快建设新机场。以国际化的要求高水平建设翔安国际机场,加快构建对外集疏运体系,提高机场旅客吞吐能力,把翔安国际机场打造为我国重要的国际机场、区域性枢纽机场、国际货运口岸机场、两岸交流门户机场。

二是开通加密航线航班。积极推进厦门机场扩大开放航权,支持鼓励航空企业新开和增开国际、地区航线航班,开通与港澳台地区及东盟国家主要城市的空中快线。开通与加密"海丝"重点国家空中航线,争取开通厦门至中亚等国航线,为"一带一路"沿线国家和地区提供便捷通道,努力打造我国对"海丝"沿线国家重要国际航空枢纽。

三是大力发展航空物流。加强航空货运能力建设,打造快捷高效的航空直运、中转、集散等服务,打造区域性航空总部基地和航空快件国际枢纽中心,做大航空货运规模,提升厦门空港在两岸航空往来中的枢纽节点地位。

3.打造国际航运服务高地

着力提升空港海港服务能级,打造国际航运服务高地,建设国际航运中心。

一是大力发展多式联运。推进铁路、公路、水运、航空等运输方式有效衔接,畅通东西互济陆海通道,实现水陆联运、水水中转有机衔接,壮大中欧班列厦门集结中心,深化自贸试验区海铁联运过境集拼试点,建设融入新发展格局的多式联运组织中心。积极探索综合物流全程多式联运"一单制"试点,推进口岸通关物流服务全程电子化,构建泛亚泛欧多式联运大通关机制。

二是大力发展中转业务。依托海港，拓展内外贸航线，做大内外贸中转。发展国际中转集拼业务，搭建国际中转集拼服务中心，提升港口综合服务能力，增强国际航运综合枢纽功能。

三是提升航运服务。吸引全球船舶管理龙头企业集聚，增强航运专业服务、国际船舶管理等服务能力。

四是发展智慧航运。进一步发展航运基础设施，推进航运基础设施向数字化、智能化、环境可持续的方向转型。

第二节　探索建设自由贸易港区

1984 年 2 月，改革开放的总设计师邓小平同志到厦门视察，写下"把经济特区办得更快些更好些"的题词。1985 年 6 月，国务院批准把厦门经济特区扩大到厦门全岛和鼓浪屿，并逐步实行自由港的某些政策。习近平总书记在厦工作期间，直接参与和领导制定了《1985—2000 年厦门经济社会发展战略》，提出建设自由港三步走的设想，第一步是建保税区，第二步是以自由贸易区替代保税区，第三步才是有限度的全岛开放的自由港。党的十八届三中全会指出，在推进现有试点基础上，选择若干具备条件地方发展自由贸易园（港）区，明确提出要建设自由贸易园（港）区。据此，厦门开始了自由贸易区的探索实践，取得了一定成效。在向纵深发展的阶段，上海给了我们很好的启示。《全面深化中国（上海）自由贸易试验区改革开放方案》提出："在洋山保税港区和上海浦东机场综合保税区等海关特殊监管区域内，设立自由贸易港区。"同时，中国（福建）自由贸易试验区建设 2.0 版也提出要建设自由贸易港区，我们要抢抓机遇，加快推动厦门特区自由贸易港区建设。

一、厦门自贸试验区发展的现状

厦门自贸试验区作为全市推动先行先试、改革创新的重要推进器，大力推进制度创新，推动厦门改革创新发展，促进厦门加快转型发展步伐，努力形成国际化市场化法治化一流营商环境。2021年，厦门自贸试验区经济运行情况良好，外贸进出口增长快速，海关特殊监管区域进出口1479.7亿元，同比增长51.3%。实际利用外资14.7亿元。片区批发贸易额8773.7亿元，同比增长49.1%。获批开展新型离岸国际贸易试点，全年离岸贸易业务量111.88亿美元，同比增长62.9%。

(一)制度创新

大力推进各项试验任务，并向全市复制推广创新举措，成功探索了一批独具特色的改革试点，在投资、贸易、金融、政府职能转变等一批重点领域取得显著突破，充分彰显"改革创新试验田"作用。

1.投资管理

实施外资"准入前国民待遇＋负面清单＋备案管理"新模式，降低和取消准入条件、控股比例等外商投资限制，进一步提高开放度和透明度。率先在全国实现"一照一码"商事制度改革。企业设立全程电子化、首创个体工商户简易登记模式；设立"一站式"综合服务大厅，建立"线上＋线下""一站式"服务机制；推出国地税"一窗联办"、税控发票网上申领、电子签章服务等创新举措。

2.贸易管理

厦门国际贸易单一窗口于2015年4月正式上线运行，先后推出1.0初始版和2.0升级版，其服务项目涉及进出口方面的货物申报、运输工具申报、关检"三互"合作等九大业务，显著提升贸易便利化。实施贸易便利化措施，率先实施信息互换、监管互认、执法互助的"三互"通关模式，推行关检"一站式"查验和海关查验信息交互全程电子化，实施

257

物流分类联网监管。推出港航一揽子监管创新制度，建设智慧物流平台，实现全港物流信息无缝连接、集装箱交接无纸化。对国际航行船舶进口岸和船载危险品实施"同步申报、同岗审批"，船舶通关提速提效。率先在全国实施"保税供船""进口直供"的邮轮物供"快速通道"模式。

3.金融开放

加快完善金融机构的服务功能，进一步形成业务覆盖更广、功能相互补充的金融组织体系。建立跨国公司本外币跨境资金池，实现外债和外汇资本金意愿结汇，开展跨境本外币贷款。积极发展融资租赁业务，厦门成为全国第三大飞机融资租赁集聚区。

（二）"一带一路"

1.厦门中欧班列

2017年3月，中欧安全智能贸易航线试点计划的首条铁路线试点启动。实现对接"海丝"，越南货物通过海铁联运方式搭乘该班列，运往德国汉堡及波兰波兹南。厦门中欧班列从无到有、从小到大，目前稳定开行厦门—汉堡（杜伊斯堡）、厦门—中亚、厦门—俄罗斯3条线路，可达波兰、德国、匈牙利等12个国家30多个城市。2020年，中欧班列开行273列，货物24112标箱、14.24万吨，货值62.2亿元，同比分别增长17%、36%、59%、40%，均创历年新高。

2.强化"一带一路"产业合作

提高"引进来"水平，世界500强公司马来西亚常青集团投资7.3亿元建设东南燕都燕窝产业园项目，新高棉农业公司投资9000万美元建设"柬埔寨厦门现代农业产业园区"。加快"走出去"，象屿集团投资120亿元建设印尼不锈钢一体化冶炼项目。强化金融合作，"空中丝路"航空产业投资基金项目落户自贸试验区，总规模100亿元，首期10亿元。

(三)两岸开放

1.产业合作加快推进

片区首个受益于负面清单的外资项目、投资 1.5 亿美元的台湾佳格葵花籽油项目正式投产。大陆首个全牌照两岸合资证券公司——金圆统一证券有限公司成立。台湾精准医疗行业龙头企业丽宝生医投建二代测序试剂 GMP 厂及医学检验室。金圆集团联合台湾蓝涛亚洲集团发起 3 亿元规模的景圆蓝海股权投资基金。建立欧美至台北再空运和海运转至厦门的快件物流通道。

2.创新合作体制机制

两岸海关 AEO 互认试点,实现两岸申报信息互换、台湾水果监管互认、对台小额贸易紧急个案舱单验核执法互助、对外公开统计数据互换等合作。建设两岸检验合作机制,多家台湾生产企业列入台湾输大陆商品快速验放计划。

(四)产业发展

发挥"保税+"等政策功能优势,培育发展新动能,促进新兴产业集聚发展。

1.航空维修业

开展海关特殊监管区外航空保税维修试点政策,出台实施航空维修产业扶持办法,加大政策扶持力度。完善产业链配套,集聚太古飞机、新科宇航、霍尼韦尔等 13 家航空维修企业。

2.融资租赁业

加快打造区域性融资租赁集聚区,飞机租赁业务形成规模,船舶、医疗器械、大型设备(码头吊机)和船舶租赁等大型设备租赁业务加快发展。

3.金融服务业

大力推进金融改革创新,促进金融、类金融产业集聚发展,助力实体经济发展。设立基金基地、黄金交易、融资租赁、国际金融资产交易中心和国际物流服务平台等金融服务平台。设立全国自贸试验区首家保险产品创新实验室。

4.高端制造业

大力推进先进制造业龙头项目建设,加快形成以精密机电为主导的高端制造产业集群。促进油脂加工产业形成,大力发展油脂深加工和高端食品加工。

5.跨境电商

加快建设厦门跨境电商产业园,着力打造跨境电商进出口生态圈。大力发展物流供应链服务基地,设置两岸海运快件及跨境电商货物监管中心、海关国检等联检单位公共服务中心、出口电商孵化中心,聚合跨境电商的通关监管、仓储、分拣配送及商务运营等功能,推动建设电商产业链综合服务基地,打造集电商企业展示、办公、金融及信息技术产业配套服务。

二、试验区发展中存在的主要问题

(一)贸易便利化有待提升

厦门自贸试验区货物状态分类监管试点仍未形成成熟的模式,制约着通关效率提升。智能化水平有待提升,监管部门和企业的信息化程度进展不一,监控系统的联网,以及动态、实时监控核查的系统和流程机制还有待完善。国际中转集拼涉及海关等多个部门,监管的难度也比较大,且由于厦门自贸试验区国际中转集拼业务量规模尚小比重不大,制度需求和监管创新的动力也显不足。

(二)产业发展有待优化

目前,自贸试验区非特殊监管区的功能定位和产业定位相对明确,但经济流量不大,规模效应不明显。服务贸易发展相对不足,商品贸易规模有待扩大。自贸试验区注册企业数量大,但实际运营率不高,缺乏有实力的企业。区内外产业联动的公共服务平台相对缺乏,区内跨境资源要素与区外产业贸易投资发展对接的平台和机制也有待进一步完善。

(三)制度顶层设计有待集成

自由贸易港区的深入推进,对投资、金融、外汇等开放要求和制度创新需求进一步提高,进而对国家顶层制度设计和政策开放的需求将进一步提高。本地跨部门联合服务和协同监管机制还需提升,对于自贸试验区改革创新过程中出现的新现象新问题,各部门监管职责存在盲点,监管链条的高度无缝对接还需加强。

(四)厦台两岸合作有待拓展

两岸贸易、投资等各领域进一步深化交流合作进展较为缓慢,大陆对台单方面开放措施未达到预期成效。受制于新冠肺炎疫情和政治因素,厦台航运合作停滞不前。受制于台湾地区当前政治局势,两岸和厦台之间交流合作已经陷入低迷,台湾地区通过自贸试验区平台参与到"一带一路"建设和亚投行的渠道和机制难以正常建立,需要加强合作新思路研究和谋划。

三、对策建议

党的十九大报告指出:"实行高水平的贸易和投资自由化便利化政策,全面实行准入前国民待遇加负面清单管理制度,大幅度放宽市场准入,扩大服务业对外开放,保护外商投资合法权益。……赋予自由贸易试验区更大改革自主权,探索建设自由贸易港。"为厦门自贸区建设提供重要的指导。一是进一步提升开放水平。服务国家"一带一路"建设,积极探索深度参与国际产业竞争合作新模式,引领我国开放型经济水平的全面提升。率先建立符合国际惯例的管理新体制,提高治理能力和治理现代化水平,为推动实施新一轮高水平对外开放进行更为充分的风险压力测试,探索形成经济更加开放的系统试点经验,打造国际开放合作新样板。二是加快建设海上丝绸之路合作先行区。建设全球重要的国际航运中心、对台贸易中心、两岸金融服务中心,打造跨越海峡、对接东盟、横贯欧亚的对接"一带一路"的经贸合作枢纽平台,构筑对接东南亚国家和地区的重要门户和桥头堡。三是推动两岸进一步融合发展。率先探索实施台资企业陆资待遇、台胞市民待遇,先行试验更为高效便捷的两岸货物、服务、资金、人员等制度规则,深化两岸交流融合。

(一)投资管理方面

发挥厦门对外开放优势,降低准入门槛,提高企业经营自由度,便利企业对外投资,打造双向投资便利平台,建设"一带一路"经贸合作枢纽,促进厦门产业转型升级。

1.提高投资准入的开放度和自由度

探索试行除涉及国家安全、意识形态等领域外,逐步暂停或取消金融、交通、电信、商贸、卫生、法律等行业领域的准入条件、投资领域、控股比例等限制。

推动负面清单与国际惯例接轨。借鉴中国香港、新加坡自贸区负面清单设计经验,一是提高负面清单的涵盖范围,将投资涵盖范围从直接投资扩大到包括直接投资和间接投资,将投资周期从准入前扩大到准入前和准入后。二是提高负面清单透明度,借鉴新加坡经验,详细列明每一限制措施所涉及的行业、相关法律依据具体条款、对应政府适用级别等,并对限制对象、方式、具体内容和时限等进行详细规定和解释,以促进负面清单发挥有效引导投资和提高监管水平的作用。

提高企业经营自由度。在外商投资负面清单外,试行对企业经营范围不设限制,只要在合法合规前提下,公司可自由经营任何业务,并可根据自身状况和市场行情自行变更经营范围,无须审批。

2.对外资实行国民待遇

在外商投资负面清单外,按照内外资一视同仁的原则,实行牌照资质、注册资本、财政补贴、税收征收、企业监管、政府采购等方面内外资一致的国民待遇制度。

3.打造企业"走出去"对外投资便利平台

借鉴先进经验,制定实施厦门自由港鼓励企业"走出去"对外投资的一揽子鼓励政策:一是规划引导。制定企业海外投资国际化路线图,鼓励企业开展海外投资。二是资金支持。对海外投资的企业提供金融信贷支持、财政支持、商业信用保险、股权投资基金等一系列促进服务体系。三是税收支持。实施海外投资赋税抵免、纳税延期、转结亏损等税收优惠。努力打造本地企业通过自由港"走出去"的低成本平台和外地周边企业通过自由港"走出去"的最优服务平台。

(二)贸易管理方面

适应经济全球化、全球价值链集成化和一体化的新趋势,发挥外向型经济和港口优势,大力推进与"一带一路"沿线国家和地区的贸易自由化和便利化,推进厦门国际贸易中心建设。

1.贸易经营自由

对进出口贸易不设置管制。除对危险药物、枪械、动植物、濒危物种、肉类及家禽等物品的进出口实施法律管制外,进出口贸易(包括进出口商品种类、价格、贸易主体的身份和进出口市场的选择等方面)均不受管制。

2.国际航运自由

运输工具进出不受海关限制。船只从海上进入或驶离港口时只须报备,无须向海关结关,进出或转运货物在港内装卸、转船和储存不受海关限制。

3.建设免税购物中心

借鉴海南免税岛建设,在机场综合保税区等合适区域,建设免税购物中心。

(三)金融开放方面

在风险可控前提下,在自由贸易港内对放松外汇管制、放宽金融机构外资准入限制、做大离岸金融等方面创造条件先行先试,推进港内金融自由化,逐步实现资金进出自由,为国家金融开放总体战略和"一带一路"建设服务,推进两岸金融服务中心建设。

1.放松外汇管制

在风险可控前提下,在自由贸易港内稳妥有序实现资本项目可兑换,减少外汇管制,争取实现"增量"外汇的自由流动,率先实现人民币与新台币的自由兑换,逐步实现与世界主要货币自由兑换,便利对外经济活动。

2.资金进出自由

允许资金自由流动,对贸易、非贸易和资金项目的收支不加限制,对汇出利息、利润、分红、提成费及投资所得的其他经常性收入不设限,非居民之间可以自由进行资金转移。完善跨境资本流动管理,对自由贸易港与境外之间的跨境资金流动采取"只监测、不限制"管理模式。

3.做大离岸金融

建立以内外分离型为基础,适度渗透的离岸金融发展模式,建立与自由贸易港发展离岸金融业务相适应的账户体系,推动与离岸贸易有关的离岸金融业务和其他金融创新业务加快开展。

(四)税赋环境方面

遵循税制改革方向和国际惯例,聚焦制约投资开放、贸易创新、金融发展和人才集聚的税制瓶颈,创新探索、先行先试,构建具有国际竞争力的税收制度,为我国深入推进税制改革提供示范借鉴,打造国际化税赋环境。

1.实施关税豁免

对进入自由贸易港的商品不征收关税,商品从区内进入国内销售时再补缴关税。

2.降低所得税率

接近中国香港、新加坡等地水平,对自由贸易港内注册企业实施15%的企业所得税税率,对个人所得税最高边际税率从45%降低至20%,促进符合国际惯例、具有竞争优势的国际投资营商环境加快形成。

3.完善离岸税制

建立促进离岸贸易和离岸金融发展的具有国际竞争力的税收制度,对出口型金融业务给予免税待遇,对离岸金融业务免征增值税、印花税,对离岸账户持有人免征利息预提税、资本利得税等。

（五）通关监管方面

围绕"一线放开、二线管住、区内自由"的海关监管制度创新,全面推进监管便利化、智能化,努力实现货物进出自由,服务国家"一带一路"建设,推动厦门国际航运中心建设,提升厦门国际竞争力。

1.一线放开

实施货物进出备案的海关监管模式,取消审批。除按规定必须得到有关部门批准方可进出口的货物外,其他货物进出无须报批,只需提前将货物相关信息录入自由贸易港信息化管理系统("单一窗口"系统)进行备案,即可自由进出。

实施货物进出负面清单管理模式。对进出厦门自由贸易港区内的货物、物品和运输工具采用负面清单的管理模式,负面清单以外的货品可自由进出,不需要事先取得海关授权。

检验检疫采用负面清单的免检模式。除清单上列明的货物外,一律免于检验,对敏感货物实施重点管理。

2.二线管住

自由贸易港采用物理围网，以安全高效为前提，以最小变动为原则，区内货物与境内市场、其他海关特殊监管区间的流转需办理常规的通关手续，贯彻"不提高查验率、不提高布控率、不增加企业负担"的监管三宗旨。

3.区内自由

自由贸易港内实行货物自由存放、自由流动、自由加工、自由买卖。企业在港内可长期存放、自由流转货物，允许企业在港内对货物重新包装、分拣和再整理，自行开展分拆、贴标、包装等物流增值服务，实现货物仓储、贸易、加工及状态转换。

4.智能管理

借鉴新加坡的管理经验，进一步完善"单一窗口"功能，建立国际领先的高效"一站式"网络通关系统贸易网络，整合各环节、各部门信息资源，推动通关监管、政府服务全面智能化，努力实现与进口、出口（包括转口）贸易有关的申请、申报、审核、许可、管制等全部监管流程均通过该系统进行，使得进出口审批、检验检疫、通关查验等环节可以在一个统一的平台上准确、高效地完成。

【专栏】

自贸试验区下一步该如何走？

当前国际经贸形势总体呈现出贸易投资低迷化、经贸体系碎片化、治理冲突常态化等特点。全球治理体系加快调整，国际经贸规则加快重构，中美之间的博弈进一步深化，不确定性因素不断出现，外部环境压力前所未有。同时，国内经济进入高质量发展阶段，产业转型升级压力持续增强。因此，国内外双重压力持续叠加演变，使得国内经济发展下行压力进一步加大。

　　自贸试验区作为改革开放的新高地、试验田和排头兵，肩负着国家构建对外开放新格局的重要使命。最近自贸试验区的动作频频，高层持续吹风，说明自贸试验区发展受到高度重视。同时，海南自贸试验区方案获批，上海自贸试验区获准扩区，开放力度进一步加大，投资自由、贸易便利、金融开放、税收制度将有新的突破。

　　经过各方努力，自贸试验区建设取得了不少进展，但也存在不少问题，如自贸试验区定位有待明确，产业发展有待提升，金融开放有待加强，参与全球治理有待突破等，需要在下一步发展中加以有效解决。

　　下一步该如何走？专家认为一要理念创新。推动自贸试验区创新型和学习型试验相结合，实现遵循思维向主动思维转变，局部思维向系统思维转变。二要强化产业。加强服务业创新发展，推动自贸试验区建设和地方产业转型升级有效结合。三要优化机制。探讨扩区问题，推动中央对地方赋权机制变化，争取实现一揽子赋权。四要探索规则。按照 WTO 的要求，增加政策透明度。同时，实行拿来主义，把欧盟制定的新的贸易规则放在自贸试验区先行试验。

第三节　建设"一带一路"国际合作重要支点城市

　　积极参与"一带一路"建设，围绕打造"海丝"重要支点城市，以东盟国家合作为重点，加快建设互联互通、经贸合作、海洋合作、人文交流四个枢纽，加快国际航运中心建设，支持先进装备、技术标准、营销模式、对外服务等"走出去"，形成根植厦门、拓展国际的产业链体系，推动厦门参与更高水平的国际竞争。

一、"一带一路"沿线国家和地区情况

（一）沿线国家总体实力较强

"一带一路"建设是中国发起的一项重要倡议,涵盖沿线 65 个国家和地区,共有 44 亿人口,地区生产总值超过 22 万亿美元,分别占世界的 63％和 29％,拥有广阔的发展空间。中国作为世界第二大经济体,在"一带一路"区域内,生产总值占到近 40％,贸易占到近 30％,人口占 1/3 左右。"一带一路"沿线大多是新兴经济体和发展中国家,是世界上最具发展潜力的经济带。

（二）东盟各国发展差异较大

东盟地区国家中印尼经济总量最大,新加坡发展水平最高,文莱、马来西亚、泰国发展水平较高,越南、柬埔寨、缅甸、老挝等国家发展水平较低。制造业以电子工业、纺织和服装产业为主,主要国际企业多分布在石油、矿产等领域,可见该地区油气能源丰富,同时深加工产品技术匮乏。

（三）东盟国家基础建设逐步完善

随着东盟国家工业化和城市化的进程,各国的基础设施建设逐渐展开,多数国家的交通运输、能源和通信基础设施已粗具规模。在东盟国家,新加坡的基础设施最为完善,马来西亚、泰国的基础设施较为发达,而其他国家的基础设施仍相对落后。

二、厦门"一带一路"国际合作重要支点城市建设情况

"一带一路"国际合作重要支点城市是指在"一带一路"沿线国家

的贸易及投资上具有举足轻重的地位,在港口的战略、产业发展的战略、城市发展格局和区域影响力方面发挥重要影响和作用的城市。其发展可以带动周边国内、国际城市的发展,能够起到非常重要的辐射和撬动作用,是发挥以点带面作用的重要节点。"一带一路"国际合作重要支点城市是推进"一带一路"倡议成功实施的重要保证,是撬动跨国贸易、跨国物流与人文交流的重要纽带,是 21 世纪海上丝绸之路建设的排头兵和主力军,是实现合作共赢之路、文明互鉴之路的重要环节。

(一)建设的现状

2017 年以来,厦门在基础设施、双向投资、贸易合作、海洋合作、人文交流五个重点领域,推动重点项目实施,深化交流合作,取得了丰硕成果。

1.互联互通不断加强

近年来,厦门市不断推动海、陆、空通道建设,加强与"海丝"沿线国家和地区之间的互联互通和向内地腹地的辐射能力。一是构建中欧班列国家物流新通道。厦门中欧班列实现常态化运营,开通波兰罗兹、德国纽伦堡、荷兰蒂尔堡、俄罗斯莫斯科等 4 个终点站,通过海铁联运延伸至中国台湾地区,对接东盟,形成一条跨越海峡、横贯亚欧大陆的国家物流新通道。二是拓展沿线港口深度合作。与马来西亚巴生港、美国迈阿密港、韩国釜山港缔结为友好港,友好港口达 15 个。截至 2020 年底,厦门港集装箱班轮航线达 157 条,其中外贸航线 111 条,通达 55 个国家和地区的 149 个港口。马士基、地中海航运、达飞轮船、中远海运集运等全球前二十的班轮公司均在厦门港设立分公司或代表机构,并开通至世界各主要港口的集装箱班轮航线。福建省于 2018 年率先推出"丝路海运"品牌,充分发挥区位、港口和体制机制创新优势。经过两年多的探索实践,"丝路海运"命名航线达到 70 条,覆盖"一带一路"沿线主要港口;"丝路海运"服务标准体系涵盖航线、中转、场站、海铁联运等领域,并在持续完善。三是持续发展邮轮经济。新冠肺炎疫情暴发前,2019 年,厦门邮轮母港接待艘次和旅客吞吐量再创历史新高,稳居全国邮轮母港第一梯队。据统计,2019 年,厦门国际邮轮中心共接待母港邮轮 136 艘次,同比增长 41.67%,旅客吞吐量达 41.37 万人次,同比增长 27.38%,两项增幅均位列全国常态化运营邮轮港口首位。其中,接待母港邮轮艘次在全国排名第二,旅客吞吐量在全国排名第四。四是积极拓展境外航线。开通厦门—墨尔本、厦门—温哥华、厦门—深圳—西雅图洲际定期航线,推动开通厦门—巴厘岛、厦门—宿务、厦门—胡志明航线,加密厦门—新加坡、厦门—马尼拉等"一带一路"航线,空中直达海外城市不断增加。五是建设国际性航空服务枢纽,围绕打造全球一站式航空维修基地,进一步提升航空服务能力,为大部分亚洲航空企业,包括新航、阿联酋航空、全日空等,及部分欧美客户提供服务,航空维修产业产值占全国的 1/4。

2.投资合作不断推进

2021 年,厦门继续发挥"海丝"重要支点城市优势,在双向投资合作领域保持良好发展势头,利用外资规模领跑全省,推动重大项目建设取得积极进展。一是厦门利用外资进一步扩大。2021 年,厦门市实际使用外资 186.4 亿元,增长 12.2%,总量占福建全省 50.5%,居全省首位。"海丝"沿线国家对全市投资项目不断增加,合同利用外资和实际利用外资规模不断扩大。二是"海丝"投资项目持续涌现。厦门企业加快到"海丝"沿线国家投资,象屿集团印尼不锈钢冶炼一体化项目、珀挺机械工业(厦门)有限公司菲律宾马里韦莱斯电厂煤炭破碎及输送系统工程项目等重点"海丝"合作项目进展顺利。

3.贸易合作不断深化

厦门与东盟贸易往来频繁。在中国—东盟自贸区的作用下,近年来厦门与东盟十国的贸易快速增长,2021 年,厦门与东盟的贸易总额达 1629.3 亿元,东盟是厦门第一大贸易伙伴。出口商品以纺织品、液晶显示板、农产品等为主,进口商品以计算机、矿产品和液晶显示板等为主。

厦门与东盟贸易在资源和商品构成方面互补性较强。其中,马来西亚、泰国、新加坡在高科技产品开发和制造方面拥有比较优势,尤其是高科技的数字电子产品及元器件,将为厦门提供上游配套产品;印尼、泰国、菲律宾等国拥有能源和资源产品优势,将促进厦门对东盟进口。而厦门及周边地区的加工类农产品、建材、工程机械、汽车及配件、五金水暖、节能灯、伞、纺织服装及面料等产品出口则有明显优势。

东盟企业在厦门投资活动频繁,东盟成员国中新加坡、马来西亚、菲律宾、泰国、印尼、文莱、越南 7 个国家在厦门有投资活动。东盟国家在制造业投资涉及的行业有食品、纺织服装、医药、光学玻璃、轴承、模具、专用设备、汽配、电气机械、计算机及电子器件(含光电子器件)。其中比重最大的是计算机及电子器件制造业。

中亚国家能源、矿产等资源丰富,但经济结构较单一,产业布局不平衡,特别是轻工产品大量依赖进口,与厦门具有极强的产业互补性,是一个巨大的市场。"厦蓉欧"快铁如能顺利开通,厦门以及中西部、中亚地区、欧洲优质产品将实现双向流通,厦门海沧作为国际航运中心核心港区的中转、集散功能将得到进一步发挥。

4.海洋合作不断加快

随着中国—东盟海洋合作中心落户厦门,厦门的发展将迎来"蓝色机遇",厦门正不断加快中国—东盟海洋合作中心的建设,推动与东盟国家在海洋经济、海上联通、海洋环境、防灾减灾、海上安全、海洋人文等领域的交流合作,并获得中国—东盟海上合作基金扶持。此外,厦门正积极推进南方海洋研究中心的建设,加快南方海洋创业创新基地、海洋高技术产业基地和科技兴海产业示范基地等 19 个平台的建设。

5.人文交流不断强化

厦门通过建立友城、举办城市活动、教育合作、文化互动等方式,提升自身的国际化水平和全球影响力,深化与"一带一路"沿线国家和地区在人文交流领域的合作。一是缔结友城关系,逐步完善国际友好交流点布局。厦门目前共缔结 21 个国际友城、12 个国际友好交流城市。二是积极举办特色活动,促进交流合作。围绕"一带一路"倡议,厦门积极举办特色活动,推进人文文化融合。以厦门与印尼泗水市结好 10 周年为契机,开展互访交流活动;推动俄厦合作,和俄罗斯亚洲工业家与企业家联盟签署友好合作备忘录并设立联络点;依托鼓浪屿列宾美术馆、俄罗斯旅游业峰会等多个项目,促进两地交流合作持续升温。三是打造人文交流新纽带。厦门充分发挥高校的前沿平台优势,支持厦门高校走出去,赴"海丝"沿线国家开展学术交流及开设分校。2016 年厦门大学马来西亚分校成立,是中国重点大学"走出去"设立的首所海外分校,"多元文化交融的国际大学"是厦门大学马来西亚分校成立以来的定位。依托驻地优势,厦门大学马来西亚分校将全面服务福建省与马来西亚乃至"海丝"沿线主要国家的常态化交流、高层互访、企业境外投资和经贸合作,并将成为福建省与东南亚地区人文交流的重要平台、服务"一带一路"倡议的重要支点。

(二)建设中存在的主要问题

1.政治争端不断

"一带一路"国家处于东西方多个文明交汇的地区,有不少政教合一国家,不同民族与种族的矛盾与冲突呈现易突发、多样性、复杂化、长期化的特点,某一特定事件的爆发可能对周边国家乃至多个国家产生较强的国家风险外溢效应。例如,中国与越南、菲律宾、马来西亚对南沙群岛的领土、领海争端,势必影响"一带一路"建设的推广和实施,也会影响到厦门与东南亚国家的贸易和投资关系的正常化,增加地缘政治的风险。

2.贸易往来规模不大

"一带一路"节点城市中,厦门的贸易对象主要集中在东盟国家,但厦门与东盟贸易规模相对较小,2021 年厦门对东盟的进出口贸易额仅为深圳的 25%,差距较大。厦门对外贸易种类有待于进一步丰富,缺乏大宗商品集散中心的支撑,在贸易方面的辐射力和影响力不强。同时,厦门与东盟贸易往来中的摩擦风险也不容忽视。

3.对外投资实力不强

厦门对外投资规模较小,主要体现在:一是本土企业的实力相对较弱,"走出去"的能力和意愿并不强。普遍缺乏精通国际贸易、投资、营销、法律和国际经营的复合型人才,制约着企业"走出去"。二是厦门企业对外投资的区域主要集中在东南亚地区,较为狭窄。三是厦门对外投资主要集中在资源开发和加工制造等附加价值低、产业链环节低端的劳动密集型产业。

4.海洋合作不足

厦门拥有良好的海洋资源,但优势并未得到充分发挥:一是海洋旅游资源的开发进度缓慢,品位不高,特色不明,吸引力不大。二是与国内大型港口相比,港口货物吞吐量和集装箱吞吐量规模较小,与"一带一路"沿线国家和地区货物往来规模不大,集聚辐射能力有待于进一步提升。三是海洋渔业养殖的规模较小,远洋捕捞能力较弱。四是海洋环境保护工作有待于进一步加强,海岸带管理水平不高,国际合作交流内容需要进一步丰富。

5.体制机制不顺

厦门加快融入"一带一路"建设,仍面临以下几个方面的体制机制障碍。一是贸易便利化程度较低,口岸监管的效率不高,货物进关后不必要的审批程序过多,不能实现较快的货物流转。二是服务贸易的准入限制过高,不能很好地利用新加坡等发达国家和地区高端服务贸易的优势,不利于实现厦门服务贸易的发展和突破。三是金融资本管制过于严格,资金进出的便利度较低,不利于厦门成为人民币结算的金融中心。四是厦门在国际投资和贸易方面的法律、技术标准等还不够完善。

三、努力在国家"一带一路"建设中有大作为

（一）指导思想

抓住新一轮对外开放的机遇，发挥区位、经贸、历史、人文优势，重点融入国家21世纪海上丝绸之路建设中，兼顾丝绸之路经济带建设，以与东盟的交流合作为突破口，加强与东亚、中亚和中东地区合作，创新对外开放体制机制，加快一批经贸与人文交流重点项目建设，大力推进经贸交流和文化交流，推动特区参与高水平的国际竞争，促进厦门产业转型升级，努力建设21世纪海上丝绸之路的重要支点城市。

（二）功能定位

"一带一路"经贸往来先行区。充分发挥厦门的地缘、人缘、历史文化及经济实力等优势，抢抓机遇，积极作为，在与"一带一路"沿线国家和地区基础设施互联互通、双向投资、贸易金融、海洋合作等方面力争走在全国前列。

"一带一路"区域性航运枢纽。发挥港口优势，以集装箱运输为重点，构建"一带一路"国际航线网络，着力打造航运枢纽港。依托国际机场，以东南亚国家为重点，打造我国重要的国际机场、区域性枢纽机场、国际货运口岸机场和两岸交流门户机场。

"一带一路"人文交流重要平台。充分发挥厦门在人文交流方面与其他地区不同的独特优势，借助建设"一带一路"的契机，深化与"一带一路"重点国家的教育、文化、旅游等人文交流，促进双方建立更加友好、更加稳固的交流关系。

四、主要任务

(一)推动贸易合作

促进贸易规模扩张。扩大对东盟出口,提高出口技术含量和附加价值,在继续保持与东南亚、东亚等地区的往来与合作的同时,重点开拓与南亚、中东、东非等国家的联系,共同组织企业代表团互访、参展和举办企业洽谈对接活动。支持大、小金龙拓展东盟市场,在东盟地区设立营销服务网点;支持厦工股份有限公司挖掘机租赁项目进入印尼市场;促进厦船重工股份有限公司争取来自东盟地区的订单。

搭建贸易合作平台。选择在海上丝绸之路相关国家建立厦门国际商会联络点,深耕拓展海外市场;积极参与中国贸促会与丝绸之路沿线国家和地区商协会共同建设的丝绸之路经济带企业家理事会等贸易和投资促进平台;与中国贸促会、福建省共同策划举办海上丝绸之路相关活动。

强化贸易金融服务。扩大人民币跨境结算代理清算群业务范围,为"海丝"沿线国家和地区提供人民币结算银行的清算支持,为厦门扩大与"海丝"沿线国家和地区的贸易投资提供服务。依托尼泊尔中央银行人民币代理清算服务,推动该国38家商业银行全部加入厦门"代理清算群",并把尼泊尔模式复制、推广到"海丝"沿线重点国家和地区。利用自贸区建设契机,为"走出去"的参与"海丝"建设的企业提供金融结算、信贷服务,推动厦门国际银行、交通银行、招商银行、浦发银行、平安银行等为参与"海丝"建设的企业提供外币结算服务。

大力发展跨境电商。引导知名特色跨境电商企业在厦门设立具有独立法人资格的结算中心、区域总部,鼓励支持与本市企业开展项目合作;着力推进跨境贸易电商平台建设,引导跨境贸易电子商务企业集聚发展。规划建立跨境电子商务企业示范园区或总部集聚区,引导跨境电子商务、物流配送、金融服务等企业入驻，给予一定的资金支持，加快形成跨境贸易电子商务产业链，实现跨境电商企业集聚和规模效应，推动"网上丝绸之路"建设。

促进贸易便利化。继续深化区域通关一体化改革，推动与丝绸之路经济带海关对接，允许企业可自主选择向经营单位注册地、货物实际进出境地海关或其直属海关集中报关点办理申报、纳税和查验放行手续；允许企业可根据实际需要，自主选择口岸清关、转关、区域通关一体化等任何一种通关方式。推动服务贸易开放，进一步扩大通信、运输、旅游、医疗等行业对"一带一路"沿线国家和地区开放，支持自贸试验区在框架协议下，先行试点，加快实施。

（二）促进双向投资

扩大利用外资规模。结合厦门加快打造千亿级产业链群发展目标，推动生成一批"海丝"外资重点招商项目，跟踪促进项目升级、落地。发挥现有的"一带一路"沿线国家投资企业的作用，吸引更多的"一带一路"沿线国家来厦门投资。研究梳理"海丝"沿线国家和地区 500 强企业和行业龙头企业信息，瞄准华商 500 强、华商行业龙头企业等进行重点推介与招商。

推动"走出去"投资。鼓励厦门本地企业到"一带一路"沿线国家投资，重点推进厦门电子信息、食品加工、服装制造企业前往"一带一路"沿线国家和地区投资。成立"一带一路"对外投资促进机构，加强为企业提供对外投资国的经济运行、外资政策、市场环境、外汇管制、劳动力供应等方面信息服务，为企业在外投资的融资、劳资关系、审批、市场销售等方面提供官方支持。

推动自贸试验区与 21 世纪海上丝绸之路建设有机结合。充分发挥厦门自贸试验区的功能，打造区域经贸合作平台，实现优势互补、互利共赢、共同发展的目标。发展对外投资总部经济，依托两岸贸易中心、国际航运中心等商务区，发挥自贸试验区制度优势，吸引"走出去"

企业在区内设立总部,建设对外投资总部集聚区。加快推动自贸试验区政府职能转变,实行负面清单管理,推动市场化、国际化、法治化营商环境建设,为"走出去"企业提供了解、熟悉和适应国际投资环境的机会。发挥厦门自贸试验区金融开放创新功能,吸引境外资金,发挥区内注册商业银行作用,为对外投资企业提供低利率境外资金,允许区内境外资金自由进出,提高对外投资企业资金调拨便利性,降低资金成本和经营成本,提高企业对外投资竞争力。

争取丝路基金支持建设重大项目。我国出资 400 亿美元成立丝路基金,2014 年 12 月正式运作,丝路基金将为"一带一路"沿线国家基础设施建设、资源开发、产业合作等有关项目提供投融资支持。应加大力度对"一带一路"国家投资项目,对厦门企业前往东盟国家投资的基础设施建设、工程承包、矿产资源开采、产业投资项目进行收集整理,建设重点项目库,争取这些项目能够获得国家支持。

争取亚投行资金支持建设重大项目。作为由中国提出创建的区域性金融机构,亚洲基础设施投资银行主要业务范围是援助亚太地区国家的基础设施建设。在全面投入运营后,亚洲基础设施投资银行将运用一系列支持方式为亚洲各国的基础设施项目提供融资支持,包括贷款、股权投资、提供担保等,以振兴包括交通、能源、电信、农业和城市发展在内的各个行业投资。厦门应积极推动对外投资项目获得亚投行贷款支持。

(三)加强海洋经济合作

促进海洋产业合作。加快建立海洋产业转移基地,吸引更多外商投资涉海服务业,重点引进滨海旅游业、海洋金融服务业、航运服务业、海洋商务服务业、海洋科研推广服务业、海洋信息服务业和海洋文化产业等产业。支持厦门企业与 21 世纪海上丝绸之路沿线国家联合开展海洋生物性物质开发利用、海洋药源生物筛选和育种工作,共同建立海洋药物资源库;共建远洋渔业基地和水产品加工基地;引进 21 世纪海上丝绸之路沿线国家先进技术和设备，开展海水淡化工程建设。

推进海上互联互通。建立与21世纪海上丝绸之路沿线国家港口合作机制，完善港口城市合作网络，促进海上旅客和货物运输便利化。支持厦门参与21世纪海上丝绸之路沿线国家的港口和码头建设，并积极参与经营。加强在仓储物流、航线航班、港口信息化和人才培训等方面的交流与合作。加快建设海上信息网络骨干通道、海洋综合性实时动态监控系统、海域空间基础地理信息系统、海洋观测与信息交换系统，完善海岸防灾紧急救助系统，促进海上物流和信息流的有效衔接以及海上贸易投资便利化。深化和丰富厦门国际海洋周内涵建设。推进中国—东盟海洋合作中心建设，通过打造中国—东盟海洋合作高峰论坛、中国—东盟海洋产业合作洽谈展示活动，以及专题海洋文化活动等平台载体，推进厦门融入21世纪海上丝绸之路建设。建设南方海洋研究中心，引导厦门海洋科研院所、企业对外开展项目合作，搭建海洋公共服务平台，建设一批国家级海洋产业平台和海洋科技重点实验室。

保护海洋生态环境。推动厦门与21世纪海上丝绸之路沿线国家中的滨海城市缔结友好城市，进一步加强海洋生态文明交流与合作，支持引进先进的海洋开发管理的理念、经验和技术，对海洋资源开展综合开发。以科学开发、合理利用和可持续发展为导向，共同开展对海洋生态系统健康状况的监视、监测和评估，深化海洋生态修复合作，建立海洋环境监测和灾害预防合作机制，推进海洋环境调查监测的信息共享和设备共享。共同加强对海上倾倒废物污染、船舶排放污染、海上事故污染以及不合理的海洋开发和海洋工程兴建所造成污染的整治工作，促进合作常态化。支持无居民海岛保护与开发，先行先试海岛开发开放政策，注重发挥重要海岛的独特价值，逐岛定位、分类开发。

增进科教交流合作。加强与21世纪海上丝绸之路沿线国家的海洋强市合作，以联合办学、合作培训的形式引进教育、培训资源，形成海洋专业人才培养与交流合作的支撑平台。深化面向东盟国家的援外培训，适度提高海岸带综合管理培训班和海洋管理国际培训规模水平；促进与亚太区域的海洋科技合作与交流,开展海洋综合管理研讨和培训,推进亚太地区的海洋减灾防灾合作机制建设。完善厦门与东盟国家海岸带管理及政府间交流网络平台,切实加强同类城市之间的政府间合作。依托厦门大学和国家海洋三所的海洋科研优势,积极吸引国内外涉海研究项目落户厦门,并与沿线国家共同开展"数字海洋"工程,共同开展海域综合调查与评价,共同建设海底监测网络,共同构建深海研究试验平台。

(四)推进旅游业合作

提升入境旅游的吸引力。针对入境游客的偏好,依托主城,提升鼓浪屿世界文化遗产的吸引力和旅游价值,促进城市功能旅游化改造,以海滨风貌为主要特色,形成山、海、城休闲旅游区。拓展岛外,大力推进引擎性旅游项目建设,深度开发具有闽南味文化特色体验项目和休闲观光旅游项目,创造更多的旅游需求。依托城市、海滨、风景区、度假区、旅游码头,以及游艇码头、帆船帆板运动基地,发展多元化的海洋旅游产品和海洋旅游航线,拓展厦门旅游的蓝色空间。加快推动厦漳泉旅游同城化步伐,在更大平台上加快与海外旅游线路对接和客源互流。通过整合厦门旅游资源和旅游要素,优化旅游功能空间,提升城市的旅游综合服务功能,增强厦门旅游的国际吸引力。

打造海上丝绸之路旅游线路。鼓励国际旅游企业落户厦门,加强与21世纪海上丝绸之路沿线国家的旅游投资合作,不断推出厦门海上丝绸之路主题旅游线路,推动厦门成为国际旅游集散地,推动中国游客经厦门到海上丝绸之路沿线国家和地区旅游,吸引外国游客到厦门度假和经厦门到其他省市旅游。

打造海上丝绸之路邮轮游。优化邮轮出入境政策,在东渡港区建设高端的国际邮轮停靠港,加快建设符合国际标准的邮轮母港,完善接待国际邮轮的城市功能配套和支持保障设施,吸引境外国际邮轮公司落户厦门,积极招徕国际豪华邮轮停靠厦门港,开辟到海上丝绸之路沿线国家的精品邮轮旅游线路，积极开发国际邮轮市场，争取更多的邮轮公司把厦门作为旅游目的地或母港，积极培育中国公民邮轮出游市场，使厦门成为国际知名的国际邮轮旅游目的地和枢纽城市。

加强与国外城市的旅游合作。充分利用厦门自贸试验区获批的契机，大力加强厦门与港澳台的深度合作，深化与大阪、釜山等城市旅游合作，拓展与伦敦、洛杉矶等旅游城市的合作，建立城市旅游联动发展长效机制。联合东京、新加坡、新德里、吉隆坡、悉尼等亚太地区著名旅游城市，发展与东盟自由贸易区国家的国际旅游服务贸易，加强同世界旅游组织、亚太旅游协会等各类国际旅游机构的合作，共同开发旅游项目。在巩固日、韩、美等厦门最重要的国际客源市场的基础上，关注印度、俄罗斯、东欧和中东等极具潜力且高速增长的新兴客源地，加快形成多元化的国际旅游客源市场格局。

（五）促进文化交流

推动国际先进文化要素向厦门集聚。加强与国外先进文化城市在文化产业联动、版权保护、风险投资、人才培养、机制创新等方面的国际合作，支持厦门文化企业积极参与国际分工，承接国际文化创意类外包业务。依托厦门滨海现代都市建筑、历史文化遗存和自然海陆景观，积极引进国际先进文化要素，打造国际先进文化集聚区，提升厦门多元化复合功能。适时提升南洋文化节的规格，积极培育厦门国际文化交流平台，策划培育具有广泛知名度、吸引力的文化演出项目，吸引更多的国际当代艺术家、表演团体、艺术机构到厦门进行交流。

推动厦门文化企业"走出去"。加强政策引导和扶持，支持一批具有特点和潜力的文化社团和文化人走向国际市场，为厦门文化企业和文化产品"走出去"开拓渠道。通过积极参与海上丝绸之路沿线国家的艺术节、书展、博览会等重大文化活动，扩大商业性展演、展映和文化产品销售。以联络亲情和乡情为切入点，组织厦门文艺团体参与东盟国家闽籍侨胞传统节庆活动，继续推动闽南民间艺术赴海外展演交流和东南亚民间艺术的互访演出。鼓励厦门文化企业加大对外投资,通过独资、合资、控股、参股等多种形式,在国外创办文化企业,收购国际知名文化品牌,并将反映当代厦门风貌、厦门特色的文化产品推介到海上丝绸之路沿线国家市场。

充分发挥海外华侨积极作用。整合东南亚国家侨务资源,借助侨商侨团侨社的力量,深化与海上丝绸之路沿线国家和地区的合作交流,同时通过深耕"海外华商中国投资峰会""侨资企业沙龙"等平台活动,加强与东盟国家的交流互动,致力做好"请进来、走出去"工作。发挥闽籍侨胞、侨团等侨务资源优势,把政府交流和民间交流结合起来,支持东盟国家侨胞积极开展宣传闽南文化、弘扬嘉庚精神的交流活动。借助《鹭风报》宣传力量,积极推介与宣传福建海上丝绸之路建设成果,积极组织东盟国家华文媒体来福建考察和采访报道,增进东盟国家人民对海上丝绸建设之路建设的了解。

充分发挥新加坡、泰国、菲律宾驻厦总领事馆的作用,倾听其对"一带一路"建设的需求和建议,以及在"一带一路"建设中的示范、带动作用。加快领事馆区建设,推动"一带一路"沿线国家前来设立总领事馆、领事代表处或签证代表处,推动友城等友好交流点前来设立办事处或贸易代表处,以更好地密切和加强对外交流联系,不断提高厦门的国际化水平。

(六)强化航运物流合作

推动集装箱枢纽港建设。发挥厦门集装箱干线港的优势,加强与"一带一路"沿线国家和地区港口城市的合作,开通或加密货运航线。全力打通厦门港到珠三角、长三角和环渤海湾的航线,在稳固现有航线的基础上,解决远洋干线的开发和近洋航线的加密问题,力争增开东南亚、东北亚、中东、欧洲、美洲等国际直航或中转班轮航线,着力打造集装箱运输新的增长点。建立和完善与东盟国家市场对接的港口物流服务体系,争取开通厦门至钦州港内支线,开辟厦门到东盟地区国家的海上新通道。鼓励"一带一路"沿线国家和地区参与厦门港口码头开发建设；鼓励厦门港口企业走出去，参与"一带一路"沿线港口开发建设和管理营运。

加快发展航空枢纽港。大力推动立足厦门、辐射海西、连接台湾地区、深耕东盟的"一带一路"区域性航空枢纽港建设。充分发挥高崎国际机场的作用，做大客货吞吐量、航班起降架次、通航城市数量及航线数量等方面的规模，努力提高航空旅客中转比例；集聚功能强大的基地航空公司，基本形成航班设计合理的中枢辐射式航线网络结构；强化专业化的航空运输功能，大力发展低成本航空、公务航空、通用航空、旅游包机和私人专机等；加快翔安国际机场建设，将其打造为我国重要的国际机场、区域性枢纽机场、国际货运口岸机场、两岸交流门户机场。

大力发展集装箱国际中转。尽快实施启运港退税政策，进一步增强内支线、内贸线、港内过驳的运力，加大航班频次，吸引海向货源汇集厦门港中转，做大做强内支线运输及集装箱国际中转业务。推进台湾地区—厦门—东盟航道形成，促进中国台湾地区和东盟国家的经贸往来，着力打造中国台湾地区和东盟之间货物往来的中转港口。

建设大宗物资进口集散地和分拨地。加大对生物医药港、现代物流园区等国家级特色产业园区的专项服务力度，服务和促进从东盟进口煤炭、铁矿石等原材料及其他初级产品，推动厦门成为能源、生物医药原料、粮食、石材、散装矿产等大宗物资进口集散地和分拨地。

大力推进港口信息化。利用当前探索建设厦门自贸区的契机，以"单一窗口"为主导思想，推动厦门市大通关一体化平台建设，建设一个集关、港、贸资源于一体，面向外经贸企业、制造商、物流企业、中介服务机构等单位提供服务，具备"单一窗口"功能的现代信息化平台。通过大通关一体化平台，企业可以完成通关业务办理、港航物流业务办理、商贸金融服务办理等，实现外经贸领域业务的一站式业务办理，以满足厦门口岸业态发展需要。厦门电子口岸大通关一体化平台服务的业务范围主要为海港业务、空港业务、特殊区域业务、陆路/海铁联运业务等,以交通工具、货物、人员的各项业务办理及综合服务为主。近期目标以整合通关领域、港航领域、福建电子口岸平台现有的资源为主,结合海运快件、跨境电商、特殊区域"一单两报"三个项目的上线工作,构建"单一窗口"的初步雏形。中期目标为实现一般贸易货物的"单一窗口"申报及其他主要功能,同时,整合、引进港口物流业务办理、港政业务办理模块,使大通关一体化平台在业务上覆盖通关领域、港航物流领域。远期目标以实现企业贸易单证"单一窗口"办理,以及退税、外汇办理等业务的无纸化为主,同时,引进银行、保险等金融服务角色,实现平台金融服务的"单一窗口"功能。

第四节 推动区域合作

推进厦漳泉大都市区建设,强化项目对接、信息沟通、事务协调,完善协调发展机制,以市场化方式推进城市群、港口群、产业群建设,推动全方位对接协作,在更高站位上推动区域一体化发展,提高区域整体竞争力。

一、厦漳泉产业合作现状

近年来,厦漳泉三市着力发挥本地区位和资源优势,促进产业规模不断壮大,产业结构逐步优化,产业关联性、互补性、园区集聚能力不断增强,竞争力不断增强。

(一)合作规模进一步扩大

厦漳泉大都市区实力强大,2021 年,三市地区生产总值超过 2 万亿元,人口近 2000 万人,远超国家中心城市地区生产总值 1 万亿元,人口 1000 万人的规模要求。厦漳泉大都市区发展，将形成有效的增长极，形成较强竞争力的都市圈。经过多年的发展，厦漳泉已经形成了较为完整的产业体系，产业整体实力处于全省领先地位。2021 年，地区生产总值达到 23363.46 亿元，占全省的 48%；二、三产业成为推动经济增长的主力军，制造业和服务业比重均高于全省平均水平，形成了一批具有较强市场竞争力和知名度的品牌企业、龙头企业，基本上确立了全省经济中心地位。

表 7-1 2021 年厦漳泉主要经济指标

地区	地区生产总值（亿元）
厦门	7033.89
漳州	5025.40
泉州	11304.17
福建	48810.36

资料来源：各地市统计公报（2021 年）。

（二）产业合作进一步深化

厦漳泉发挥各自优势，加强产业协同发展，形成以厦门为龙头，泉州和漳州为两翼的产业发展格局，厦门以现代服务业为主体，泉州以先进制造业为主体，漳州以一般制造业为主体，产业优势互补，加快构建现代化经济体系，形成更具竞争力的产业体系。

1.制造业

一是制造业结构逐步优化。电子信息、装备制造、石油化工等资金技术密集型产业已成为拉动经济发展的主导产业。此外，在消费品工业、原材料工业等传统产业领域，已拥有一批在省内、国内行业的排头兵企业和知名品牌，带动上下游产业的发展，成为支撑当地经济发展的龙头。

二是产业协同发展趋势增强。近年来，厦漳泉三市围绕产业链供应链延伸、深化企业合作，制造企业着力缩短上下游协作配套半径，寻求资源配置效率优化,促进了企业在改造升级中逐步向专业园区集聚,形成了汽车、工程机械等在国内同行业具有竞争优势的产业集群,为三市制造业融合发展提供了坚实的基础。

2.物流业

近年来,三市加快整合物流资源,完善物流服务体系和基础设施,完善物流园区—物流中心—配送中心的区域物流网络体系。积极发挥港口优势,厦门重点发展对台物流、保税物流、城市城际配送物流,做强做大厦门现代物流园和海沧保税物流园;泉州重点依托特色产业,打造区域性制造业物流中心;漳州着力培育石化、粮食、农产品、花卉和大型散杂等特色物流,培育区域性专业物流中心。共同推动厦门全国性物流节点城市和漳州、泉州区域性物流节点城市建设。

目前,厦门港一体化进程加快,完成对漳州港口、航道、航运的跨行政区整合,与泉州港共同开发物流腹地,建设晋江陆地港、中航三叶海西石材物流园等。

3.旅游业

近年来,厦漳泉区域内已形成港、公、铁、空立体交通网络,旅游发展环境日益优化。基于三市旅游资源的相似性与互补性,厦漳泉已开展区域内外旅游合作的建设。厦漳泉及周边城市先后签订了《建设无行政区划界限旅游区旅游市场开放与规范管理合作协议》《闽南金三角城市旅游联盟协议》《海峡西岸旅游区域合作联盟厦门宣言》等,实现旅游资源共享,全力打造横跨区域的无障碍旅游区。

目前,厦漳泉旅游合作领域主要集中在:达成推进无障碍旅游合作共识,携手打造"海峡旅游"品牌;开通以厦漳泉为主体的海西旅游网;建立投诉处理互相认可制度;共推旅游产品,共连线路,联合组织对外促销活动,联手打造旅游节庆,共同开发旅游市场;建立信息发布制度(如黄金周信息发布会);三市旅行社可互相进入当地设立分社,可不经地接社跨市带团或聘用地陪;旅行社租用旅游汽车可直接进入当地景区(点)等。三市围绕"海峡旅游"品牌,整合优势资源,以生态旅游、滨海旅游、海上旅游、文化旅游和休闲旅游为重点，积极拓展对台旅游，不断提高旅游产业的竞争力和知名度，共同打造国际知名的旅游目的地，成为海峡西岸旅游休闲中心。

(三)空间布局进一步优化

近年来，厦漳泉经济高速发展，产业互动明显。厦门具有特区的体制优势，形成了以现代服务业和高新技术产业为主的产业结构，汽车、电子信息、机械装备等先进制造业实力雄厚，金融商务中心功能以及拥有覆盖东南区域服务范围的国家主枢纽港、国际机场和信息港的航运服务功能正在显现，对外门户地位高；泉州形成了石油化工、纺织服装、鞋业、建筑建材、食品饮料、工艺制品、机械制造等为主的产业结构，民营经济发达，经济实力雄厚；漳州市农业基础良好，制造业以食品、机械、电子为主。

厦门产业转移的承接地大多集中在泉州和漳州，厦漳携手打造厦门国家半导体照明工程产业化基地。漳州是厦门主要的农产品供应地，厦门港的集装箱货源主要来自泉州和漳州。厦漳泉经济互动频繁，形成了一定的产业梯度，分工协作日益紧密，产业关联度进一步加强，形成了配套日渐完善的产业集群，为厦门及周边城市发展提供了良好的产业基础。

(四)企业跨区域合作日益紧密

厦门与周边城市企业跨区域合作紧密。一是周边城市企业到厦门投资。泉州和漳州的知名企业倾向于把总部设在厦门。特别是在厦门观音山总部商务区内的企业中，来自泉州的民企就多达 28 家，主要包括安踏、九牧王、虎都、康利、鸿星尔克、匹克、特步、柒牌等企业。漳州市国有企业参股厦门国际银行。漳州市九龙江集团有限公司出资6000 万元、福建漳龙集团有限公司出资 3000 万元，参与厦门国际银行增资扩股。漳州的紫金食品、林利记等企业也布局厦门。

二是厦门到周边城市投资。目前,厦门的建发、国贸、夏商等企业集团在漳泉都有布局。厦门鹭工集团、厦门宝丽金实业有限公司、厦门中兰通电梯工业有限责任公司等入驻厦门泉州(安溪)经济合作区,涉及户外休闲用品、窗帘吊具组件、高低压设备、箱包产品、医疗设备等行业。

【专栏】

厦漳泉该如何融合发展?

厦漳泉产业相互竞争,也相互合作,该如何形成合力,抱团发展,以厦漳泉的整体品牌形象,屹立在东南沿海地区,挥剑展雄姿于天下?

厦漳泉要认清各自的优势和不足。从各种指标比较来看,泉州经济规模最大,厦门次之,漳州最少;人口规模泉州最多,厦门次之,漳州最少;厦门土地少,漳州、泉州土地多;厦门人口密度高,漳州、泉州人口密度低;厦门财政收入相对较高,泉州次之,漳州最少。可见各有优势,各有不足。

厦门吸附能力很强。厦门作为中心城市,发展水平比较高,人居环境优越,教育医疗水平比较高。如泉州、漳州人赚了钱就想来厦门买房子,厦门对资金的吸附能力很强。厦门对人才的吸附能力也很强,优越的环境吸引了漳州、泉州的经验丰富的教师和医生等精英人士来厦门工作。

在现有的分工体系下,厦漳泉处于不同的环节,厦门处于高端环节,比如漳州、泉州的企业发展到一定程度以后,就会把总部搬到厦门来。近年来,厦门的制造业加快向泉州、漳州转移。泉州处于中端环节,泉州的制造业发达,品牌众多,如安踏、七匹狼、九牧王等,主要集中在轻工纺织行业,但是以乙烯为代表的石化行业也加快发展,总体来说处于工业化的中后期阶段。漳州处于低端环节,农业很发达,是花果之乡，制造业有林利记、漳浦杜浔酥糖、紫山、同发等知名品牌，食品加工业发达。继续强化这种分工合作，可能会加剧发展不平衡；突破这种分工合作，也可能会出现强弱互换，地位改变。

历史上，泉州曾是海上丝绸之路的起点，非常繁华，是当之无愧的国际化城市，当时厦门只是泉州府管辖的同安县的一座小岛，后来泉州港港口淤积严重，渐渐地失去荣耀，成为一座普通的城市。然而，五口通商以后，厦门获得了巨大的发展。可见，十年河西，十年河东，厦漳泉未来的相互关系，谁也不能准确预测。

那么，当前厦漳泉产业该如何融合发展？合作共赢，才能源远流长。首先，厦漳泉要树立"兄弟同心，其利断金"的共识，发挥各自优势，明确重点，合理分工，形成合力。其次，要进一步明确产业分工。对于竞争性行业，需要三方好好协商，退一步海阔天空，才能继续合作下去。对于合作性行业，分歧较小，容易推动，可以先行深入合作。最后，要直视现有分工体系下的发展不平衡，可能会导致"强者愈强，弱者愈弱"的马太效应。这需要大智慧，也需要宽阔的胸怀，更需要设计良好的体制机制，来突破困局。

二、存在问题

(一)厦门中心城市产业带动不足

厦漳泉三市未形成区域核心，厦门中心城市的核心服务功能有待提升，龙头地位难以显现，金融、贸易、航运和科技创新的功能不强，因此，对同城化的资源调配、掌控和增值能力较弱。在三市内部，泉州的经济总量相当于厦漳之和，厦门的地方财政收入则超泉漳之和，厦门港的货运总量和集装箱吞吐量也远大于泉州港。三市在经济发展上客观存在多中心格局，厦门是对外开放中心，泉州是经济中心，难以形成合力，有效推动区域一体化。

（二）地区利益难以平衡

厦门作为经济特区，享有特殊的政策，比如厦门是计划单列市，是副省级城市，泉州、漳州则是地级市，使得三地在行政级别、工资待遇方面存在较大差距。厦漳泉三地利益均衡的机制体制有待形成，有效的合作制度尚处于探索阶段，亟须建立一种利益协调机制来平衡三地关系。厦漳泉是不同的行政区，政绩各自考核，三地行政长官一般是从本地利益出发，难以形成合力。三市各自综合实力不平衡且无财税共享平衡机制，影响产业分工合作。

（三）分工合作不够紧密

厦漳泉三市在功能上分工并不明确，特别是在港口物流、总部经济和先进制造业上，三市仍存在较强的低水平重复竞争，产业链分工不明晰。在产业发展规划方面，先进制造业、高新技术产业和现代服务业等都是三地的发展重点，如集成电路都是厦门、泉州重点发展产业，存在着较强的竞争关系。在港口、机场等基础设施建设方面也同样存在着协调困难等问题。

（四）产业竞争力不强

一是厦漳泉产业链条不完善，配套能力弱，集聚效应不强，规模经济难以形成，辐射力和带动力有待提升。二是产业集中度、专业化协作水平低。许多要求产业集中度和规模经济效益的工业行业，产业集中度偏低，大、中、小型工业企业之间的专业化协作水平较低。三是企业竞争力有待提升。行业龙头企业实力不强，缺乏带动能力强、产品市场占有率高、品牌效应突出的大企业，中小企业创新能力不足，难以有效推动创新发展。

(五)协调机制不顺

缺乏省级同城化协调机构。从目前的运行情况看,由于同城办没有专职人员,同时省里没有成立专门协调机构,涉及三市的重大项目或事项,如轨道交通、通信一体化等,协调难度较大,影响了项目的进度。

三、对策建议

(一)推动服务业合作

充分发挥厦门中心城市的优势,进一步优化功能分区和产业布局,优先发展高端服务业,发挥中心城市枢纽优势,借助国际空港、海港、铁路客运及数据出口枢纽功能,提升城市综合竞争力,强化区域性中心城市、综合性门户城市的地位,提高辐射带动能力,强化厦漳泉同城效应,打造布局合理、功能完善、联系紧密的城市群,将厦漳泉大都市区建设成为我国东南沿海重要的城市圈和增长极。

1.加强金融合作

依托鹭江道、观音山等现有商务中心的高端楼宇,加快推进金融中心的商务楼宇建设,完善基础设施,增强对金融企业的吸引力,培育发展非银行金融机构及金融后台服务机构,集中引进银行、保险、证券、创投等机构在片区内设立区域总部。

吸引国内外金融机构总部来厦门设立金融后台服务基地、金融服务外包基地和金融人才培养基地。推动国内外金融机构来厦门设立法人或分支机构。增强辐射效应,鼓励外资金融机构、股份制银行、厦门银行等本地法人金融机构等异地设立分支机构,增设营业网点,进一步扩大厦门金融业的辐射范围。

充分引进培育私募、风投、创投等各类投资基金,拓展金融市场。努力培育一批非银行金融机构,如保险代理、财务公司、金融理财顾问、期货、基金管理公司、典当行、租赁公司等,促进社会资本投资的多元化,拓宽企业融资渠道,创新服务手段。发展金融后台数据服务,大力发展数据中心、清算中心、银行卡中心、呼叫中心、灾备中心等金融后台服务中心。

积极吸引质量档次高、带动辐射强、税收贡献大的国内外企业在辖区设立总部,特别引进国际 500 强、国内 500 强、国内行业 100 强等各种类型和规模的企业总部、地区总部以及结算中心、营销中心、采购中心、展示中心、研发中心等核心营运机构,提升总部档次。

大力发展中介服务业,加大力度引进国内外著名的信息、咨询、律师、会计师事务所等中介组织,积极培育公证、代理、经纪、拍卖等新兴中介服务业。鼓励中介服务企业向外拓展业务,为周边地区的企业提供高效服务。

2.推动港口合作

突出厦门港口优势,加大对周边的辐射和揽货力度,出台扶持政策,创造更好条件,吸引更多货物从厦门进出,建设区域性国际航运中心。

拓展腹地,通过海铁联运、内支线、集装箱国际中转等渠道,从陆地、沿海、海上等三个方向拓展货源。确保省内货源,稳定泉州和漳州的出口货源,加大力度拓展三明、龙岩货源,大力发展陆地港,拓展腹地货源,争取更多的江西、湖南的货物从厦门口岸进出。大力发展中转业务,发挥对台优势,拓展两岸货物中转业务,出台扶持鼓励措施。

增设航线,加强与马士基、中远、阳明、长荣等公司合作,开辟更多的国际航线,确保干线港的地位,发展枢纽港,形成发达的国际航运网络,为发展港口物流提供良好支撑。鼓励国内外航商增设更多的国际航线,提高厦门港口通达性。针对东盟发展形势,增设从台湾地区到厦门再到东盟的国际航线,以及面向东北亚及美国、欧洲等发达国家的国际航线。开辟到温州、台州、宁波、福州、汕头等地内支线,同时鼓励厦门港务集团到福州、湄洲湾、温州和汕头等港口投资，为内支线航线提供有力支持。

发挥保税港、保税区等政策优势，围绕国际中转、国际配送、国际采购、转口贸易和出口加工等功能，发展进口分拨、出口集运、国际转运和保税货物结转等港口物流业务。

3.加强旅游合作

发挥厦门的资源优势和区位优势，加快旅游发展，要从国内旅游一轮独大，逐渐向国内、国际两大市场双轮驱动转型。通过城市品牌营销，确立厦门在海峡西岸经济区的最佳休闲旅游目的地地位，城市在境外主要客源市场的知名度和影响力明显提高，逐步形成区域性的旅游目的地和集散地。

围绕"吃、住、行、游、购、娱"旅游六大要素，丰富旅游内容，完善旅游基础设施，加快旅游重点项目建设，发展特色旅游产品，推动厦门旅游从以观光型产品为主体，逐渐向以休闲度假产品为主体，观光旅游、休闲度假、文化体验、康体养生、商务会议等多元化产品互为支撑的旅游新型业态转型。进一步完善城市旅游功能，提高城市旅游的综合接待服务水平，为游客和居民提供舒适、便捷、高效、安全、友好的休闲旅游环境。

做大国外游客接待量，出台优惠政策，发挥现有的国际航线作用，争取开辟更多的国际航班，吸引国内外游客从厦门机场进出到国内和国际旅游。争取更多游客参加邮轮旅游，积极与国际知名邮轮企业接洽，吸引境外国际邮轮公司在厦门注册设立经营性机构，开展经批准的国际航线邮轮服务业务，逐步发展成为邮轮母港。

打造旅游集散中心，加强与武夷山、土楼、大金湖等省内的世界遗产地的合作，共同推介旅游线路，增强对游客的吸引力。发挥"小三通"的优势，吸引更多的游客从厦门去台湾地区旅游。

4.加强教育合作

建设区域性教育服务中心。发挥高等教育资源丰富、基础教育实力雄厚的优势,进一步整合教育资源,努力把厦门打造成为各类教育均衡发展、质量一流、多元开放、特色鲜明的区域性教育服务中心。要全力以赴支持厦门大学、华侨大学、集美大学等一批高校改善基础设施,提高办学水平,向世界一流学府迈进,使厦门成为全国优秀学子成就梦想之地。要根据城市和产业发展需要,大力整合职业教育资源,培养更多的实用型人才。要在大力推行素质教育、促进教育公平的同时,加大国际学校等特色教育学校建设力度,不断提升基础教育国际化水平。

5.加强医疗合作

打造区域性医疗卫生服务中心。依托厦门医疗服务能力总体水平较高,拥有一批高水平医院的优势,努力把厦门打造成为医疗水平高、创新能力强、辐射范围广的国家医疗卫生服务中心。要抓紧规划建设一批高水平、高档次的国际性大型综合或专科医院,满足包括外籍人士在内的不同人群的多层次就医需求。支持有实力的龙头医院建设国内一流医院。要培养引进一批学科带头人,建设一批具有国内顶尖水平的医学科研中心,突出打造一批特色专科。

(二)合力打造产业集群

加强产业协作,以重大项目为龙头,以产业链为纽带,利用同城化便利,发挥龙头企业的带动作用,联合打造上中下游产业联系紧密、相互配套、竞争力强的大型产业集群,重点共同培育光电信息、石油化工、机械装备、金属制品、纺织鞋服、建筑建材、食品饮料等一批千亿级产业集群。加快传统制造产业改造提升,全力抢占研发、设计、销售等价值链高端环节,推进自动化、智能化、高端化发展,努力提高厦漳泉制造业整体竞争力。按照导向明确、优势互补、突出特色、合理分工的布局要求,根据三市制造业发展定位、资源环境承载能力和发展潜力,科学合理确定制造业功能分区,推动厦漳泉制造业联动、协调、错位发展。

1.厦门

厦门要强化科技创新与品牌建设，推动信息化与工业化、制造业与服务业互相融合，推动"厦门制造"向"厦门创造"提升，促进产业高端化、集约化、基地化发展，提升产业核心竞争力，壮大产业规模。推进信息技术与制造技术深度融合，重点发展平板显示、计算机和通信设备、机械装备等产业，大力发展生物医药、集成电路等战略性新兴产业，提升水暖厨卫、纺织服装、运动器材等传统产业，提升智能化、自动化制造水平，大力实施品牌战略，提高市场占有率。

制造业重点布局到岛外地区，集美组团重点发展工程机械、客车制造、新材料和新能源。海沧组团重点发展生物医药、集成电路、新材料等。同安组团重点发展轻工食品、卫浴建材、健身器材、新能源电池等。翔安组团重点发展平板显示、集成电路、新材料和新能源等。

2.漳州

漳州要加快建设大项目，培育大企业，发展大产业，打造大基地，推进信息化和工业化、制造业和服务业深度融合，促进主导产业现代化、新兴产业规模化、传统产业集聚化，促进产业向中高端发展。集中力量发展石油化工、食品工业、装备制造、特殊钢铁等四大产值超千亿元的主导产业，促进主导产业链向高附加值、高技术含量环节延伸。积极应用高新技术、先进适用技术和智能化装备运用等改造提升造纸制品、建筑材料、家具家装、钟表机芯等传统产业，形成一批具有自主知识产权的产品和企业，打响区域集群品牌。

在沿海临港工业产业带，南厦门湾加快规划建设南太武滨海新区及其工业集中区，重点发展特殊钢铁、港口机械、风电设备、食品加工、港口物流船舶修业，打造以高新技术产业为重点的闽台产业对接集中区；东山湾以古雷石化基地建设为突破口，重点发展石化、新能源、装备制造业，培育壮大光伏电子、新材料、海洋生物等新兴产业，做大做强食品加工业，建成海西石化产业、特殊玻璃和光电产业基地。在沿江工业产业带，以高新装备产业集群为发展重点。在沿路工业产业带，以高端消费品产业集群为发展重点。

3.泉州

泉州要加快发展智能制造、服务型制造、绿色制造,推动主导产业、特色产业、新兴产业协调发展,增强产业竞争力。推动纺织鞋服、石油化工、机械装备、建材家居四大主导产业高端化、智能化、网络化、服务化、绿色化发展,持续提升核心竞争力。坚持龙头项目带动,推动食品产业、工艺制品、纸业印刷等三大特色产业集中布局、集聚发展,延伸产业链,促进产业集群化、产品差异化发展。

环泉州湾经济圈,重点发展高新技术产业、现代服务业、都市型工业,集聚现代产业发展高端要素,提升综合服务功能。北翼经济区,整合提升泉港、泉惠石化园区和斗尾船舶基地,重点发展石油化工、船舶修造、能源等临港工业,建成我国重要的重化工业基地和海西能源、化工原料基地。南翼经济区,重点发展装备制造、纺织鞋服、建筑建材、食品饮料、包装印刷、纸制品等产业,打造产业转型升级示范基地和对台交流合作前沿平台,建成全球知名的纺织服装基地、运动休闲用品基地。安永德经济带,提升发展安溪茶叶、永春生物医药、德化陶瓷等特色产业,建设泉州产业梯度转移的重要战略基地。

(三)推动农业合作

依托周边地区资源丰富、农业发达的优势,推动厦门农业高端化、都市化、休闲化发展,提高厦门农业的科技含量,加大农业生产能力向周边地区转移力度,构建厦门消费周边供应的农业区域分工体系。

厦门要加快转变农业发展方式,着力加强农业供给侧结构性改革,大力推进土地流转,提高都市现代农业供给体系质量和效率,发展现代特色农业,增强农产品安全保障能力,构建绿色、生态、高效的特色现代农业发展体系。一是要提高优质农产品供应能力。依托岛外靠山农业地区,加大对蔬菜生产基地建设投入,加快推动温室大棚等农业基础设施建设,调整蔬菜种植结构,提高蔬菜产量和品质,提升蔬菜自给水平。

大力推广"农超对接"经验，扩大"农超对接"规模，努力促使蔬菜生产基地与超市对接。二是大力发展农业产业化。培育一批主业突出、带动能力强、竞争优势明显的骨干龙头企业，通过科技创新、增资扩产、上市融资、兼并重组等方式做大做强，鼓励发展高附加值精深加工。三是大力发展休闲农业。推进农业与旅游休闲、教育文化、健康养生等深度融合，发展观光农业、体验农业等新业态。

漳州要以国家现代农业示范区为载体，加快品种创新和优良品种推广，发展现代化设施农业，推动规模化、标准化生产。大力发展水果、蔬菜、茶叶、畜牧、食用菌、水产、林竹、花卉苗木、中药材等九大特色产业。开展旧果园改造，大力种植名优稀水果，加快建设生态有机茶园、蔬菜集约化育苗和加工出口备案基地、畜禽和水产无害化标准化规模养殖场、食用菌自动化专业化工厂，做大花卉苗木产业。稳步发展中药材产业，打造国家级林下经济示范基地。大力发展规模农业，加快建设一批规模连片、高效实用的农业基地，创建"一县一品"全国绿色食品原料标准化生产基地县。提升漳州国家现代农业示范区、省(市)农民创业园(示范基地)、漳浦台湾农民创业园"一区两园"公共平台服务能力和示范带动能力。拓展农业新型业态，扶持培育休闲农业，形成农家乐、创意农业、森林人家、水乡渔村等多类型发展格局，建立一批休闲农业示范点。

泉州要大力发展高优农业、生态农业、休闲农业和创意农业，加快构建新型现代农业体系。大力发展设施农业，着力提升绿色生态农业发展水平，建设现代农业示范基地，打造茶叶、水果、蔬菜、畜禽、水产、花卉苗木、林竹等全产业链优势特色农业。加强农产品专业市场和冷链物流建设，加快发展农村电商，拓展农业营销网络。加强农产品地理标志证明商标注册引导、运营管理和保护。完善农产品质量安全体系，开展农业"三品一标"认证，强化对农产品质量的全过程、全产业链监管，推进可追溯试点建设。

【专栏】

厦漳泉哪些产业可以合作？

厦漳泉产业各有特色，有互补，也有竞争，那么哪些产业可以合作？找到那些比较好合作的产业，率先突破，先易后难，发挥示范效应，对于推动全方位合作具有重要意义。

为承接产业转移，漳州、泉州还有龙岩都在跟厦门对接。如厦门泉州（安溪）经济合作区，思明区、湖里区都去投资经营。思明区曾经也想在龙海搞飞地经济，建发在龙海开发的圣地亚哥房地产项目也很成功。厦门市在龙岩搞了一个开发区。厦门国有企业集团在厦漳泉产业合作中充当急先锋角色，建发、厦航在泉州有酒店，翔业集团经营冠豸山机场，夏商集团收购三明百货，海堤茶叶的茶园也在周边地区，等等。这些都是厦漳泉，甚至是闽西南五地市产业合作取得的成果。

但是厦漳泉产业合作似乎并不和谐。集成电路市场前景很好，厦门非常看好，加大力度推动集成电路产业发展，清华紫光、台联电等进入厦门。泉州不甘人后，也在发展集成电路。这折射出厦漳泉在竞争性行业合作上困难重重。

旅游业应该是个很好合作的产业。旅游业是依靠旅游资源发展的产业，厦门的鼓浪屿、南普陀，漳州的土楼、漳浦火山口，泉州的开元寺、清源山，都各有各的精彩，谁也取代不了谁，可以相互合作。联合推荐，精选线路，业者推动，政府引导，可以取得"1＋1＞2"的功效。

农业也是个很好合作的产业。厦门人多地少，漳州、泉州地广人稀，厦门农产品消费量很大，本地产量难以满足需求，需要从外地调入，泉州、漳州有广大农村，农产品过剩，刚好形成互补。

商业也是一个合作的方向。三个城市中，厦门商业最为发达，夏商集团具有一定优势，建发集团、国贸集团在商业领域也是经验丰富，竞争力很强，这些企业都可以向外扩张。

教育方面，厦门优势明显，担当龙头老大问题不大，特别是高等教育领先很多，漳州、泉州只能望尘莫及，漳州、泉州人也喜欢到厦门读书。医疗方面，厦门一枝独秀，周边居民都会来厦门就医，厦门医院早已人满为患了。因此，教育、医疗是很好的合作方向，厦门可以充分发挥优势，吸引周边地区居民来厦就学就医。

制造业、航运物流业属于竞争性很强的产业，需要求同存异，兼顾各方利益才能合作下去，否则将是一厢情愿，合作困难重重。

让合作归于合作，竞争归于竞争，寻找共同利益，大家各自受益，这样的合作才是好的合作。

（四）发挥企业主体作用

1.扶持已经在区域内投资的企业发展

重点扶持建发、国贸、夏商、翔业、港务、象屿等国有企业集团在周边地区的投资项目发展，发挥政府作用，主动与当地政府沟通协调，帮助企业解决经营过程中碰到的问题。要进一步加强企业制度建设，完善法人治理结构；强化内部管理，形成更加有效的约束、监督和激励机制；进一步优化企业资本结构，加强经营团队和经营人才的培养。

2.鼓励国有企业集团扩大在周边地区的投资

推动对周边地区相关企业的兼并收购。鼓励企业在周边地区建设生产基地，进行产能合作。鼓励厦门农业产业化龙头企业到周边设立生产基地，发展订单农业。鼓励企业在商贸方面合作，兼并收购周边地区商场；进行旅游合作开发，经营旅游商务酒店。

3.吸引周边地区的企业来厦门投资

发挥厦门对外开放度高、城市品牌效应好等优势，吸引周边企业的总部入驻厦门。鼓励周边地区企业来厦门发展高端服务业和高端制造业。重点吸引泉州的轻工服装等优势企业来厦门投资。

（五）推进重点区域合作

突破行政界限,探索共建共享的协调机制,统筹重点区域市政设施规划建设与项目对接,实现重点区域市政公用设施建设标准和建设水平的统一。重点推进翔安与南安、海沧与龙海、集美和海沧与长泰、同安与安溪等重点区域的规划与项目对接。

1.推动重点区域规划合作

由厦门、漳州两市联合编制临港产业区规划,统筹安排区域内商务区、商贸区、居住区、工业区、休闲区等,引导重大产业项目、基础设施和社会事业项目合理布局。联合编制空港经济区和新城区规划,推进各区域功能与空港枢纽的衔接,为空港区域商务和大型服务设施预留发展空间。

2.共建产业园区

共建产业转移园区,发展"飞地工业",研究建立合作共赢的财税体制,通过设立招商专项奖励资金、关联项目和共建园区税收分成等办法提升各地引导产业合理转移、优化布局的积极性。

在厦漳接壤区,第一,发挥厦门经济优势和长泰生态优势,双方共同建设长泰生态旅游产业园区,既拓展厦门核心产业,又带动长泰经济发展和生态保护。第二,厦门与角美共建工业园区,探索制造业合作园区和重点产业合作区融合机制,推进厦门火炬园漳州分园前期工作。第三,支持漳州在厦门建设物流总部,鼓励厦门企业将物流配送基地放在漳州。

在厦泉接壤区,结合区域航空港、港口(围头湾石井作业区、刘五店港区)及周边区域发展定位,对厦泉交接地区进行功能空间重组,发展临空、临港产业经济,发挥其对台前沿区位作用,打造厦泉台合作大平台。

3.加快重点区域基础设施建设

推动基础设施建设协调。通过联合编制规划与协商协调,确保跨界基础设施建设统一标准、统一进度。开工建设厦漳城际轨道、厦漳泉联盟路等同城联系基础设施。联合推进重点区域市政设施的共建共享，重点推进厦门水气管网向角美、龙海和南太武滨海新区延伸，协商共建供水、污水处理设施。

(六)创新体制机制

极化效应的作用有可能在区域内中心城市与周边地区、城市地区与乡村地区、生产专业化地区与非专业化地区之间的发展关系上，引发和加剧"强者愈强，弱者愈弱"的马太效应。因此，应建立一个利益分配补偿机制，使专业化分工获得的收益在内部比较合理地分配。

一是建立符合厦漳泉合作特色的分配机制。新的分配机制应强调地区之间的竞合关系，强调产业利益的地区分享。尤其强调效率优先的同时，应重视公平原则，在平等、互利、协作的基础上促进各地区的共同发展。

二是建立区际利益补偿机制。厦门发挥中心城市辐射带动作用，必然存在发达地区与欠发达地区合作的地位不对等和优势不对称，建立规范的财政转移支付制度，通过以政府为主导的利益补偿机制发挥辐射带动作用，实现经济中心与经济腹地的利益分配，从而实现各方共享共赢。

三是研究成立"厦漳泉区域合作发展基金"。建议推动省里统筹厦漳泉财政上缴部分，划出专项用于发展落后地区的基础设施，资助面临结构性困难的区域转型、支持区域产业转移和承接；同时，被资助地区应该按照区域合作的整体规划和中心城市的产业布局，做出相应政策配合和行为调整，形成对被资助地区的约束和对发达地区的激励。

四是建立区域重大项目建设机制。中心城市辐射带动所涉及的项目建设，牵涉到规划、土地、融资、环境等诸多方面，必须从区域整体出发，紧紧围绕宏观目标、政策导向，建立和不断完善重大项目的协商推进机制和长效管理机制，通过多地区互动、多部门协作的共同建设模式,推进区域重大项目建设。

五是建立完善区域协调联动机制。针对产业、人才、技术、资金、物流和产权等关键问题,成立更有效的区域联合委员会或专门委员会等联合办公机构,打破行政框架制约,协调相关主体进行沟通,发现问题并督促解决。

六是建立区域合作约束机制。强化对厦漳泉区域合作行为的监督,明确中心城市和周边地区在区域合作中应承担的责任,并对违反区域合作规则的行为做出惩罚性的制度安排。

结语　更美的风景

只有走得更远，站得更高，才能看到更美的风景。

想要走得更远。回想自己走过的路，确实走得比较多，看得比较多，学得比较多，但还想尽量走得远一些，看得多一些，想得多一些，厚积而薄发，才能更好地工作。

想要站得更高。努力站在全局的角度来思考问题，想想我们的城市在国家发展、区域发展中处于什么战略位置。努力站在历史的角度来思考问题，了解我们的城市从哪里来，处在哪个阶段，才能知道我们未来要去哪里。努力站在全球的角度来思考问题，从国际化的视野，找到自己的位置。在3000米高空看这个世界，跟在地上看这个世界，一定是不同的感受。

想要看到更美的风景。要有全景，也要有特写；要有大写意，也要有工笔画；既要登高望远，一览众山小，也要细察入微，以小见大。世界如此精彩，值得我们好好拥有。十年磨一剑，三十年行走江湖，谨以此书作为总结的成果，将来归隐山林，也能留下一些东西。

没有最好，只有更好。结束也是新的开始，还可以继续前行，继续探索，继续思考，更美的风景总是在路上。

参考文献

[1]聂华林,高新才.区域发展战略学[M].北京:中国社会科学出版社,2006.

[2]孙久文.区域经济规划[M].北京:商务印书馆,2004.

[3]豆建民.区域经济发展战略分析[M].上海:上海人民出版社,2009.

[4]毛林根.产业经济学[M].上海:上海人民出版社,1996.

[5]杰弗里・萨克斯,费利普・拉雷恩.全球视角的宏观经济学[M].费方域,译.上海:上海三联书店,2004.

[6]斯图亚特・R.林恩.发展经济学[M].王乃辉,倪凤佳,范静,译.上海:格致出版社,2009.

[7]阿瑟・奥沙利文.城市经济学[M].苏晓燕,译.北京:中信出版社,2003.

[8]保罗・R.克鲁格曼,茅瑞斯・奥伯斯法尔德,马克・J.梅里兹.国际经济学:理论与政策[M].11版.丁凯,黄剑,黄都,等译.北京:中国人民大学出版社,2021.

[9]弗雷德里克・S.米什金.货币金融学[M].12版.王芳,译.北京:中国人民大学出版社,2021.

[10]泰勒尔.产业组织理论[M].北京:中国人民大学出版社,1997.

[11]奥古斯特・勒施.经济空间秩序:经济财货与地理间的关系[M].王守礼,译.北京:商务印书馆,1995.

[12]藤田昌久,雅克·弗朗科斯·蒂斯.集聚经济学：城市产业区位与区域增长[M].刘峰,张雁,陈海威,译.成都：西南财经大学出版社,2004.

[13]瑞斯托·劳拉詹南.金融地理学：金融家的视角[M].北京：商务印书馆,2001.

[14]迈克尔·斯托珀尔.城市发展的逻辑：经济、制度、社会互动与政治的视角[M].李丹莉,马春媛,译.北京：中信出版社,2020.

[15]爱德华·格莱泽.城市的胜利：城市如何让我们变得更加富有、智慧、绿色、健康和幸福[M].刘润泉,译.上海：上海社会科学出版社,2012.

[16]李廉水,Roger R. Stough,等.都市圈发展：理论演化·国际经验·中国特色[M].北京：科学出版社,2006.

[17]雷蒙德·W.戈德史密斯.金融结构与金融发展[M].周朔,郝金城,肖远企,等译.上海：上海三联书店,1994.

[18]吴敬琏.中国增长模式抉择[M].4版.上海：上海远东出版社,2013.

[19]刘世锦,等.陷阱还是高墙：中国经济面临的真实挑战和战略选择[M].北京：中信出版社,2011.

[20]刘世锦.中国经济增长十年展望(2008—2027)：中速平台与高质量发展[M].北京：中信出版社,2018.

[21]刘世锦,等.传统与现代之间：增长模式转型与新型工业化道路的选择[M].北京：中国人民大学出版社,2006.

[22]王一鸣,等.调整与转型：中国发展战略和中长期规划研究[M].北京：中国计划出版社,2009.

[23]国家发展和改革委员会宏观经济研究院课题组.迈向全面建成小康社会的新型城镇化道路研究[M].北京：经济科学出版社,2013.

[24]刘勇.区域经济发展与地区主导产业[M].北京：商务印书馆,2006.

[25]钟韵.区域中心城市与生产性服务业发展[M].北京：商务印书馆,2007.

[26]张建平,关秀丽,等.国际经济结构变动趋势及对我国的影响研究[M].北京：中国计划出版社,2009.

[27]马晓河,等.中国城镇化实践与未来战略构想[M].北京:中国计划出版社,2011.

[28]成思危.从保税区到自由贸易区:中国保税区的改革与发展[M].北京:经济科学出版社,2003.

[29]马莉莉.香港之路:产业内分工视角下的世界城市发展[M].北京:人民出版社,2011.

[30]李迅雷,等.2020年上海国际金融中心发展战略研究[M].北京:中国金融出版社,2016.

[31]余凌曲.CDI中国金融中心指数(CDI CFCI)报告(第三期)[M].北京:中国经济出版社,2011.

[32]林锋.国际航运中心建设与上海城市发展[M].上海:学林出版社,2008.

[33]丁国炎.合纵共赢:厦漳泉同城化与厦门未来发展的研究[M].厦门:鹭江出版社,2014.

[34]王昌林.新发展格局:国内大循环为主体 国内国际双循环相互促进[M].北京:中信出版社,2020.

[35]张占斌.国内大循环:中国经济发展新格局[M].长沙:湖南人民出版社,2020.

[36]贾根良.国内大循环:经济发展新战略与政策选择[M].北京:中国人民大学出版社,2020.

[37]金嘉晨.全球供应链视角下的上海国际航运中心创新发展研究[M].上海:格致出版社,2021.

[38]梁琦.产业集聚论[M].北京:商务印书馆,2004.

[39]谢永琴.城市外部空间结构理论与实践[M].北京:经济科学出版社,2006.

[40]单菁菁.厦门市城市发展定位和阶段性目标研究[Z].北京:中国社会科学院城市发展与环境研究所,2020.

[41]上海市人民政府发展研究中心.建设卓越的全球城市:2017/2018年上海发展报告[M].上海:格致出版社,2018.

[42]肖林.国家试验：中国（上海）自由贸易试验区制度设计（增订版）[M].上海：格致出版社，2015.

[43]上海市人民政府发展研究中心.上海经济发展新动能研究[M].上海：格致出版社，2020.

[44]上海市人民政府发展研究中心.科技创新策源功能与高质量发展研究[M].上海：格致出版社，2020.

[45]上海市人民政府发展研究中心.上海新一轮高水平开放研究[M].上海：格致出版社，2020.

[46]上海市人民政府发展研究中心.上海强化全球资源配置功能研究[M].上海：格致出版社，2021.

[47]上海市人民政府发展研究中心，上海发展战略研究院.上海强化高端产业引领功能研究[M].上海：格致出版社，2021.

[48]上海市人民政府发展研究中心，上海发展战略研究院.上海优化全球城市营商环境研究[M].上海：格致出版社，2021.

[49]厦门市经济社会发展战略研究办公室，厦门市计划委员会.1985—2000年厦门经济社会发展战略[M].厦门：鹭江出版社，1989.

[50]《厦门市计划志》编纂委员会.厦门市计划志[M].厦门：厦门大学出版社，1997.

[51]厦门市发展研究中心.推动转型发展　建设美丽厦门：厦门市"十三五"经济社会发展战略思考[M].厦门：厦门大学出版社，2014.

[52]厦门市发展研究中心.新时代厦门改革开放再出发：厦门市"十四五"经济社会发展战略思考[M].厦门：鹭江出版社，2020.

[53]厦门市发展研究中心.厦门自贸区创新发展实践与探索[M].厦门：厦门大学出版社，2017.

[54]厦门市发展研究中心.2012—2013年厦门发展报告[M].厦门：厦门大学出版社，2013.

[55]厦门市发展研究中心.2013—2014年厦门发展报告[M].厦门：厦门大学出版社，2014.

[56]厦门市发展研究中心.2014—2015年厦门发展报告[M].厦门：厦

门大学出版社,2015.

　　[57]厦门市发展研究中心.2015—2016 年厦门发展报告[M].厦门:厦门大学出版社,2016.

　　[58]厦门市发展研究中心.2016—2017 年厦门发展报告[M].厦门:厦门大学出版社,2017.

　　[59]厦门市发展研究中心.2017—2018 年厦门发展报告[M].厦门:厦门大学出版社,2018.

　　[60]厦门市发展研究中心.2018—2019 年厦门发展报告[M].厦门:厦门大学出版社,2019.

　　[61]厦门市发展研究中心.2019—2020 年厦门发展报告[M].厦门:鹭江出版社,2020.

　　[62]厦门市发展研究中心.2020—2021 年厦门发展报告[M].厦门:厦门大学出版社,2021.

后 记

  本书是笔者30多年研究成果的一次总结。参加工作以来，一直从事城市战略规划方面的工作，随着参与课题的不断增加，就想把多年积累下来的想法写出来，和大家一起分享。从2021年1月初开始着手写作，确定写作框架，选择部分研究成果，新增章节内容，进行理论总结；收集相关资料，对相关研究成果进行了数据更新，同时，根据新形势、新变化和新要求，进行了大量的修改完善，最终完成了这本书。

  回首往事，仿佛历历在目。笔者出生在福建省三明市尤溪县梅仙镇下保村，这是一个美丽的乡村，一条名叫秀溪的小溪穿村而过，两旁是稻田、茶园、山林、竹林，山清水秀。这里空气清新，民风淳朴，村民勤劳、善良、热情、包容，这些都深深地影响着我们。

  后来转学到尤溪县城读书，县城水南是朱熹的诞生地。朱熹作为一代大儒，对尤溪的影响极其深远，他的名句："问渠那得清如许？为有源头活水来。""等闲识得东风面，万紫千红总是春。"富有哲理，传播很广，影响着很多人。朱子家训篇幅虽短，却饱含为人处事的道理，对人们的工作和生活有很大指导作用。因此，尤溪重教风盛，很多人视读书为唯一出路，学校老师认真负责因材施教，学生刻苦好学，教育质量长期稳居省内前茅，走出不少栋梁之材。尤溪是千年古县，历史悠久，人杰地灵，风景秀丽。尤溪及其支流青印溪在这里汇合，冲击形成一片沙洲，20世纪80年代被开辟为公园，当时叫沙洲公园。从空中俯瞰，两条溪流合二为一,直抵沙洲,宛如双龙戏珠,很是灵动飘扬。2008 年,尤溪县政府对沙洲公园进行全面改造升级,以朱熹的号命名为紫阳公园,把朱子家训刻在公园的一块大石上,把朱熹的学说、诗词、名句刻在沿河的护栏上。人们来这里游玩散步,不知不觉间接受熏陶,长期耳濡目染就能耳熟能详。

　　父亲做事认真负责,很有责任心,他要求非常严格,一直教导我说要好好读书,将来做有出息的人。在他的言传身教之下,笔者刻苦攻读,1986 年参加高考,顺利考上厦门大学金融学专业。在大学期间,笔者就喜欢经济学研究,记得那时经常去图书馆查资料,做笔记,写论文。投稿的第一篇论文《地区经济趋同性对通货膨胀的影响》就在《福建经济》上发表了,这极大地激励了我。之后不断学习,不断写作,不断投稿,收获不小,大学期间公开发表论文五篇。1990 年参加工作以后,从事经济运行协调、规划计划编制、重大政策研究制定等方面的决策咨询工作。自"九五"计划以来,一直参与战略规划编制工作,组织或参与厦门市和区两级的"九五"计划、"十五"计划、"十一五"规划、"十二五"规划、"十三五"规划、"十四五"规划编制和评估等相关工作。主持开展厦门市"十二五""十三五""十四五"期间经济社会发展思路等重大课题研究,从全局上统筹考虑、系统谋划五年发展规划思路。

　　自 2004 年开始,笔者担任厦门市发展研究中心发展战略研究室主任,主要负责全市发展中长期问题研究,参与中长期规划前期研究、纲要编制和执行情况评估等工作。特别是在"十三五"期间,主持开展厦门市"十三五"规划纲要执行情况年度评估、中期评估和总体评估,对厦门经济社会发展情况有了更为深入的了解。2019—2020 年参与"面向2035 年厦门发展战略选择"课题研究,促使我对厦门发展战略进行了更为深入的思考。据不完全统计,笔者参与课题超过 300 项,主持课题超过 100 项,为本书的写作奠定了坚实的基础。

　　感谢厦门市发展研究中心,包括其前身厦门市经济信息中心经济研究部、厦门市计委经济研究所、厦门市经济研究所提供了良好的研究平台，让我有机会参与战略规划工作，积累了丰富的研究素材和研究经验，为本书写作提供了良好的支撑。

在我的研究工作中，厦门大学金融学教授、博导何孝星对我帮助最大，在此表示特别的感谢。他在我的毕业纪念册上的留言"坚忍、务实、坦然、宽容、自慰、含蓄、克己"，一直指导着我的工作和生活。何老师文字功底深厚，逻辑思路清晰，语言风趣幽默。在本科求学阶段，何老师曾给我们授课，笔者就向他请教论文写作，他毫无保留地传授文字表达、篇章结构、逻辑思维、观点提炼等方法，让我受益匪浅。在他的悉心指导下，我的论文《货币政策与产业政策的协调与配合》在《中国经济问题》1990 年第 6 期发表，让我信心倍增。

本书在写作过程中，得到了很多领导、专家、学者的帮助，特别是厦门市发展研究中心领导的关心和指导，发展战略研究室团队也提供诸多支持和帮助，在这里一并表示感谢。特别感谢集美大学谢绵陛教授，笔者一度想放弃写作本书，是他的激励和帮助，让我重新振作，最终完成写作任务。

感谢厦门市社会科学界联合会的资助。

感谢厦门大学出版社领导和编辑的关心和帮助。

最后，感谢家人的支持和鼓励，正是家人的无私奉献，才能让我专心从事研究工作。

林汝辉

2022 年 2 月